中青年经济与管理学者文库

本书系国家社科基金项目（16BGL050）；中国博士后科学基金特别资助项目（2017T100289）阶段性成果。

ZICHAN WUDINGJIA YU XITONGXING JINRONG FENGXIAN PINGHUAXING SHIFANG YANJIU

资产误定价与系统性金融风险平滑性释放研究

张肖飞　著

中国财经出版传媒集团
中国财政经济出版社

图书在版编目（CIP）数据

资产误定价与系统性金融风险平滑性释放研究／张肖飞著．--北京：中国财政经济出版社，2020.7
（中青年经济与管理学者文库）
ISBN 978－7－5095－9845－0

Ⅰ．①资…　Ⅱ．①张…　Ⅲ．①资本市场－金融风险防范－研究　Ⅳ．①F830.9

中国版本图书馆 CIP 数据核字（2020）第 092259 号

责任编辑：温彦君　　　　责任校对：李　丽
封面设计：智点创意

中国财政经济出版社 出版
URL：http：//www.cfeph.cn
E－mail：cfeph @ cfemg.cn

社址：北京市海淀区阜成路甲 28 号　邮政编码：100142
营销中心电话：010－88191537
北京富生印刷厂印刷　　各地新华书店经销
880×1230 毫米　32 开　8.375 印张　210 000 字
2020 年 7 月第 1 版　2020 年 7 月北京第 1 次印刷
定价：39.00 元
ISBN 978－7－5095－9845－0
（图书出现印装问题，本社负责调换）
本社质量投诉电话：010－88190744
打击盗版举报热线：010－88191661　QQ：2242791300

策划人语

题记：一个人的精神成长史，取决于他的阅读史。只有阅读能最有效地培养精神生活习惯，而好的习惯又培养性格，性格决定人生。

——我们自豪，因为我们就是创造这精神产品的人。

选择了飞翔，总能看到蓝天；选择了远航，总能感受大海。人生不仅要作出选择，也要坚持住自己的选择。学会计、当编辑是我的意外选择。人说编辑是为人做嫁衣，可是这一选择我坚持了27年，苦在其中，乐在其中，也算是有声有色。每当我把一本本好书呈献给人们的时候，我觉得我是“富贵”的人：富，不是你身上的钱财，而是你心里的满足；贵，不是你地位的显赫，而是你被人需要的程度。

书海探寻，情怀永恒

我要说，做编辑我幸运，因为我不仅是第一个读者，可以对作品“品头论足”，也可以对作品“生杀予夺”；更重要的是，这是一个很高层次的平台，在多年与名家的交往和名著的“对话”中，深深地为他们的人格和才学所感动，被作品的精彩所吸引，这不仅使我“下笔如有神”，更使我的思想和灵魂也受到一次次洗礼和震撼，得到一次次升华。对于我的作者我的书，如数家珍，作者中不乏才学和为人同样过人的多位泰斗和“颜值高责任大”的众多才子佳人；策划的作品不仅立足专业还兼顾人文，也是情怀所在，专业加人文路才会更宽。

多年的体会是，作为一名编辑，起码要“三心二意”，即“责任心、细心、耐心”和“服务意识、创新意识”。要多策划一些有分量的拳头产品，用一个选题推动一个系统工程，用一个系统工程培养一个出版社品牌。给新入职编辑讲座时我做过一个比喻：编辑两项基本功，审稿——甚至要比博导审批学生论文还要全面、细致；选题策划——要像电影导演一样做“星探”，善于发现优秀作者和挖掘好的原创作品。记不得27年来我策划和编辑了多少书，组织和策划了一大批教材、业务培训用书、通俗读物、理论专著等，有的获得过国家、省部级各类奖项，有的以其填补空白、社会热点、风格新颖、开拓尝试等特点受到读者的欢迎。20世纪90年代我开始自主策划选题，多年来每年都有新丛书问世。比如，21世纪初内部控制研究在国内刚兴起时，策划了《现代内部控制丛书》，其中《企业内部控制管理操作手册》是我鼓励作者将自己饱含心血的经过长期钻研和实践并证明卓有成效的成果奉献付梓，使得更多的人能受益于此，这无疑是对我国内部控制理论探索和实践发展的一种贡献，内部控制选题至今还是热点。2013年的《来去无尘——一位财政部长的生前事》所展现的吴波精神，与深入推进党风廉政建设相得益彰，得到中央领导同志的高度重视和重要批示。中央各大主流媒体纷纷连续报道，掀起了全社会学习吴波高尚情操的热潮。2014 年至今的前沿选题《财务云丛书》等也越来越受到业界认可。

想是问题，做是答案

众所周知，目前的图书出版业在行业竞争和纸质图书受到严重冲击的情况下，出版人无不感到莫大的危机。在这种背景下，策划一套专业图书是颇感困惑的一件事，风险更大。但即使这样我们也不能因噎废食、停滞不前，还要积极应对，继续发挥纸质图书的固有特质，挖掘出版内容和形式都精彩的原创作品，适应新形势下读者的更高需求。2017 年，我们接受新的挑战，开启新的征程，又策划《中青年经济与管理学者文库》《当代税收名家丛书》《中国税务律师系列丛书》《现代管理实务丛书》《高等院校应用型会计人才精细化培养系列教材》等，继续为扶持学术研究和总结最新成果，在高端研究与专业知识普及和应用之间搭建一座座有益的桥梁。

每一个时代的经济环境不同，理论研究和实务探索所需要解决的问题也有所差别。当前我国不仅处于经济结构调整和供给侧改革的攻坚期，同时也处于大数据和互联网突飞猛进的变革期，矛盾叠加，风险交汇，市场环境和组织模式不断演变发展、推陈出新，经济、管理、财税等领域的新理论、新思想、新方法、新工具也层出不穷。乱花渐欲迷人眼，击水三千浪几何？这些领域的研究人员被时代赋予了更艰巨的责任，也面临着更高、更多元的要求，我们不仅要具备更广阔的学术视野，而且要有更严谨的学术思维。

输在犹豫，赢在行动

《中青年经济与管理学者文库》的作者，都是我国经济与管理领域的中坚力量，也是未来的大家。他们中有些人潜心从事理论研究，有些人则深耕在实务一线，但无论现实身份如何，视野全都没有被拘泥在“象牙塔”内。他们从不同视角对市场经济的不同要素进行细致审视，然后汇聚于“财经版”这面旗帜之下，相互碰撞，彼此激荡，力求在市场经济转型升级的关键时期留下最新鲜的“中国印记”。

这些经济与管理领域的中青年学者，就是我国市场经济发展的潜力与优势，他们的研究成果，不仅将引领市场经济的各个组成环节向更科学、更先进的方向发展，而且将成为我国政府和企业在未来经济世界扮演更重要角色的支点与动力。祝愿这些中青年学者能攀上更高的学术之山，走向更远的研究之路，也期待宏观、中观、微观各个层面的市场参与者都能从这套文库中得到切实的启发与指引，在全面深化改革、增强发展活力的关键时期，发挥正能量和积极作用，为经济社会发展增添新的动力！

如果您认可，如果您有意愿，欢迎您和您的朋友加盟我们的作者队伍！在中国财经出版传媒集团的“旗舰”下，中国财政经济出版社这“老字号”，一定励精图治，谱写新的篇章。我们用“龙的精神，玉的品质”来助力您实现梦想！

策划人：樊清玉

邮箱：qingyuf@ sina. com

2017 年春

金融稳，经济稳。金融是国家重要的核心竞争力，金融安全是国家安全的重要组成部分。防范化解金融风险特别是防止发生系统性金融风险，是金融工作的根本性任务。尤其是在中国经济由高速增长向高质量发展转变过程中，如何防范和平滑性释放系统性金融风险对经济高质量发展至关重要。对我国系统性金融风险成因的梳理、归纳与总结，以及有针对性地提出平滑性释放风险的策略及机制都极具理论价值和现实意义。

本书首先简要回顾了我国金融结构体系的发展演变过程，以及新时代对金融监管发展的要求。梳理了系统性金融风险的重要文献与最新进展，尝试构建系统性金融风险成因理论框架，从系统性金融风险承担、信息传染机制以及放大机制等三方面阐释，并着重从宏观审慎视角的动态监管方面归纳与述评。其次，本书主要做了如下工作：第一，本书对系统性金融风险的起源、触发及影响做了分析，并对银行系统性金融风险做了时间序列和横截面维度的对比分析。第二，资产价格与价值的长期偏离形成错误定价，均衡价格无法形成，难免诱发系统性金融风险，在运用多种方法测度资产误定价的基础上，本书实证检验了资产误定价对系统性金融风险的影响。第三，从金融衍生工具视角探索了银行系统性风险成因。随着金融创新的日益增多，尤其金融衍生品交易的日益复杂性，银行信息透明度降低，累积的负面消息的增加会诱发系统性风险。从巴林银行倒闭到中航油、中国国航、中石化衍生品交易巨亏，这不得不使我们重新思考衍生金融工具运用与系统性风险的关系。且近年来金融衍生工具运用规模和比例呈急剧上升趋势，其初衷无非是对冲风险，更好契合金融服务实体经济功能，但由于其交易规则的复杂性和不透明性，其实施效果亟待检验。本书从金融衍生工具视角，探索了分类金融衍生工具对银行系统性风险的影响及作用机理。第四，从货币政策视角分析了系统性风险平滑性释放，主要围绕银行风险承担来研究。考虑到收入结构多元化的趋势正在全球银行业间蔓延，我国商业银行也不例外，逐步扩大了除传统存贷款业务之外的非传统业务规模。那么这一趋势在扩展银行业利润增长点的同时，对货币政策风险承担渠道有何影响？本部分以我国商业银行为样本，从货币政策视角分析了系统性金融风险平滑性释放。第五，尝试性地将风险释放定义为纠正误定价和通过价格发现功能将风险进行分拆、捆绑、分散和转移，在不同微观经济主体之间进行优化配置。在此基础上，本书分别从正式制度与非正式制度视角剖析系统性金融风险的释放机制。一方面，防范和化解系统性金融风险，除微观审慎视角外，宏观审慎工具也尤为重要。本书从宏观审慎视角探究了系统性金融风险的释放机制。另一方面，本书从非正式制度视角深化探索系统性金融风险的释放机制。在正式制度尚不健全的社会环境下，经济行为在很大程度上由隐性的非正式制度决定。非正式制度——尤其是社会规范在经济活动中扮演着重要角色。现有文献发现，社会规范水平越高的地区，公司避税程度越小、财务风险越低、企业违规比例越低，银行破产风险越低。这充分说明，社会规范毫无疑问会显著影响企业行为，在社会生活中处处发挥着重要作用。因此，本书从社会信任视角理论分析了系统性金融风险平滑性释放路径。

本书有如下研究发现：其一，资产误定价会加剧系统性金融风险。进一步，将资产误定价区分为高估与低估，在高估时二者关系不明显。相反，低估时，资产误定价会显著加剧系统性金融风险。进一步分析发现，流动性发挥了中介作用，当被低估时，股票流动性降低，错误定价程度更高，进而引致系统性金融风险。这一方面丰富了资产误定价经济后果的理论文献，另一方面对如何防范和化解系统性金融风险具有极强的指导意义。其二，从银行持有金融衍生工具来看，金融衍生工具增加了银行系统性风险，进一步将金融工具区分为外汇类和利率类金融衍生工具后研究发现结果不变。因此，金融衍生工具运用总体效果并不理想。并且，金融衍生工具运用是存在情境依赖的，其作用发挥呈现异质性。在后金融危机时代以及股市处于熊市时均加剧了银行系统性风险，在危机前则降低了银行系统性风险，但当处于牛市时则不显著。此外，尤其在市场化进程高、机构持股比例高时，金融衍生工具加剧银行系统性风险的作用更为明显。进一步，宽松的货币政策会提高商业银行的风险承担水平，而紧缩的货币政策则会降低银行的风险承担水平。这些影响受到收入结构制约，表现在银行非利息收入占比会削弱货币政策的风险承担渠道效应。本书从一个新的视角检验了银行系统性风险的影响因素，为探究其成因提供了新解释，也对未来系统性金融风险防控提供了新思路。其三，从系统性金融风险的释放机制来看，纠正资产误定价和通过价格发现功能将风险进行分拆、捆绑、分散和转移，平滑性则是“纵向的”（跨期）风险释放，即通过不同时期之间的均衡匹配政策来平滑投资收益和规避金融资产价格的过度波动。宏观审慎工具和社会规范都可以降低系统性金融风险。这些结论表明社会规范作为一种非正式制度安排，能够降低银行系统性金融风险，但其作用发挥是情境依赖的。本书从社会信任视角拓展与丰富了系统性金融风险成因的研究范畴，该研究对银行系统性金融风险的微观监管提供了新思路。

综上，本书一方面探索了系统性金融风险的内在原因，主要是资产误定价及金融衍生工具视角的分析；另一方面，本书从正式和非正式制度视角探索了系统性金融风险的释放机制，对防范和化解系统性金融风险在极具理论价值的同时又极具实践意义。

第1章 绪　　论

1.1　研究背景及意义

1.1.1　研究背景

金融稳，经济稳。金融是国家重要的核心竞争力，金融安全是国家安全的重要组成部分。防范和化解金融风险特别是防止发生系统性金融风险，是金融工作的根本性任务。2007年爆发的全球金融危机再度掀起了如何监管银行及其他金融机构以确保金融稳定的争论①。《中国金融风险与稳定报告2015》指出中国经济已经放缓进入了“新常态”。2018年GDP增长率为6.6%，创下多年新低。经济增速的

① Freixas X.，Laeven L.，Peydró J. 系统性风险、危机与宏观审慎监管［M］. 王擎，等译. 北京：中国金融出版社，2017.

放缓，意味着生产者的经营困难增加，金融机构的坏账上升，对政府则意味着税收减少、债务上升，地方政府债务风险上升。2014 年以来民营企业债券频频违约，且违约数量和金额呈急剧上升趋势。P2P 融资平台的爆雷严重损害投资人权益，其牵涉范围更为广泛，尤以“e 租宝”为甚，涉及全国约 90 万名投资人受害。2015 年下半年资本市场上频频出现“千股涨停、千股跌停”的现象，资本市场的剧烈震荡极大地损害了投资者权益，甚至危及实体经济发展。当这一切和美国进入加息周期、美元走强不期而遇，中国的金融风险和金融稳定问题成为国内外关注的焦点。而在全球范围内，系统性金融风险的理论研究和实践探索都还不成熟，这也是不争的事实。因此本书对系统性金融风险的释放与监管展开研究。

金融危机通常伴随着资产价格的繁荣和萧条周期（Borio & Lowe，2002；Kindleberger，2001）。价格是影响实体经济资源配置的关键因素，一直是政策制定和监管部门关注的焦点，也是学术界研究的永恒话题，尤其是 2007—2009 年金融危机以来，从资产价格泡沫视角研究系统性金融风险成因日益凸显。资产价格泡沫破裂可能对金融体系产生不利影响，并引发系统性金融危机。然而，并非所有泡沫都同样有害。有些像之前的重大金融危机，会导致整个金融体系崩溃，而其他如互联网泡沫，虽会造成高额财务损失，但没有更广泛的宏观经济后果。历史证据表明，资产泡沫破灭后危机的严重程度取决于金融体系的状况。泡沫伴随着强劲的信贷热潮，也往往伴随着更严重的危机（Jordà et al.，2013）。更进一步，其对实体经济的危害可能会通过金融部门扩大。例如，在次贷危机爆发时，美国次级抵押贷款市场仅占美国抵押贷款市场总额的 4%（Brunnermeier & Oehmke，2013）。然而，这次爆发引发了历史上最大的金融危机之一，因为最初的冲击是由金融部门形成的不平衡所引发的。

虽然资产价格泡沫对宏观经济的影响已有详细记载（Jordà et al. ，2013；Jordà et al. ，2015），但在处于资产价格泡沫期间或当存在资产误定价时，对于个别金融机构在系统性金融风险中的作用或贡献知之甚少。然而，这些知识对于了解资产价格误定价对系统性金融风险的影响以及设计适当的宏观政策至关重要。此外，一个具有系统重要性的金融机构可以在金融危机中发挥关键作用，就像雷曼兄弟在全球金融危机中所做的那样。因此，不仅资产价格误定价时金融部门失衡的总体规模很重要，而且银行间的风险分配也很重要。

经典资产定价理论认为在一个有效的市场中，价格能够完全反映资产的真实价值，处于均衡状态的资产价格不存在系统的误定价。但近几十年的一系列理论和实证研究结果正在对有效市场假说提出挑战，即资产价格存在着误定价（价格系统性地偏离基本面价值），在金融市场上长期存在着，并且对资本市场有着普遍和深远的影响（French & Stoll，1986；Fama & French，2014）。持续性的资产误定价就会形成资产泡沫，危及实体经济发展（Allen & Carletti，2011）。因此理解资产误定价成因对于研究系统性金融风险至关重要，资产价格之所以偏离基础价值是因为套利者无法消除那些由于缺乏理性的交易者造成的错误定价。行为金融学的研究发现，“繁荣情绪的社会传染”是破解泡沫越吹越大和风险积聚的最关键因素（Shiller，2008），投资者的判断往往具有偏差。为解释资产误定价，行为金融将投资者的行为偏差整合到资产定价模型来分析（Barberis & Thaler，2002；Hirshleifer，2001），一方面是研究资产误定价的表象和性质，包括对资产误定价出现和消失的规律性进行研究（Brennan & Wang，2010；赵志君，2003；韩广哲和陈守东，2007）；另一方面是从不同视角分析资产误定价成因，如卖空限制（李科等，2014）、媒体情绪（游家兴和吴静，2012）、大股东交易行为（刘睿智和韩京芳，2010）、机构投资者的买卖行为（向海燕和王平心，2009）等。

在系统剖析资产误定价成因后，鲜有从资产误定价视角展开对系统性金融风险的研究。现有研究集中于系统性金融风险测度指标、成因剖析及宏观审慎视角的监管等方面。

第一，系统性金融风险概念界定的模糊性导致了测度方法的分散性。纵览国内外文献，现行的测度方法大致分为三类：信号法（Duca & Peltonen，2011）、模型法（Girardi & Ergün，2013；Rodríguez－Moreno & Peña，2013；范小云等，2013；赵进文等，2013；陈国进等，2014）、压力指数法（Illing & Liu，2006；Cardarelli 等，2011；巴曙松和朱元倩，2010；贺聪等，2011；宫晓琳，2012；陈雨露和马勇，2013；许涤龙和陈双莲，2015）。在对众多测度方法梳理后，王辉（2011）主要评述次贷危机后系统性金融风险测度方法的转变；Bisias 等（2012）则深入剖析了系统性金融风险的 31 个测度指标，对未来系统性金融风险的研究具有重要参考价值。但是，到目前为止还没有公认有效的系统性金融风险识别、评估的模型和方法。

第二，在分析系统性金融风险成因方面，大致有这样几类：一是金融体系内在的脆弱性，如金融机构的高杠杆性（Minsky，1992）、期限错配（Bleakley 等，2009；Brown 等，2009）、信息不对称性（Hoeing，2008）；二是金融监管放松和难度加大，一方面欠审慎的金融自由化加剧了整个金融体系的风险，另一方面是金融创新放大了系统性金融风险（张晓朴，2010；周小川，2011）；三是顺周期效应（IMF，2009），如宏观经济顺周期效应和公允价值顺周期效应等，公允价值顺周期效应扩大了市场危机的传染效应，加速了市场危机期间证券的流动性枯竭效应，解释了金融危机期间证券价格循环性下跌与流动性枯竭的现象（徐浩峰，2013）；四是市场主体的非理性（Shiller，1981；Kindleberger，2000；Akerlof & Shiller，2009）。虽然金融危机成因研究取得了很大进展，但研究侧重点不同导致成因剖析的分散性，并且这方面的研究方法还远远不足（叶五一等，2014）。

第三，次贷危机后，基于宏观审慎视角的分析进入金融监管视野，也成为强有力的金融监管工具，Galati 和 Moessner（2013）、Tomuleasa（2015）作了系统的分析与回顾，宏观审慎工具的有效应用离不开宏观经济和金融政策的支持与保障。李成等（2013）发现我国宏观审慎落实程度和金融监管目标实现程度均比较低，原因在于中央银行在金融稳定中的地位不够显著，金融监管存在顺周期性导致对系统性金融风险不够敏感；金融监管中的行政干预超越了金融法律制度影响，一定程度上影响了金融系统的内在运行机制。Rubio 和 Carrasco - Gallego（2014）则结合货币政策研究了其对维护金融稳定和福利改善的影响及意义。李妍（2009）、杨俊龙和孙韦（2014）则认为维护金融稳定一方面需要完善我国宏观审慎监管框架，并在制度上建立逆周期因素；另一方面要理顺监管体系及完善部门之间的协调。

纵览现有文献，系统性金融风险的研究取得了卓有成效的学术成果，但尚存几方面不足：首先已有大量关于系统性金融风险测度指标的研究，但遗憾的是，如何及时和精准测度系统性金融风险尚未达成共识（Bisias 等，2012），原因在于：一方面研究侧重点不同；另一方面是较难从政府监管部门获取相关数据；其次，在分析系统性金融风险成因方面，视角分散且未归类，仔细分析后发现这都或多或少与资产价格波动有关（Minsky，1982；

Allen & Carletti，2008；温博慧和柳欣，2009），或者说与资产的持续错误定价有关，但鲜有从资产误定价视角展开的研究；再次，现有文献较多侧重于从宏观审慎视角对系统性金融风险的监管研究，很少涉及系统性金融风险释放的研究，与此概念相近的是风险分担，即通过将风险进行分散和转移，在不同微观经济主体之间进行优化配置，使得有能力且有意愿承担风险的投资者承担更多的风险（马勇，2011），但在学术界和实务中尚未取得实质进展。这为本研究留下较大空间。

1.1.2 研究意义

首先，本书尝试从内在原因剖析系统性金融风险成因，基于金融危机和系统性风险形成过程中的典型事实，以资产误定价为突破口，通过与我国金融市场的纵向对比及国际金融市场的横向对比，从风险起源、触发原因及影响结果等方面研究系统性金融风险的原因，结合我国独特的制度背景，构建宏观系统性金融风险测度指标，并从宏观审慎管理视角进行动态监管，有助于提高系统性金融风险的预测精准性和及时性。

其次，本书尝试通过剖析纠正误定价机制和资本市场价格发现功能来探讨系统性金融风险的释放机制，即通过纠正资产误定价和价格发现功能将风险进行分拆、捆绑、分散和转移，在不同微观经济主体之间进行优化配置。这有助于防范和监管系统性金融风险的累积和扩散。

最后，本书不仅从正式制度视角——宏观审慎政策工具，而且从非正式制度视角——社会规范视角分析了系统性金融风险的释放机制，着重研究其对风险扩散的抑制作用，这有助于监管部门正确制定监管政策，提高宏观政策调控作用和实施效果。

1.2 相关概念界定

1.2.1 系统性金融风险

目前国际上对系统性金融风险还没有统一的、被普遍接受的定义。这表明系统性金融风险是一个复杂的问题，还有待进一步探索。关于系统性金融风险的概念，众多学者给出了不同的定义，大致分为三类：一是从危害范围大小角度定义为威胁整个金融体系或宏观经济稳定性、甚至对实体经济造成严重危害的风险，以 De Bandt 和 Hattmann（2000）、G10（2001）、Bernanke（2009）、FSB（2009）、Billio 等（2010）等为代表；二是从风险传染角度定义为单个事件通过影响一连串的机构和市场，引起多米诺骨牌效应损失扩散的可能性，主要以 Kaufman（1999）、Moussa（2011）为代表；三是从金融功能的角度定义为突发事件引发金融市场信息中断，从而导致金融功能丧失的或然性，主要以 Minsky（1995）、ECB（2010）为代表。进一步按照承受主体又有微观和宏观之分，二者有着本质区别，微观系统性风险（systematic risk）指证券市场中不能通过分散投资加以消除的风险（Sharpe，1964）；而宏观系统性金融风险（systemic risk）则反映通过金融体系中各类风险的积累，从而影响金融体系稳定，甚至诱发灾难性金融危机的可能性（Smaga，2014）。在 2008 年金融危机后，宏观系统性金融风险受到国际社会普遍关注。因此本书主要研究宏观系统性金融风险，表现为金融体系出现严重困难、绝大部分金融指标急剧恶化、人们对宏观经济和金融体系未来走势预期悲观、对货币或资产价格丧失信心而竞相采取减损措施所造成的金融系统严重混乱（周小川，2011；杨俊龙和孙韦，2014）。尽管学术界关于系统性金融风险概念的界定有所不同，研究视角集中于系统性金融风险表现的不同方面（Oosterloo 和 Haan，2003；Bisias 等，2012），但所表达的内涵却有许多共同点，即关注对象都是金融体系的全部或重要部分，都考虑了风险的溢出效应即对实体经济造成的影响。

系统性金融风险中的“系统性”有两方面涵义：一方面指一个事件影响了整个金融体系的功能；另一方面指一个事件让看似不相干的第三方也付出了一定的代价（De Bandt 和 Hartmann，2000；De Bandt 等，2009；张晓朴，2010）。本书将系统性金融风险定义为：整个金融体系崩溃或丧失功能的或然性，具有复杂性、突发性、传染快、波及广、危害大五个基本特征。系统性金融风险的演进过程十分复杂，大致可分为累积、爆发和扩散三个阶段，通常具有较长的累积过程和潜伏期，风险因素在较长时期内累积而不对金融体系产生明显影响，在不断累积达到一定临界值时，经济、金融领域就会爆发某些突发事件，这些突发事件便成为系统性金融风险的导火索，引发灾难性的金融危机（杨俊龙和孙韦，2014）。需要指出的是，如无特殊说明，本书后文中提及的系统性风险、银行系统性风险，均指系统性金融风险。

我国系统性金融风险的内在机理和表现形式与西方有根本的不同。中国的系统性金融风险的可能来源之一是实体经济运行过程中出现的对金融的过度侵蚀，在银行方面表现为不良资产的快速增长（刘澜飚，2019）。而中国是银行主导的金融体系，系统性金融风险最可能在银行体系中发生。截至 2018 年年末，中国金融总资产达到 286 万亿元，其中银行 261.4 万亿元，保险 18 万亿元，证券 6.3 万亿元，信托 0.01 万亿元。银行占据了中国金融资产的 90% 以上，可见，从银行体系防范系统性金融风险具有十分重要和必要的意义（史永东，2019）[①]。因此本书着重研究的是银行系统性金融风险。

1.2.2 资产误定价

文献中，资产误定价被定义为股票平均收益横截面的变动不能被标准资产定价模型所解释的现象。关于资产误定价，Black（1986）认为“我们大部分都是在黑暗中摸索”，这说明精确识别和量化资产误定价的困难，但这并不意味着在无效的市场中投资者什么都不能做，投资者可以通过股价与随机游走价格偏离程度或市场异象的严重性来推断资产误定价的程度。

通览现有文献，资产误定价的测度方法有：一是封闭式基金折价法。较早的研究是用个体散户持有的封闭式基金的市价偏离持有证券资产净值的程度来衡量，认为市价低于资产净值可以反映股票市场的误定价程度（Lee and Swaminathan，2000；伍燕然和韩立岩，2007）。二是市账比法。早期的许多学者都采用股票的账面价值与市场价值之比作为衡量股票市价对内在真实价值偏离程度的代理衡量变量（Baker and Wurgler，2004）。三是剩余收益估值模型。股票的未来收益在一定程度上可以用企业流通股的市场价值与内在真实价值之比来预测（Myers and Majluf，1984；赵志君，2003）。四是操纵性应计项目。操纵性应计项目的最大优势就是排除了企业的成长性和规模等可能对股票未来收益产生影响的系统性风险因素，并且数据获取来源比较容易，越来越受

① 该内容是根据来自清华大学、北京大学、南开大学、复旦大学、中山大学等科研机构、高等院校的专家学者在中国社会科学院经济所建所90周年国际研讨会2019年5月17日第四单元主题论坛“系统性风险的防范与化解”上的发言编辑整理而成。详见刘莉亚，梁琪．系统性风险的防范与化解［J］．经济学动态．2019（06）：83－91。

到学者的推崇。一般来说，操纵性应计额较低的企业，未来可能获得较高的超额收益，企业目前的股价是被低估的，反之亦然（Chan et al.，2001）。本书着重介绍两种方法：

（1）根据标准资产定价模型来推导。假设资产在期末 t 的价格为 P_t，不可观察的资产基本面价格或有效价格是 P_t^*，令 $P_t \equiv P_t^* \tilde{Z}$，$\tilde{Z}$ 是独立于基本面价格的随机变量，并且横截面不具有相关性，但可能存在时间序列相关性。那么就某特定资产定价模型而言，资产的误定价为 $P_t^*(\tilde{Z}-1)$，假设市场价格是有效价格的无偏估计，即资产的价格是完全理性的，那么 $E(\tilde{Z})=1$。但只要 $\tilde{Z}$ 有严格正的方差，$E(\tilde{Z})$ 就不会等于1，意味着存在误定价收益溢价或折价。要识别误定价的关键在于标准资产定价模型的选择。资产定价模型由早期的（Sharpe，1964）和（Lintner，1965）的资本资产定价模型（CAPM）发展到现在，经历了 Fama 和 French（1992）三因素模型、Carhart（1997）四因素模型、Fama 和 French（2015）五因素模型以及基于中国资本市场的研究，如 Liu 等（2019）等。因此，本书尝试运用 Fama 和 French 三因素模型为例来识别资产误定价。

（2）剩余收益估值模型。尽管如此，众多学者还是对此做了非常有价值的研究，如 Brennan 和 Wang（2010）、李科等（2014）、游家兴和吴静（2012）等。基于此，本部分尝试构建资产误定价模型，并分析误定价特征。由文献回顾可知，还有运用公司自身财务报告数据，利用 Ohlson（1995）剩余收益估值模型推算公司内在价值来衡量资产误定价。为对资产误定价做深入分析，本书尝试从公司内在价值出发探索资产误定价，本部分主要借鉴游家兴和吴静（2012）、李科等（2014）、Myers（1999）等学者的做法，首先对每一个公司进行基本面回归，然后取股价与公司同期 V_t 之比的自然对数，获得公司的资产误定价。

1.3　研究思路及内容

1.3.1　研究思路

本书研究思路如图1－1所示。本书在分析系统性金融风险的产生机理、动态演进过程及外在表现形式的基础上，按照系统性金融风险产生的内在原因→资产误定价（金融衍生工具）→系统性金融风险释放→宏观审慎工具（社会规范）→系统性金融风险动态监管这一研究脉络，对资产误定价与系统性金融风险的防范、释放与监管进行系统和深入的理论推导和实证检验。具体而言：

首先，本书根据系统性金融风险的动态演进过程和外在表现形式，从资本市场资产误定价视角挖掘系统性金融风险产生的内在机理，分析得出资产误定价对系统性金融风险的影响机理及逻辑关系。其次，尝试从衍生金融工具入手，进一步剖析系统性金融风险的影响因素，也是对资产误定价的进一步探索。最后，从正式和非正式制度研究资产误定价的纠偏机制，一方面以宏观审慎工具为切入点；另一方面从社会规范视角来分析。结合资本市场的价格发现功能探究系统性金融风险的释放机制，为学术研究和实务工作的金融风险释放提供理论支撑，明确释放系统性金融风险方面的作用机理，提高宏观政策对实体经济的调控作用。

绪论
研究背景及意义
研究潜在创新点
内容及结构安排
防范和化解系统性金融风险
优化资源配置效率
提升金融服务实体经济效果
理论剖析
（1）系统性金融风险
内涵及外延
起源、触发及影响
（2）系统性金融风险对比分析
测度指标的系统梳理
系统性金融风险国际比较
爆发
累积
扩散
测度指标的比较研究
传染效应模型
宏观压力测试模型
预警信号模型
金融稳定性指标
研究核心
系统性金融风险的诱因分析——资产误定价
银行系统性金融风险的分析与再检验
系统性金融风险的平滑性释放研究：货币政策视角
资产误定价与系统性金融风险的检验
金融衍生工具与银行系统性风险
货币政策与系统性金融风险研究
研究拓展
正式与非正式制度下的系统性金融风险释放的理论思考
研究结论
资产误定价是系统性金融风险诱因之一
系统性金融风险平滑性释放：正式与非正式制度
防范和化解系统性金融风险举措
减少噪音交易，提升价格发现效率

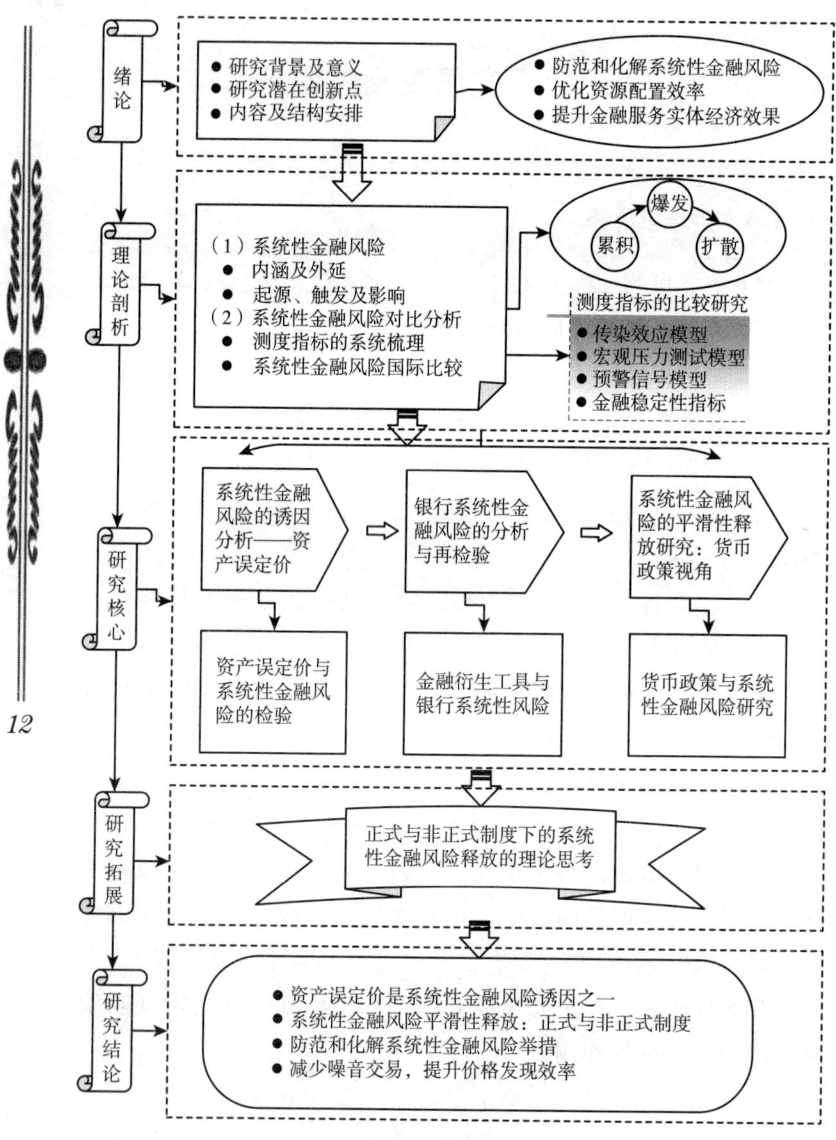

图 1-1　研究思路图

1.3.2 研究内容

遵循本书研究思路，对资产误定价与系统性金融风险防范和释放展开研究，各章具体研究内容如下：

第1章绪论阐释了研究背景及意义、概念界定、研究框架及内容、研究创新点。防范化解金融风险特别是防止发生系统性金融风险，是金融工作的根本性任务。本章着重阐释了系统性金融风险研究的现实背景，并就研究问题及概念作了界定。同时简要阐释主要研究思路、框架及内容。总结提炼了本研究的潜在创新点。

第2章涵盖制度背景与文献综述。首先简要回顾了我国金融结构体系的发展演变过程，以及新时代对金融监管发展的要求。其次梳理了系统性金融风险的重要文献与最新进展，回溯与总结了系统性金融风险概念内涵，尝试构建系统性金融风险成因理论框架，从系统性金融风险承担、信息传染机制以及放大机制等三方面阐释，将系统性金融风险的度量方法划分为三类：一是未来系统性风险事件的可能性，二是系统性冲击后的反应，三是金融机构之间的传染性，并着重从宏观审慎视角的动态监管方面归纳与述评。最后，结合现有研究现状与趋势指出未来研究方向，以期促进各界对相关问题的了解和把握，为我国系统性金融风险的防范与监管提供有针对性的建议。

第3章是系统性金融风险的理论分析。从系统性金融风险的起源、触发及影响等方面做了分析，并着重就风险传染做了详实的分析。《中国金融稳定报告2015》指出中国经济已经放缓进入了“新常态”。《中国金融稳定报告2018》指出2017年中国实现GDP同比增长6.9%，2018年GDP增长率为6.6%，创下多年新低。经济增速的放缓，意味着生产者的经营困难增加，金融机构的坏账上升，对政府则意味着税收减少、债务上升。股票市场上巨幅震荡在很大程度上损害了投资者权益，甚至波及实体经济发展。当这一切和美国进入加息周期、美元走强不期而遇，中国的金融风险和金融稳定问题成为国内外关注的焦点。而在全球范围内，系统性金融风险的理论研究和实践探索都还不成熟，这也是不争的事实。但在面临极大不确定性的全球经济和金融市场中，我国经济又呈现出不同于西方国家的特点，我国正处于经济结构转型期，包括优化产品结构升级、粗放式发展向精细化发展，尤为重要的是经济高质量发展，在这样一个不断调整优化过程中，一些重大风险极有可能还会释放。但我国经济体量规模、市场韧性特征仍旧没有改变，而且还有可能增强。本章给出系统性金融风险的定义，确定系统性金融风险的关键要素和后果，对系统性金融风险进行分类，并采用分类法和例证法分析以往的金融危机。

第 4 章从系统性金融风险诱因——资产误定价视角来剖析。基于第 3 章的理论分析，本章采用资产误定价的多个测度方法，围绕其对系统性金融风险的影响做了经验分析。资产价格与价值的长期偏离形成错误定价，均衡价格无法形成，难免诱发系统性金融风险。本书检验了资产误定价对系统性金融风险的影响，发现资产误定价会加剧系统性金融风险。在解决内生性问题后该结果依然不变。将资产误定价区分为高估与低估，高估时关系不明显。相反，低估时，资产误定价会显著加剧系统性金融风险。进一步分析发现，流动性发挥了中介作用，当被低估时，股票流动性降低，错误定价程度更高，进而引致系统性金融风险。这一方面丰富了资产误定价经济后果的理论文献；另一方面对如何防范和化解系统性金融风险具有极强指导意义。

第 5 章从金融衍生工具视角探索银行系统性风险成因。随着金融创新的日益增多，尤其是金融衍生品交易的日益复杂性，使银行信息透明度降低，累积的负面消息的增加会诱发系统性风险。从巴林银行倒闭到中航油、中国国航、中石化衍生品交易巨亏，这不得不使我们重新思考衍生金融工具运用与系统性金融风险的关系。且近年来金融衍生工具运用规模和比例呈急剧上升趋势，其初衷无非是对冲风险，更好契合金融服务实体经济功能，但由于其交易规则的复杂性和不透明性，其实施效果亟待检验。本书从金融衍生工具视角，探索了分类金融衍生工具对银行系统性风险的影响及作用机理，结果表明：（1）有悖于银行持有衍生品初衷，金融衍生工具增加了银行系统性风险，且外汇类和利率类金融衍生工具均增加了银行系统性风险。因此，金融衍生工具运用总体效果并不理想。（2）金融衍生工具运用是存在情境依赖的，其作用发挥呈现异质性。在后金融危机时代以及股市处于熊市时均加剧了银行系统性风险，在危机前则降低了银行系统性风险，但当处于牛市时则不显著。（3）尤其在市场化进程高、机构持股比例高时，金融衍生工具加剧银行系统性风险的作用更为明显。本书从一个新的视角检验了银行系统性风险的影响因素，为探究其成因提供了新解释，也对未来系统性金融风险防控提供了新思路。

第6章从货币政策视角探究系统性金融风险的释放机制。考虑到收入结构多元化的趋势正在全球银行业间蔓延，我国商业银行也正在追随潮流，逐步扩大除传统存贷款业务之外的非传统业务规模。本章从货币政策视角分析了系统性金融风险平滑性释放，主要围绕银行风险承担来研究。结果发现，我国金融市场上存在货币政策的风险承担渠道，即宽松的货币政策会提高商业银行的风险承担水平，而紧缩的货币政策则会降低银行的风险承担水平。这些影响会受到收入结构的制约，表现在银行非利息收入占比会削弱货币政策的风险承担渠道效应。这为银行系统性风险的平滑性释放提供了一个视角。这一方面丰富了银行风险承担的研究；另一方面在货币政策工具运用情境效果方面极具现实意义。

第 7 章从理论视角阐释了正式和非正式制度视角深化探索系统性金融风险的释放机制。社会规范是社会秩序的前提，研究发现，社会规范作为一种非正式制度安排，能够降低银行系统性金融风险，但其作用发挥是情境依赖的。本书从社会规范视角拓展与丰富了系统性金融风险成因的研究范畴，该研究对银行系统性金融风险的微观监管提供了新思路。

第 8 章是研究结论及启示。对本研究结论进行总结，并就系统性金融风险的防范和释放提供有针对性与指导性的意见与建议。

1.4 研究特色及创新点

一方面，本书对新常态下宏观系统性金融风险进行再梳理。尽管 Oosterloo 和 Haan（2003）、Bisias 等（2012）对系统性金融风险的测度指标做了较为深入的比较分析研究，但缺乏对内在机理及动态演进过程的剖析，本书则从宏观系统性金融风险起源、触发机制和影响结果等方面，从资产误定价视角对系统性金融风险产生的内在机理和动态演进过程进行剖析，并做横向和纵向对比研究，丰富和补充宏观系统性金融风险产生机制研究的文献。

另一方面，尝试性地提出系统性金融风险平滑性释放。现有文献鲜有关于风险释放的研究（马勇，2011；Brunnermeier & Oehmke，2013），本书借助于风险分担的概念，尝试性地将风险释放定义为通过纠正资产误定价和价格发现功能将风险进行分拆、捆绑、分散和转移，在不同微观经济主体之间进行优化配置。而平滑性则侧重的是“纵向的”（跨期）风险释放，即通过不同时期之间的均衡匹配策略来平滑投资收益和规避金融资产价格的过度波动。据此围绕纠正资产误定价→价格发现机制→平滑性释放系统性金融风险的逻辑递进关系展开研究，并尝试运用数据挖掘和时间序列分析方法探索它们之间的关系，从价格发现功能探索风险释放机制，为金融风险的平滑性释放提供决策参考。

第2章 制度背景与文献综述

党的十九大报告指出“要深化金融体制改革，增强金融服务实体经济能力，提高直接融资比重，促进多层次资本市场健康发展”“健全金融监管体系，守住不发生系统性金融风险的底线”。在经济高质量发展过程中，系统性金融风险对实体经济的影响受到前所未有的关注，并已成为各界研究的重点。短期内爆发的金融危机更像是系统性金融风险发展到后期的一个阶段，与短期金融危机相比，系统性金融风险是长期形成的，尽管对其概念内涵与外延尚未有权威的界定，但对系统性金融风险的来源、经济后果及监管的研究从未停歇。因此，我国社会各界必须立足中国金融发展的典型事实，归纳概括中国的金融监管周期，从理论上厘清系统性金融风险与经济发展、金融结构变动与金融监管变迁的逻辑关系，才能对今后的政策实践有所裨益。

本章首先简要回顾了我国金融结构体系的发展演变过程，以及新时代对金融监管发展的要求。其次，梳理了系统性金融风险的重要文献与最新进展，回溯与总结了系统性金融风险概念内涵，尝试构建系统性金融风险成因理论框架，从系统性金融风险承担、信息传染机制以及放大机制等三方面阐释，将系统性金融风险的度量方法划分为三类：一是未来系统性风险事件的可能性，二是系统性冲击后的反应，三是金融机构之间的传染性，并着重从宏观审慎视角的动态监管方面归纳与述评。最后，结合现有研究现状与趋势指出未来研究方向，以期促进各界对相关问题的了解和把握，为我国系统性金融风险的防范与监管提供有针对性的建议。

2.1　制度背景

作为经济体系中的一个重要子系统，金融体系不但涵盖金融市场、金融机构和金融工具，而且涵盖金融调控和金融监管体系以及一系列规章制度安排构成的复杂系统（殷剑峰，2018）。由于复杂的社会经济发展因素，各国金融体系千差万别，并且都在发生持续的变化。但金融体系所担负的基本功能是不变的，根据 Crane 等（1995）的金融功能观，各国金融系统所具有的这些特点和功能能够从不同方面来促进经济增长。尤其是改革开放以来我国经济运行和金融发展都取得了举世瞩目的成就。党的十八大以后，随着金融体制改革的不断深入，根据国际货币基金组织统计，我国在金融发展程度、金融机构与市场发展深度、可得性以及效率上均取得了重大成就①。多样化的金融产品创新满足了社会融资需求和风险分散目的，多层次的金融机构体系和金融市场体系日益完善，抵御系统性金融风险的能力逐渐增强。为实体经济中基础设施建设以及轻重工业增长的资金需求提供了有效的支持（王博和张少东，2019）。

2.1.1 我国金融机构体系发展演变

新中国成立后，我国在计划经济体制下形成了由中国人民银行“大一统”的银行体系，即银行不划分专业系统，各个银行都作为中国人民银行内部的一个组成部分，从而使中国人民银行成为既办理存款、贷款和汇兑业务的商业银行，又担负着国家宏观调控职能的中央银行。王国刚（2019）指出，新中国成立70年以来的中国金融发展大致可分为三个时期：社会主义金融体系的探索时期、中国特色社会主义金融体系的建设时期、中国现代金融体系的构建时期，本书在此基础上又做了细分：

（1）社会主义金融体系的探索时期（1949—1978年）。这个时期大致划分为：初步形成阶段（1948—1953年）：1948年12月1日成立的中国人民银行，标志着新中国金融机构体系的开始。1953年，我国开始大规模、有计划地进行经济建设，在经济体制与管理方式上实行了高度集中统一的计划经济体制及计划管理方式。与之相应，金融机构体系也实行了高度集中的“大一统”模式。这个模式的基本特征为：中国人民银行是全国唯一一家办理各项银行业务的金融机构，集中央银行和普通银行

① 关于全球各个国家金融发展指数、金融机构指数与金融市场指数的具体数据详见国际货币基金组织（IMF）官网金融发展指数数据库。另外，该数据库还包括金融机构和金融市场在深度、可得性以及效率三个方面的具体指数。

于一身，其内部实行高度集中管理，利润分配实行统收统支。

（2）中国特色社会主义金融体系的建设时期（1979—2017年）。该时期又可细分为：初步改革和突破“大一统”金融机构体系，多样化的金融机构体系初具规模（1979—1983 年）：1979年中国银行被单列，作为外汇专业银行，负责管理外汇资金并经营对外金融业务；同年，恢复中国农业银行，负责管理和经营农业资金；1980 年中国建设银行分设，1983 年开始经营一般银行业务。1983 年 9 月，国务院决定中国人民银行专门行使中央银行职能；1984 年 1 月，单独成立中国工商银行，承担工商信贷和储蓄业务；至此我国基本形成了以中央银行为领导、以四大国家专业银行为骨干所组成的银行体系。1985 年中国人民银行出台了专业银行业务可以适当交叉和“银行可以选择企业、企业可以选择银行”的政策措施，鼓励四家专业银行之间开展适度竞争，从而打破了银行资金“统收统支”的“供给制”，为当时正在蓬勃发展的乡镇企业提供贷款。1986 年以后，增设了全国性综合银行如交通银行、中信实业银行等，还设立了区域性银行如广东发展银行、招商银行等；同时批准成立了一些非银行金融机构如中国人民保险公司、中国国际信托投资公司、各类财务公司、城乡信用合作社及金融租赁公司等。金融业进一步实行对外开放，允许部分合格的营业性外资金融机构在我国开业，使我国金融机构体系从封闭走向开放。

建设和完善社会主义市场金融机构体系的阶段（1994—2017 年）：1994 年国务院决定进一步改革金融体制，主要措施有：分离政策性金融与商业性金融，成立三大政策性银行；国家四大专业银行向国有商业银行转化；建立以国有商业银行为主体的多层次商业银行体系。1995 年组建了第一家民营商业银行——中国民生银行；同年在清理、整顿和规范已有的城市信用社基础上，在各大中城市开始组建城市合作银行，1998 年更名为城市商业银行；大力发展证券投资基金等非银行金融机构；不断深化金融业的对外开放。尤其是 2013 年 11 月，十八届三中全会做出了《关于全面深化改革若干重大问题的决定》，中国经济改革迈入了一个新的历史阶段，与此对应，中国金融体系改革也迈入了新的历史时期。例如，建立存款保险制度、发展民营银行、防控股市风险、建立宏观审慎评估（MPA）体系、加快普惠金融发展、严控互联网金融风险、把防控系统性金融风险放在更加重要的位置等。

（3）中国现代金融体系的构建时期（2018 年后）。2017 年 10 月，十九大报告中明确指出：中国经济已进入新时代，“新时代我国社会主要矛盾是人民日益增长的美好生活需要和不平衡不充分的发展之间的矛盾”，我国经济已由高速增长阶段转向高质量发展阶段，主要举措：加大防范金融风险的力度、完善金融监管框架、加快金融业对外开放步伐等。

2.1.2 我国金融机构体系监管现状

无论何时，金融风险管控从来都是金融监管的重心，金融监管与金融风险之间存在复杂的作用关系，金融风险的演变推动金融监管的演化发展（马玉洁和刘超，2019）。传统金融监管体系主要是基于单个金融机构风险管控的微观审慎框架，但系统性金融风险并不是金融机构个体风险的简单加权，单个金融机构的安全也不意味着整个金融系统的稳定。由次贷危机引发全球金融危机引起对以微观监管为主的金融监管体系的质疑。在此背景下，宏观审慎监管政策开始受到关注和高度重视。王博和张少东（2019）指出新中国成立以来，金融监管也呈现出一定的周期性，监管周期体现为如何在通过金融创新并以此促进金融发展与防范和化解系统性金融风险之间维持微妙平衡，大致经历了严格监管—适度监管—强化监管—适度监管—强化监管五个阶段，当前处于强化监管时期。

改革开放后，随着市场经济不断发展，金融业各种公司、交易所如雨后春笋涌现，央行的统一监管开始显得力不从心。为了加强对金融机构的监管，1992 年，国务院证券委员会和证监会成立，分业监管初现雏形。随后，1998 年保监会成立，开始负责对保险业的统一监管。直至 2003 年，银监会正式组建，标志着我国“一行三会”分业监管的金融监管体制正式确立。2018 年 3 月，国务院发布金融监管改革方案，合并银监会和保监会为银保监会。加上 2017 年新成立的国务院金融稳定发展委员会（以下简称“金融委”），“一行三会”成为了历史。经过 40 多年的改革开放，中国金融业获得了巨大的发展，金融机构体系结构日臻完善，已经形成了由“一委一行两会”（国务院金融稳定发展委员会、中国人民银行、中国银行保险监督管理委员会、中国证券业监督管理委员会）为主导、大中小型商业银行为主体、多种非银行金融机构为辅翼的层次丰富、种类较为齐全、服务功能比较完备的金融机构体系，在国民经济发展中，发挥了重要的作用①。就经济成分来看，占主导地位的是国家银行系统。其中包括作为中央银行的中国人民银行、国有独资商业银行、政策性银行和其他国有经济成分的金融机构。

① 时代周刊．2018．“一行三会”成为历史　“一委一行两会”新格局形成，http：//finance. sina. com. cn/。

2.2 文献综述

后金融危机时代，金融生态正膨胀为由巨型银行主导的生态——一损俱损。银行业集中的加剧似乎有减少金融危机的作用，但会使金融危机更具有全球性，给我们带来非常严重的打击。众多黑天鹅事件的背后，更要预防不断汇聚的灰犀牛式危机（米歇尔·渥克，2017）。党的十九大报告指出“健全金融监管体系，守住不发生系统性金融风险的底线”。尽管系统性金融风险难以定义（Benoit 等，2017），但长期以来该领域的研究已经形成了一个理论体系，例如，从 Rochet 和 Tirole（1996）、Bernanke 和 Gertler（1989）、Acharya（2009）、Allen 和 Gale（2000）开始就一直在研究系统性金融风险背后的主要机制。最近，对系统性金融风险动态监管及防控的需求再次引发了关于系统性金融风险应用文献的激增。系统性金融风险已成为银行业、宏观经济学、计量经济学、网络理论等十字路口的一个多产研究领域。系统性金融风险是学术研究和金融监管相互交叉的领域一个特别好的例子，其最终目标是更好地识别金融系统的脆弱性，加强监管，防范化解系统性金融风险。

已有文献一部分着眼于系统性金融风险的具体来源，如金融机构间的传染、银行挤兑或流动性危机等。该类研究依赖于几个定性模型，这些模型可以通过经验分析（通常基于监督数据）来确认预测，并引入各种工具来监控系统性金融风险的不同渠道，促使银行行为与金融稳定重新调整。虽然监管机构长期以来一直呼吁采用这种“宏观审慎”工具（Borio，2003），但直到最近学术界才开始对它们进行分析（He 等，2019；Tomuleasa，2015；

Freixas 等，2015；Hanson 等，2011；Qin 和 Zhou，2018）。另一部分文献旨在研究系统性金融风险的全球衡量指标，可能包含第一部分研究的所有机制。特别受欢迎的指标包括系统性金融风险度量（SRISK）和 Delta 条件风险值（ΔCoVaR）。虽然这种“全球方法”本质上更具统计性，并且没有对系统性金融风险的原因采取特定立场，但它可以通过简单的庇古“系统性风险税”提供替代大量复杂宏观审慎工具的工具，恢复到最佳风险承担水平（Benoit 等，2017）。新的宏观审慎工具的可用性迫使人们理解它们如何相互作用，这意味着超越了对孤立的不同系统性金融风险来源的研究。相反，如果没有清楚地了解他们捕获的和忽视的风险，对全球基于统计措施的基础监管似乎是有害的。特别是，Benoit 等（2017）提供的证据表明，一些受欢迎的指标可能不足以成为系统性金融风险的指标，因为它们似乎在很大程度上更易受到市场风险的驱动。

因此，在理想情况下，监管机构需要及时捕捉明确的经济机制，作为监管工具的前置因素，并采取措施防范化解系统性金融风险。考虑到这些目标，本书回溯了有关系统性金融风险的文献，目的在于讨论理论、实证测量和动态监管改革之间的映射关系。目标是向在该领域工作的学者提出一个广阔的视角，确定文献的不同部分如何建立一致的知识体系，并在以后的研究中填补一些空白。监管机构和政策制定者通过该文献概述，找出现有法规制定的理由，新工具的提议以及可用于衡量和调节系统性金融风险的方法。本书着重从系统性金融风险来源、度量方法以及宏观审慎视角的动态监管等方面进行归纳和述评。在此基础上，本书指出未来研究可供拓展的方向，以期促进各界对相关问题的了解和把握，为我国系统性金融风险的防范与监管提供有针对性的建议。

本书可能的贡献：第一，有别于现有文献研究视角，本书专注于分析系统性金融风险的来源，着眼于宏观审慎监管、计量经济学建模工具等。不同于以往关于系统性金融风险的早期综合调查研究，如 De Bandt 和 Hartmann（2002）、De Bandt 等（2012）。Bisias 等（2012）对如何量化系统性金融风险给出了广泛的概述，Glasserman 和 Young（2016）关注理论上对互联性和金融稳定性之间关系的理解。Freixas 等（2015）提供了一个框架，用于理解监管从微观审慎方法转向宏观审慎方法到金融监管的原因。本书希望通过这次述评可以更好地了解系统性金融风险所在。第二，本书试图在本次文献述评中尽可能全面，在可能的情况下，本书会做出更详实的文献述评。但可能对某个维度的细致及深入程度略有不足。例如，从事银行挤兑、银行间网络或宏观融资的研究人员可能会觉得本书没有对其研究领域进行详尽的回顾。

2.2.1 系统性金融风险概念内涵

根据国际货币资金组织——金融稳定委员会（IMF－FSB）（2009）和欧洲中央银行（ECB）（2009）的定义，系统性金融风险是指对金融稳定产生威胁的风险，这种威胁会对金融系统绝大部分运作造成损害，并给整个经济带来重大的负面影响。这种对金融稳定的威胁可能源于金融系统的所有或绝大部分。金融系统包括银行业、其他金融中介机构、金融市场以及支付和结算系统。系统性金融风险可能由于金融系统中任何组成部分发生的事件引发。系统性金融风险事件可能是突如其来、出乎意料的，但金融危机的历史（包括 2008 年的全球危机）表明系统性金融风险事件通常是在缺乏适当应对政策的环境下内生性酝酿而成的，例如，信贷繁荣和随后的资产价格泡沫是在很长一段时间里形成的。系统性金融风险不仅仅是金融不稳定，而是一个异常的金融冲击，这种冲击会引起对实体经济的强烈负面冲击，包括总产出、就业和福利。

金融系统的破坏会产生强烈的负外部性，从而可能使经济冲击变为系统性冲击。自 2007 年开始的美国次贷危机以来，各界对金融市场系统性风险的研究愈演愈烈。雷曼兄弟破产和欧洲主权债务危机暴露了金融体系的脆弱性（Silva 等，2017；Buch 等，2019）。这些事件引起的恐慌和反应破坏了金融体系正常运作所必需的信心。IMF（2009）认为缺乏有效机制来解决这些问题会带来巨大风险。目前国际上对系统性金融风险尚未有统一的、被普遍接受的定义（张晓朴，2010；Summer，2003）。这表明系统性金融风险是一个复杂的问题，按照承受主体又有微观和宏观之分，二者间有本质区别，微观系统风险（systematic risk）指证券市场中不能通过分散投资加以消除的风险（Sharpe，1964），仅仅是一个风险因子；而宏观系统性金融风险（systemic risk）则反映通过金融体系中各类风险的积累，从而影响金融体系稳定，甚至诱发灾难性金融危机的可能性（Smaga，2014；Verma 等，2019）。更具体而言，Adachi - Sato 和 Vithessonthi（2017）、Allen 等（2012）指出传统上系统性金融风险指的是：一是大量金融机构（如银行）因共同冲击或传染而失败的情况；二是金融机构之间的联系；三是银行挤兑效应。尤其在美国次贷危机后，宏观系统性金融风险受到国际社会普遍关注。本书主要研究宏观系统性金融风险，表现为金融体系出现严重困难、绝大部分金融指标急剧恶化、人们对宏观经济和金融体系未来走势预期悲观、对货币或资产价格丧失信心而竞相采取减损措施所造成的金融系统严重混乱。

尽管学术界关于系统性金融风险概念的界定有所不同，研究视角侧重于系统性金融风险表现的不同方面（Bisias 等，2012；Oosterloo 等，2007；Zhao 等，2019），但所表达的内涵却有许多共同点，即关注对象都是金融体系的全部或重要部分，都考虑了风险溢出效应，即对实体经济的影响。从宏观审慎监管视角来看，系统性金融风险具有两个维度（Freixas 等，2000）。首先，它具有时间维度，即在信贷繁荣和资产价格泡沫中系统性风险的累积，以及泡沫破裂后金融部门对实体经济部门的负外部性。从金融功能的角度定义为突发事件引发金融市场信息中断，这样的事件会对一些系统重要的中介机构或市场（包括可能相关的基础设施）产生不利影响，从而导致金融功能丧失的或然性，主要以 ECB（2010）、Adrian 和 Brunnermeier（2016）、Abdymomunov（2013）为代表。ECB（2010）将系统性金融风险描述为机构未能履行其义务的可能性，促使其他参与者同样失败并由于流动性和信贷限制而造成更广泛的影响；最终使得金融体系受到了损害，甚至意味着某些金融机构的破产（Lehar，2005）。与此类似，Adrian 和 Brunnermeier（2016）认为系统性金融风险与金融机构功能故障和实体经济中的信贷和资本供应混乱有关。这个定义类似于 Acharya 和 Richardson（2009）提出的定义，他们将系统性金融风险定义为金融机构和资本市场的联合失败，大大缩短了对实体经济的资本供应。Abdymomunov（2013）认为系统性金融风险是负面冲击的风险，严重影响整个金融体系和实体经济。这种冲击可能有不同的原因和触发因素，例如宏观经济冲击，由于系统中的紧密互连而影响整个系统的个别市场参与者的失败导致的冲击，或者金融市场信息中断导致的冲击。由于系统性金融风险的主要驱动因素是金融创新、金融放松管制、金融全球化、竞争政策和货币政策。例如，金融创新促进风险分担从而降低异质性风险，可能使大部分金融中介机构遭受同种总体冲击（Allen & Gale，2000），并提升风险承担容量和偏好使系统性金融风险增加。例如，资产证券化增加了金融系统对同种总资产冲击的风险敞口，并通过增加金融系统中的信贷供给增加了系统性风险（Shin，2009）。金融中介机构之所以愿意承担过度风险，其原因在于道德风险问题引起的普遍动机或行为学原因。道德风险问题是由于银行股东只投入极少资本从而承担有限责任，普遍的企业治理标准，以及政府对银行债务的显性和隐性担保（Freixas & Rochet，2008）。行为学原因包括泡沫中的群体思维和过度乐观，这些因素使银行忽视了近期暂未显现的尾部风险。

其次，系统性金融风险的第二个维度是横截面维度，即与溢出效应和传染效应相关的负外部性对系统性金融风险的推动作用。溢出效应可能包括相互关联性和多米诺骨牌或网络效应，例如一个大型、内部连通的银行破产给其他金融机构造成的损失。间接溢出效应包括银行倒闭或政策行动引起的信息溢出，以及抛售的外部性导致的资金外部性。间接溢出也涉及流动性螺旋恶化（Brunnermeier & Pedersen，2009）和信贷紧缩（Bernanke，1983）。一方面，从风险传染角度定义为单个事件通过影响一连串的机构和市场，引起多米诺骨牌效应损失扩散的可能性，主要以 Freixas 等（2000）、Allen 和 Gale（2000）、杨子晖和周颖刚（2018）、Allen 等（2012）为代表。如 Allen 和 Gale（2000）表明银行间市场也允许银行参与风险分担，这降低了任何银行违约的可能性，在一次违约和传染效应之间需要进行权衡，且风险分担和传播风险因银行形成的关联而异。Freixas 等（2000）讨论了银行间关联传染的形成与影响，Allen 等（2012）发现与完整网络相比，拥有独立的银行集群可以减少传染，但同时也减少了对短期债务进行滚动的动力。关于风险传染的文献着重于研究网络的哪些属性强化了传染，Eisenberg 和 Noe（2001）研究了当银行的负债是其他银行的资产时，如何对银行间债权定价。另一方面，从危害范围大小视角定义为威胁整个金融体系或宏观经济稳定性、甚至对实体经济造成严重危害的风险，以 Su 和 Wong（2018）、De Bandt 和 Hartmann（2002）、De Bandt 等（2012）、Bisias 等（2012）、Billio 等（2012）等为代表。De Bandt 和 Hartmann（2002）认为任何系统性金融风险都应该包括银行和金融部门以及支付和结算系统中的广泛事件。传染的影响是这一概念的核心，其中还包括金融不稳定的后续综合冲击。根据这些观点，文献中出现了银行和支付系统中的几种传染模型，但未形成一般理论框架。更具体地说，很难建立经验测试来区分传染本身和由共同冲击造成的联合危机之间的区别。Billio 等（2012）则认为系统性金融风险的一个表现就是与外部经济环境突然转变有关，因为经济通常在经济增长期间的低波动性和经济收缩期间的高波动性之间来回波动。

从更现实和全面的角度来看，金融危机的爆发源于系统性金融风险的爆发。Crockett（1997）从金融风险的影响范围和严重程度出发，认为若是波及整个金融体系，并引起全局性灾难的，则为系统性金融风险，从而揭示出系统性金融风险的主要特征，即关系到经济运行的整体性和全局性。Bernanke（1983）认为系统性金融风险是指威胁整个金融体系以及宏观经济而非一个金融机构稳定性的事件。Patro 等（2013）将系统性金融风险描述为整个金融体系同时受到压力的情况，随之而来的是信贷和流动性危机。系统性金融风险可能对金融市场和实体经济产生重大影响，减少资本供应并加剧资本损失。他们将系统性金融风险概念化为金融体系中严重下跌的可能性，这种风险是由强大而广泛的事件引起的，例如金融机构崩溃，不仅对金融市场而且对实体经济产生负面影响。

虽然系统性金融风险很难界定，但全球各个重要机构都对系统性金融风险做出了自己的定义。2009 年国际货币基金组织（IMF）发布报告，要重点关注系统性金融风险，同年 G20 伦敦峰会也将系统性金融风险列为重要议题。从权威性机构的角度去解释系统性金融风险的含义，可以更深层次地理解，看待系统性风险时也有更为宏观的把握。金融稳定理事会（FSB）把系统性金融风险定义为由国家政策、宏观经济形势、经济周期、重要系统金融机构等多种因素引发的，导致金融体系整体出现危机、破产，从而威胁一个国家经济正常运行甚至引起世界经济危机。国际清算银行（BIS）的定义是，由于金融市场中的某一个成员没有完成契约规定的义务而引起其他成员间一系列的负面反应，最后导致整个金融体系陷入崩溃的一种危机。欧洲央行（ECB）将系统性金融风险定义为金融系统的不稳定风险，由于金融系统的功能性失灵所导致的经济增长及福利损失的风险。

由上可知，系统性金融风险中的“系统性”有两方面含义：一方面指一个事件影响了整个金融体系的功能；另一方面指一个事件让看似不相干的第三方也付出了一定的代价（De Bandt 和 Hartmann，2002；De Bandt 等，2012；Bisias 等，2012）。张晓朴（2010）将系统性金融风险定义为：整个金融体系崩溃或丧失功能的或然性，具有复杂性、突发性、传染快、波及广、危害大五个基本特征。本书认为系统性金融风险的演进过程十分复杂，大致可分为累积、爆发和扩散三个阶段，通常具有较长的累积过程和潜伏期，风险因素在较长时期内累积而不对金融体系产生明显影响，在不断累积达到一定临界值时，经济、金融领域就会爆发某些突发事件，这些突发事件便成为系统性金融风险的导火索，引发灾难性的金融危机。

2.2.2　系统性金融风险成因分析

（1）系统性金融风险成因理论框架。我国系统性金融风险的内在机理和表现形式与西方有根本的不同。中国的系统性金融风险的可能来源之一，是实体经济运行过程中出现的对金融的过度侵蚀，在银行方面表现为不良资产的快速增长，当然这与大型企业债务结构和性质、银行的融资偏好有关（刘莉亚和梁琪，2019）。

关于系统性金融风险的来源，沈悦和逯仙茹（2013）、江红莉等（2018）认为内因有金融过度创新、系统重要性金融机构（SIFIs）的负外部性、银行等金融机构的高杠杆性，外因则缘于经济周期和政策干预。Smaga（2014）认为系统性金融风险可以分为不同类型。Allen 和 Carletti（2013）确定了六种系统性金融风险，即：一是资产价格泡沫风险敞口，特别是房地产泡沫；二是流动资金的提供和资产误定价；三是多重均衡和恐慌；四是传染；五是主权债务违约；六是银行体系中的货币错配。虽然这些事件确实可能产生系统性金融风险，但它们通常是事后确定的，系统性金融风险的潜在来源不应被事后确定。比较具有代表性的则是 BIS（2010）的划分，系统性金融风险有时间和横截面两个维度。系统性金融风险的第一个维度是时间（周期性、时变性、时间序列）维度，被理解为系统性风险随时间的累积（汇总）；它包括不直接来自单一机构活动的风险，而是来自集体行为，这会导致金融部门和实体经济波动加剧、反馈效应、债务负担过重、经济繁荣期间风险低估及衰退期间过高估计，从而导致去杠杆化和顺周期性。系统性风险的第二个维度是横截面维度，即与溢出效应和传染效应相关的负外部性对系统性风险的推动作用。溢出效应可能是直接溢出效应或间接溢出效应。

特别需要指出的是，Benoit 等（2017）将系统性金融风险来源划分为三类：一是系统性金融风险承担。二是风险传染，主要探讨风险的溢出与扩散，即损失如何从金融系统一个部分溢出到另一个部分。三是讨论风险放大机制，或者为什么小冲击最终会产生巨大影响。Benoit 等（2017）从一个简单的理论模型开始，考虑 N 个金融机构，用 i 表示单个金融机构，每个金融机构的风险敞口为 x_i。假设风险敞口的 α_i 部分是与金融机构 i 相关的系统性风险，那么 $1-\alpha_i$ 部分则是与金融机构 i 相关的异质风险。分别用 $y_i^S=\alpha_i x_i$ 代表金融机构 i 系统性风险敞口，以及 $y_i^I=(1-\alpha_i)x_i$ 代表金融机构 i 的异质性风险敞口。用 $y^S=\sum_{i=1}^{N}y_i^S$ 代表所有金融机构的累积系统性风险敞口。此外，由于金融机构之间有直接的联系，如银行间的拆借及金融衍生品持有等，用 $N\times N$ 阶矩阵 B 表示，其中 $b_{i,j}$ 表示金融机构 i 对 j 的风险敞口。系统性和异质性风险因子的收益分别为：$\rho^S+\varepsilon^S$、$\rho^i+\varepsilon^i$，其中 ρ^S、ρ^i 是不变的，而 ε^S 和 ε^i 是独立分布的随机变量，均值为 0。定义金融机构 i 的基准收益 $\hat{\pi}_i$ 是系统中无其他金融机构时的收益，可以一般化为 $\hat{\pi}_i(y_i^S,y_i^I,\ \varepsilon^S,\ \varepsilon^i)$，如下列简化式子：

$$\hat{\pi}_i=(\rho^S+\varepsilon^S)\times y_i^S+(\rho^i+\varepsilon^i)\times y_i^I$$

由于所有机构都受到系统因素的影响，它们都可能因为大的负面冲击 ε^S 而同时遭受损失。本书称这种风险为标准资本资产定价模型框架中的微观系统性风险。然而，宏观系统性风险比微观系统性风险要大得多。因为 i 仅是金融系统的一个金融机构，它的实际收益不同于 $\hat{\pi}_i$，并取决于其他金融机构在面临异质冲击时的风险敞口，它们与金融机构 i 的关联性以及其他金融机构之间的关联度。定义 $\boldsymbol{\pi}_i$ 代表金融机构 i 的实际收益，假设 $\boldsymbol{\varepsilon}^I$、$\boldsymbol{Y}^S$、$\boldsymbol{Y}^I$ 分别代表 $N\times 1$ 维的异质性冲击、系统性风险敞口、异质性风险敞口，那么 $\boldsymbol{\pi}_i$ 可以写为 $\boldsymbol{\pi}_i(\boldsymbol{Y}^S,\ \boldsymbol{Y}^I,\ \boldsymbol{B},\ \boldsymbol{\varepsilon}^S,\ \boldsymbol{\varepsilon}^I)$。系统性金融风险的一个明显特征是 $\boldsymbol{\pi}_i(\boldsymbol{Y}^S,\boldsymbol{Y}^I,\boldsymbol{B},\boldsymbol{\varepsilon}^S,\boldsymbol{\varepsilon}^I)\neq\hat{\pi}_i(y^S,y^I,\varepsilon^S,\varepsilon^I)$。现有文献中对系统性金融风险的定义均有差异，但一般来看，系统性金融风险事件是关于 $\boldsymbol{\pi}_i$ 的联合分布事件。

在此基础上，为解释系统性金融风险不同来源，或者$\boldsymbol{\pi}_i$联合分布的决定因素。$\boldsymbol{\pi}_i$如何依赖于其参数以及α_i、x_i最优选择的权衡，以及其他变量的选择是每篇文献研究的核心所在。Benoit 等(2017)定义了三类主要经济机制。一是系统性风险承担机制解释了金融系统中α_i、x_i的分布。特别是，如果金融机构内生地选择风险敞口 x_i及其系统成分$\alpha_i x_i$，且高于这些变量的福利最大化值，那么它们就会承担太大的系统性风险。二是传染机制解释了一些金融机构 j 遭受损失，甚至当这种损失仅源于它的异质性冲击ε^j时，$\boldsymbol{\pi}_i$是比较低的。这些机制通常通过关联矩阵 B 起作用。传染效应的一个标准定义是两个机构的收益是正相关的，即使没有系统性冲击时：$Cov(\pi_i,\pi_j \mid \varepsilon^S=0)>0$。三是放大机制解释了为什么小的冲击，例如系统因素，如果影响许多机构，可能会变成巨大的损失。一个例子是去杠杆化：一个小的负面冲击ε^S强烈影响具有高 α_i的机构，它们需要出售它们的资产并施加价格影响，从而恶化其他市场参与者的损失等等。放大机制取决于所有机构的 y_i^S，通常取决于它们的总和 y^S。强调这种机制文献的一个特点是，当累积风险敞口遭受总冲击 y^S时，系统性冲击ε^S的影响更大，即：

$$\frac{\partial^2 \mathbb{E}(\pi_i)}{\partial \varepsilon^S \partial y^S}>0$$

当然，这几种机制可能会组合到一起发挥作用。对金融机构 i 的特殊冲击可以迫使该机构去杠杆化，如果y_i^S很大，其对市场价格有重要影响。如果α_i很大，这个价格影响会伤害 j，它也会直接遭受 i 的违约风险，这取决于 $b_{j,i}$。这两种效应的组合可能导致 j 违约，进而影响 k 等等。

(2) 系统性金融风险来源分析。鉴于我国系统性金融风险的内在机理和表现形式与西方有根本的不同，结合我国制度背景，参考刘莉亚和梁琪（2019），胡滨（2017），张泉泉（2014），杨子晖和李东承（2018），BIS（2010），Benoit 等（2017），Bisias 等（2012），Smaga（2014），本部分主要从系统性金融风险的时间维度和横截面维度予以梳理系统性金融风险来源。

①系统性金融风险的时间维度。就时间维度而言，关于系统性金融风险的主要驱动因素是金融创新、金融放松管制、金融全球化、竞争政策和货币政策。更多表现在系统性金融风险承担，本部分主要聚焦于关联投资、流动性风险、杠杆周期及泡沫等方面。

首先是关联投资。如果金融机构投资于同一资产，则会面临同样的风险。有几种机制可以导致这种结果。Acharya（2009）指出一家银行的失败导致风险投资的总体水平降低，从而提高了均衡安全资产的回报率，并挤压了幸存银行的利润。因此，破产银行对幸存银行施加了负外部性，即"衰退溢出"。为了最大限度地减少这种外部性，银行有动力投资相同的资产，从而失败或共同生存。Acharya 和 Yorulmazer（2008）研究了类似的机制，其中外部性是债权人理性地将给定银行的违约理解为其他银行未来可能失败的信号。在 Acharya 和 Yorulmazer（2008）中，监管本身产生了羊群行为：当银行一起倒闭时，其资产的清算将对经济产生巨大影响，迫使政府组织救助。通过承担相同的风险，银行可以从未来的救助中获得最大利益，并享受"太多失败"的保障。Farhi 和 Tirole（2012）得出了类似的结果，即许多形式的救助涉及政府的固定成本（例如，维持低利率，从而影响整个经济）。只有当许多银行同时失败时，救助才是最佳的，这样银行最佳选择就是参与羊群行为。Glasserman 和 Young（2015）认为现代金融系统的互联性是理解最近金融危机的关键因素：由于金融机构之间的连接网络复杂，系统中某些部分的关键变化可能会影响其他方面，代表整个系统的金融不稳定。例如雷曼兄弟破产的影响、AIG 的失败以及欧洲银行对主权违约风险的影响。

其次是杠杆周期及泡沫。系统性金融风险承担的一种重要形式是银行倾向于以相关的方式增加风险敞口。在宏观金融文献中的一种解释该行为的机制是杠杆周期。由于未来收入的承诺能力有限，许多借款人无法通过缺乏抵押品获得资金。这种约束意味着当资产价值高于资产价格低迷时，家庭、企业和金融机构可以借入更多资金。Bernanke 和 Gertler（1989）、Kiyotaki 和 Moore（1997）、Holmstrom 和 Tirole（1997）、杨子晖和李东承（2018）提出了导致这种结果的极具影响力的模型。宏观金融文献建立在这些开创性论文的基础上可以更好地理解商业周期和金融周期之间的联系，Brunnermeier 等（2013）做了详实的回顾分析，此外，Brunnermeier 和 Sannikov（2014）、Boissay 等（2016）也作出了较大贡献。王桂虎（2018）发现当宏观杠杆率偏低时，其对系统性金融风险的形成具有明显的抑制作用；在中等和偏高阶段，宏观杠杆率对系统性金融风险的形成具有明显的增强作用，并且宏观杠杆率数值越高，其对系统性金融风险的增强作用就越大，二者之间呈现正反馈效应。夏越（2019）认为金融杠杆与系统性金融风险水平呈现 U 形关系，金融部门与实体经济发展的不适配会通过资本配置扭曲导致系统性金融风险水平增加。与此相关的是，一系列论文模拟了受现实风险管理或监管约束影响的金融机构的行为。例如，Daníelsson（2004）研究了金融机构面临 VaR 约束的情况。随着 VaR 在波动期间增加，机构通常在经济繁荣时期投入更多资金，在经济不景气时投资去杠杆化。这种行为在金融业中产生了顺周期的杠杆作用，因此既给出了在经济繁荣时期建立脆弱性的理由，又给出了在不景气时期的放大机制（Adrian 和 Shin，2014）。杠杆周期的不同来源是投资者的信念：Bhattacharya 等（2011）提供了“Minsky 金融不稳定假说”

Minsky（1992）的正式模型，根据该模型，投资者在长期扩张中变得更加乐观，从而承担更多风险。

虽然经济机制不同，但泡沫的形成通常意味着金融机构同时在同一资产中占据大量头寸，其价值在未来某个日期会下降的风险很高。Brunnermeier 和 Oehmke（2013）对泡沫的理论文献进行了深入的调查。泡沫也可以与杠杆周期相关联。例如，Allen 和 Gale（2001）表明杠杆投资者有动机提高资产价格，因为如果他们的损失过大，他们可以违约，因此借款人和债权人之间的代理问题会产生泡沫和危机。Allen 和 Carletti（2013）以此模型为基础，探索房地产泡沫，这是近期危机的主要特征。泡沫也可以通过贷款官员的最佳补偿方案产生（Acharya 和 Naqvi，2012）。资产泡沫通常出现在经济稳定或者繁荣时期，但近几年中国却出现了经济增速持续放缓与资产泡沫风险不断加剧的衰退式资产泡沫新现象，这给宏观政策带来了严峻挑战，陈彦斌等（2018）认为衰退式资产泡沫的形成机制与传统资产泡沫存在显著差异，且在治理衰退式资产泡沫时，不能只注重抑制金融体系的过度繁荣，推进实体经济去杠杆以降低负债主体对“借新还旧”的依赖是更为重要的一环。

最后是流动性风险，这是另一种风险形式，银行倾向于以关联方式接触。Bhattacharya 和 Gale（1987）认为银行对非流动资产投入过多，从而使银行系统面临流动性总体短缺的风险。原因在于搭便车问题：一些银行投资于易于清算的资产，这将是最佳选择。如果一些银行面临预期的流动性退出，它们会从拥有流动资产的银行向银行间市场借款，这些资产将部分资产清算为贷款融资。因此，只有在系统受到外部冲击，其他银行寻找流动性时，他们才有动力只投资非流动资产。均衡状态下，所有银行都过度投资于非流动资产，因此当流动性冲击发生时，它们都会受到打击。银行负债也可能过于流动，从而加剧了资产和负债之间的不匹配。Brunnermeier 和 Oehmke（2013）表明，公司可以通过在较短期限内发行新债来稀释现有债权人的债权，债权人预计这种行为会为短期债券提供更好的利率，结果导致所有银行依赖过度的短期债务。

已有文献指出，相对较小的冲击可能导致大的总体影响，特别是当它们同时影响许多机构时。主要表现在：第一是流动性驱动的危机。流动性危机的自我强化性质可能是放大的最好例子。当市场价格下跌时，金融中介需要清算其资产以满足资金和抵押品的限制。这些新的销售放大了经济衰退，导致进一步的销售等。Allen 和 Gale（2004）表明，这种影响背后的基本市场失灵是市场不完整：如果没有足够的或有证券在每个州有效地分配流动性，流动性必须通过清算资产事后找到。流动性冲击因此对市场价格产生很大影响（Allen 和 Gale，1994；Allen 和 Gale，2004）。Shleifer 和 Vishny（1992）找到了“抛售”的相关理由：投资资产的代理商需要收集信息并成为“专家”。当负面冲击达到资产价值并且许多专家需要清算他们的头寸时，只有不太知情的外人可以买入，他们要求更低的价格（Coval 和 Stafford，2007）。对套利者头寸的金融限制也通过放大瞬间冲击的影响来放大危机（Shleifer 和 Vishny，1997；Gromb 和 Vayanos，2002）。Vallascas 和 Keasey（2012）在解决监管框架问题时认为，限制杠杆和强加流动性要求可以增强金融实体对系统性事件的抵御能力。反过来，银行规模、非利息收入份额和资产增长是银行风险敞口的关键决定因素，而且这些要素并不是新规定的核心。更具体地说，鉴于系统性事件的发生，对绝对银行规模的上限要求可以是降低银行违约风险的有效工具。

Brunnermeier 和 Pedersen（2009）提出了一个模型，其中描

述的滚雪球效应，即“损失螺旋”，与市场变得流动性较低的边际要求增加的事实相互作用，这是一个“边际螺旋”。一项资产的损失会导致市场参与者减少其头寸。他们的销售压低了市场价格，意味着进一步的损失。此外，市场流动性减少，促使金融家应用更高的保证金要求。这两种影响都加剧了出售资产的压力，也增加了同一市场参与者持有的其他资产。因此，流动性螺旋是不同资产或资产类别的传染源。其他研究表明，放大机制还可能导致传染。Diamond 和 Rajan（2005）研究认为，一家银行的挤兑导致早期清算效率低下，这意味着下一时期的总流动性水平较低，而其他银行的流动性较大。对于资产市场，Cifuentes 等（2005）研究了由于按市值计价会计推动的清算所导致的蔓延。Kodres 和 Pritsker（2002）引入了一种基于信息的机制：对一种资产造成损失的代理人清算其持有的资产和其他资产。由于其他投资者不知道这些销售是信息还是流动性驱动，其他资产的价格也会下降。

第二是市场冻结。市场冻结的一种极端形式是非流动性。事实证明，在 2008 年危机期间，银行间市场特别脆弱。Flannery（1996）认为，银行间市场的贷款人面临着逆向选择问题，因为他们无法从危险的银行中获得安全保障。因此，安全但流动性不足的银行可能无法获得资金，最后贷款人是必要的。Heider 等（2015）构建了一个更完整的模型，展示了信息不对称如何导致银行间市场的多种制度，包括市场崩溃，并将其结果与金融危机期间的事件进行比较。由于回购市场在危机期间受到特别重创，因此又对它们进行了更具体的研究。Gorton 和 Ordoñez（2014）表明，选择作为对信息敏感度较低的抵押资产是最佳选择，这意味着对资产的基本价值（例如政府债券或 AAA 证券）的了解不多。在正常情况下，代理商最佳地选择不获取有关资产的任何信息，因此对称地不知情，这使得交易成为可能。在一次负面冲击之后，一些代理商开始获取有关用作抵押品的资产的信息。因此，不对称的信息问题在不景气时是内生的，这可能导致回购市场的冻结。Acharya 等（2011）表明，当市场突然对用作抵押品的资产价值持悲观态度时，回购链可能完全崩溃。

第三是协调失败和挤兑。关于小冲击如何导致系统性事件的经典解释是，由于债权人之间的协调问题，银行和其他金融机构本质上是脆弱的。关于银行运行的大量文献，可以追溯到 Bryant（1980），Diamond 和 Dybvig（1983），以及后来的 Calomiris 和 Kahn（1991），Goldstein 和 Pauzner（2005）的开创性贡献，主要关注的是这个问题。近年来的研究表明，现代金融市场的制度环境可能使它们比最初想象的更脆弱，特别是由于严重依赖短期资金（Brunnermeier 和 Oehmke，2013）。He 和 Xiong（2012）表明，企业的债权人只有在期望未来的债权人这样做的情况下才会推翻短期债务，以便“债务动态运行”成为可能。Martin 等（2014）利用现代市场的特点扩展了银行运营的批发融资，特别显示了回购市场中承包约定的重要性。Duffie（2010）讨论了经销商银行如何能够同时遭遇来自不同类型交易对手的各种交易。Lagunoff 和 Schreft（2001）以及 Bernardo 和 Welch（2004）也介绍了金融市场运行的观点，其中市场参与者清算他们的头寸，因为他们担心其他人会卖出和压低价格。银行竞争也会在强烈的负面关系中影响系统性风险。竞争加剧鼓励银行分散风险，间接使系统不易受到冲击。在私人监管和监管薄弱、国有银行更多以及限制竞争的政策的国家，银行体系更加脆弱。Anginer 等（2014）认为缺乏竞争的负面影响可以通过有效的公共和私人监督的制度环境得到缓解。与这一发现相一致的是，Cubillas 和 González（2014）指出，金融自由化会增加银行承担风险。在发达国家，银行之间的激烈竞争增加了风险承担，而在发展中国家，冒险的新机会推动了风险承担行为。Ghosh（2016）研究了金融服务自由化对银行业危机的影响，发现银行业全球化程度越高，银行资产集中度越高，银行资产集中度增加了它们的可能性。研究结果表明，外国银行的存在意味着东道国金融体系的金融稳定性更强。这与 De Nicolò 和 Juvenal（2014）的研究一致，他们分析了金融一体化和全球化措施与实际活动的相关性。

关于制度的系统重要性，有一些文献分析了规模、复杂性和互联性的影响，特别是银行对系统性风险构成的影响。Banulescu 和 Dumitrescu（2015）将系统重要性金融机构（SIFIs）定义为由于其规模、复杂性和系统互连性而导致的经营失败，进而将严重扰乱金融体系、显著损害实体经济的机构。SIFIs 是金融体系网络内的重要节点，一旦 SIFIs 出现风险，将通过这种密切关联对相关金融机构造成风险传染，直至扩大到整个金融市场。“太大而不能倒”的机构，已经成为一项重要的公共政策辩论，由于对定义的分歧，尚未得出结论（Kaufman，2014）。Arinaminpathy 等（2012）分析了大型且联系紧密的银行对金融稳定至关重要，因为崩溃不仅大而且普遍，而且还威胁到市场的信任。因此，对大银行提出更严格的资本要求可以提高系统的弹性。此外，在稀释度较低的系统中，这些影响会更明显。

②系统性金融风险的横截面维度。系统性金融风险的第二个维度是横截面维度，即与溢出效应和传染效应相关的负外部性对系统性金融风险的推动作用。溢出效应可能是直接溢出效应或间接溢出效应。当一个金融机构的损失溢出到与第一个金融机构相关的其他机构时，就会发生传染。

首先是资产负债表传染和网络。关联的典型示例是银行间索赔，虽然很明显这种关联的存在可以通过多米诺效应传播银行违约，但系统事件的风险不能确定。李政等（2019）、胡宗义等（2018）、蒋海和张锦意（2018）认为银行尾部风险网络关联性与系统性金融风险显著正相关。虽然个体银行的尾部风险溢出会降低自身的风险承担水平，但也显著增强了银行网络的关联性，从而提高了系统性金融风险的整体水平。正如 Acharya 和 Richardson（2009）所说，允许金融机构将证券化资产保持在资产负债表外，以避免需要持有资本缓冲来保证它们；此外，他们能够减少证券化抵押贷款的资本金额，所有这些都导致风险资本结构和信用风险的低估，从而增加了系统性金融风险。反过来，Adrian 和 Shin（2010）研究了杠杆和流动性之间的关系。在按市值计价的资产负债表很常见的环境中，资产价格的调整会立即反映在价值变化中，并引导机构调整其财务报表的规模。因此，他们认为在按市价计算的背景下，杠杆是顺周期的，这也增强了系统性金融风险。杠杆作用增加了银行、公司的个人风险，这意味着更容易受到金融冲击的影响（Papanikolaou 和 Wolff，2014）。另一方面，扭转杠杆水平有利于个别银行的健康，但对金融稳定性有害。他们主要专注于传统业务的银行风险低于交易现代金融工具的金融机构；此外，文献将在全球范围内确定金融机构的高杠杆率，作为危机期间严重结构性疲软和不利市场动态的关键因素。监管变革和技术进步大大改变了银行系统，而银行的目标是创造新产品，并将其活动扩展到以前未曾探索过的业务领域。

该类文献中下一步是研究哪些类型的网络是由利润最大化的银行形成的。Leitner（2005）表明，银行可以自愿形成双边联系并使自己面临传染风险，以便在流动性危机期间承诺互相帮助。实际上，在密集连接的网络中，流动性过剩的银行 A 可能更愿意向陷入困境的银行 B 贷款，而不是让 B 违约，这可能触发最终会导致 A 的传染性违约。因此，银行间联系可以产生“私人救助”。从 Boss 等（2004）开始，这样的网络引起了后来理论工作的关注（如 Babus，2016；Babus 和 Hu，2017）。一个不同的方法是使用更复杂的模型并在现实世界的网络上进行校准，例如：Wang 等（2018）、Anand 等（2013）、Gofman（2017）、Allen 和 Babus（2009）对银行间市场和金融网络的文献进行了更详细的调查。Caccioli 等（2009）认为金融工具的扩散可能导致金融体系出现大幅波动和不稳定，这可能导致市场进入交易量迅速扩大并使投资者需求饱和的状态。这种情况使得市场看起来无套利、高效且完整，但却以牺牲稳定性为代价。金融创新也成为 2007 年开始的全球金融危机的原因之一，在长期的宏观经济稳定期之后出现了过度冒险的倾向。最初出现的问题是美国次级抵押贷款市场违约率上升，导致 2007 年中期资产支持证券市场下跌。流动性问题随后出现在银行间市场，影响了世界各地的银行。雷曼兄弟破产是一个转折点，证实世界正面临系统性金融危机（Dimsdale，2009）。Petersen 等（2011）认为，次级抵押贷款危机主要是由于这些抵押贷款的复杂性和复杂的证券化设计造成的，这导致了信息不对称、风险传染、效率低下和损失问题、定价不透明和低效的风险缓解。Battaglia 和 Gallo（2013）指出证券化增加了银行在系统上更具风险的可能性。因此，在严峻的情况下，证券化的银行在预期上会有较高的预期损失，这表明证券化的风险转移与原始银行维持的风险并不重要。但该过程中固有的复杂性最终限制了投资者监控风险的能力。此外，在具有许多证券化代理的市场中竞争的动态将会降低危机前的安全标准。Carbo – Valverde 等（2015）则认为保留风险的担保工具（担保债券）可能会导致银行的谨慎风险行为，而不是提供风险转移的工具。Battiston 等（2012）认为个人信用风险的多样化有可能在系统层面产生模糊效应，特别是在信贷危机期间。减少违约结果的好处将被代理人更多地接受信贷的情况所抵消。特别是在制定旨在加强金融市场活力的政策时，应考虑相互关系的结构和金融稳健性水平的差异。

其次是支付和清算基础设施。银行因客户的运营而互相付款。Freixas 和 Parigi（1998）表明，银行间净头寸仅在当天结束时结算的净系统中允许银行保留较少的储备，但也使其暴露于传染风险，因为它意味着银行间信贷需要权衡。Rochet 和 Tirole（1996）讨论了总体系统和净系统如何共存，而 Holthausen 和 Rønde（2002）则探讨了监管问题。Afonso 和 Shin（2011）讨论了冻结的可能性，并表明银行用于在正常时间发送付款的机械规则很快就会导致压力期间的重大中断。中央对手方（CCPs）是金融基础设施，在系统性风险文献中受到越来越多的关注。Zawadowski（2013）模拟了一个金融系统，其中银行使用场外衍生工具对冲其投资组合风险，但不对冲与这些合约相关的交易对手风险。在此设置中，特殊的银行故障可能导致系统性运行。Acharya 和 Bisin（2014）表明，交易对手风险外部性在不透明的场外交易市场中出现，但在通过集中清算机制进行交易时则不然。Koeppl 等（2012）、Biais 等（2016）分析了清算安排的最优设计，同时考虑了与交易对手风险相关的道德风险问题。Duffie 和 Zhu（2011）正式表明，减少 CCP 的数量，会降低交易对手的风险敞口和抵押品需求。

最后是信息传染。双边关联的最后一种形式是信息。实际上，如果存款人和投资者认为银行 j 的失败是银行 i 健康状况的信号，那么这两家银行之间就存在信息联系以及传染的可能性。Chen（1999）认为银行的收益是相关的，因此观察一家银行的收益使得不知情的存款人推断其他相关银行的运行，使银行陷入恐慌（Aghion 等，2000；Acharya 和 Thakor，2016）。Dasgupta（2004）认为银行通过交叉存款联系在一起，因此有关一家银行的负面信息在受影响的银行和与之相关的银行中开始运行。在不同的背景下，Cespa 和 Foucault（2014）表明市场非流动性本身具有传染性，因此一种资产的流动性下降可能引发其他相关资产的类似下降，从而传播问题。

（3）中国系统性金融风险的发展特征。史永东（2019）指出中国是银行主导的金融体系，系统性金融风险最可能在银行体系中发生。截至 2018 年年末，中国金融总资产达到 286 万亿元，其中银行 261.4 万亿元。银行占据了中国金融资产的 90% 以上，可见，从银行体系防范系统性金融风险具有十分重要和必要的意义。银行系统性风险主要潜藏在影子银行领域。与美国高度证券化、衍生化的影子银行体系不同，中国的影子银行体系主要是银行的影子，实质是银行为了规避监管与其他非银行类金融机构合作展开信用、期限或流动性转换活动[①]。参考杨子晖和李东承（2018），胡滨（2017），刘莉亚和梁琪（2019），张泉泉（2014），黄益平（2017），王国刚（2017），韩心灵和韩保江（2017）的研究，因此本部分主要从三个方面来回顾分析：

首先是未预期的宏观经济变化的负面冲击。例如，地方政府债务风险、非金融企业债务违约风险。当前我国面临的最突出的问题是产能过剩行业和僵尸企业造成的要素错配和资源浪费，再加上逐年增加的各种成本，我国的实体经济不堪重负，企业资产回报率 2010—2015 年连续五年下降。很多企业依赖银行贷款与民间借贷生存，企业杠杆率大幅攀升（韩心灵和韩保江，2017）。此

① 刘莉亚，梁琪．系统性风险的防范与化解［J］．经济学动态．2019（06）：83－91．

外，2016 年以来，债券市场的违约数量和规模急速增加，刚性兑付的打破使得信用利差的定价出现波动，在监管趋严的环境下债券市场风险被多次引爆，信用债违约、国债期货跌停、批发市场流动性紧张等成为日益显性化的风险。事实上，2016 年 9 月以来，债券市场的流动性紧张已成为一种常态，这里有监管当局主动降风险的因素，也是市场风险累积后的自然出清。债券市场的流动性紧张直接影响银行间市场的流动性，甚至会危及银行体系的稳定性（胡滨，2017）。

其次是金融体系自身演化及风险累积。例如，影子银行。影子银行是指游离于银行监管体系之外，可能引发重大风险和监管套利等问题的信用中介体系，以及各类相关机构和业务活动（胡滨，2017）。尽管各类型影子银行的风险溢出效应不尽相同，整体风险溢出较小可控，但影子银行系统对不同类型商业银行风险溢出差别较大（李丛文和闫世军，2015）。在我国金融体系内部，以影子银行为代表的跨界混业经营是一个复杂的系统性风险环节。与国外的影子银行不同，我国的影子银行与银行部门紧密相连，影子银行更大程度上是“银行的影子”，这种关联性使得影子银行的风险容易传导至具有系统重要性的银行部门。而银行业与影子银行有千丝万缕的联系，一旦遇到突发性事件，这些资产都将转化为银行部门的不良资产，对金融安全造成极大威胁。这种跨界金融风险处置的责任主体在分业监管的体系下显得不甚清晰，进而可能演化为一种混业经营模式和分业监管体系的错配，带来难以估量的后果。

最后是资产泡沫风险及融资平台风险。历史已经证明，虚拟资产泡沫一旦破裂，一定会对国家造成灾难性后果（韩心灵和韩保江，2017）。刘晓星和石广平（2018）建立了基于杠杆的资产价格泡沫模型，揭示了杠杆和资产价格泡沫的内在逻辑关系，发现不同杠杆对资产价格泡沫的影响会随着经济发展阶段、泡沫演化程度和杠杆水平的变化而变化，相同水平的杠杆在泡沫不同阶段对资产价格泡沫的影响亦不相同。此外，从2007年第一家P2P平台上线，保守估计有40%以上变成了问题平台，有些平台的存续时间甚至不超过一个月。更有甚者，像e租宝事件变成了全国性的风险，涉及90多万人。沈庆劼等（2017）认为我国P2P借贷平台监管套利是通过引入担保、承诺赎回、债权转让、产品标准化、创设净值标等手段，实现了与商业银行同样的功能，却无须接受金融监管。监管套利破坏了监管制度的有效性，侵害了金融消费者权益，在一定程度上扰乱了宏观调控，增加了诱发系统性金融风险的机会，具有较大的负面影响。互联网金融的问题表现为不规范经营现象十分普遍，但核心的问题是在这些领域没有有效的监管框架，监管空白使得这个行业快速发展，但风险也在迅速积累。2016年政府开始整治互联网金融以后，更多的平台要么退出、要么转型。由于参与互联网金融交易的很多人对风险的识别和承受能力不是那么强，风险一旦形成，传导的速度和广度都不是传统金融可以比拟的，所以它的潜在风险可能更大（黄益平，2017）。

2.2.3　系统性金融风险测度方法的理论框架

就系统性金融风险测度方法研究而言，白雪梅和石大龙（2014）、章曦（2016）、陶玲和朱迎（2016）、方芳和林海涛（2017）做了卓有成效的研究，构建了多个维度的系统性金融风险综合指数或体系，并引入了指数修正机制以更好地适应我国金融市场的动态发展，但尚未纳入一个完整框架。Bisias等（2012）则尝试构建了一个理论框架，用$\boldsymbol{R}_t$表示在日期t所有系统相关的实体资产或证券的资产收益率向量，并且让$\boldsymbol{X}_t$表示日期t经济和商业条件的状态变量向量。如果本书将 E_t 定义为在日期 t 发生系统性金融风险事件的0/1指标变量，那么任何系统性金融风险度量的目标都是为了阐明以下三个概率分布中的一个或多个：

$$\text{Prob}(E_t \mid \boldsymbol{R}_{t-1}, \boldsymbol{X}_{t-1}, \boldsymbol{R}_{t-2}, \boldsymbol{X}_{t-2}, \cdots) \equiv \textit{Pre Event Distribution} \quad (1)$$

$$\text{Prob}(\boldsymbol{R}_t, \boldsymbol{X}_t \mid E_{t-1}) \equiv \textit{Post Event Distribution} \quad (2)$$

$$\text{Prob}(\boldsymbol{R}_t, \boldsymbol{X}_t, E_t) \equiv \textit{Contemporaneous Distribution} \quad (3)$$

一般情况下，从理论和计量经济学规范和约束的角度来看，第一个分布是与监管视角最密切相关的，在给定过去的经济状态变量情况下，未来系统性金融风险事件发生的可能性。第二个对于确定对系统性冲击的适当反应至关重要。第三个与评估和完善对系统性金融风险事件的理解相关。因此概率分布（1)—(3）有助于缩小这些高度非线性、高维、多元分步的参数空间范围。当以这种公式化的方式描述时，很明显不可能制定单一的系统性金融风险测度指标。(1)—(3）的维度和复杂性意味着必须采用多种措施，将对金融稳定可能受到威胁的方法统一起来。例如，如果定义上市金融机构的收益为 $\boldsymbol{R}_t$，并将系统性金融风险事件定义为多个金融机构之间的同时损失，则 Adrian 和 Brunnermeier（2016）的 CoVaR、IMF（2009）的 Co - Risk、Acharya 等（2017）的 SES 措施就属于此范畴。但是，如果关注的是金融系统资产收益的网络拓扑结构，那么 Billio 等（2012）的格兰杰因果关系网络度量、Kritzman 和 Li（2010）的吸收率（absorption ratio）更相关。通过缩小（1)—(3）中分布的可能自由参数集，本书可以推断出系统性金融风险方面的更精确信息。因此本部分就各部分重要文献进行梳理，以便勾勒出系统性金融风险测度的概貌。

第一类是与监管密切相关的方法。巴塞尔银行监督管理委员会（BCBS）开发的用于测量系统风险的评分方法既简单又直观。它汇总了有关系统重要性的五大类信息：规模、跨辖区活动、相互关联性、复杂性以及缺乏金融机构提供的服务的替代品。为了不支持系统性金融风险的任何特定方面，BCBS 旨在对每项输入给予同样的重视。为了实现这一目标，每个变量除以所有样本库中的变量总和的总量。然后通过对其五个类别得分的简单平均值来计算每个银行的总得分。该方法目前由金融稳定理事会（FSB）实现，以识别系统重要性金融机构（SIFIs，Systemically Important Financial Instituions）。虽然这种序数方法允许在给定时间点对银行进行分类，但其随时间监测系统性金融风险的有用性是有限的。实际上，如果所有风险投入的价值对所有银行来说都是翻倍，那么即使系统明显变得风险较大，分数仍保持不变。许涤龙和陈双莲（2015）、韩心灵和韩保江（2017）构建出中国系统性金融风险压力指数与金融压力时期识别模型，通过分析实体经济风险、政府债务风险、虚拟经济风险与系统性风险的关系，认为我国系统性金融风险正处在金融压力时期。防控系统性金融风险应该密切监测、准确预判、精准施策。

关于风险传染的研究可归属于第二类。早期尝试在金融机构网络中实证研究传染的是 Upper 和 Worms（2004）以及 Elsinger 等（2006）。他们利用奥地利银行之间的实际信贷联系，研究了单一银行的破产如何能够以多米诺骨牌效应传染给其他银行。Upper（2011）回顾了模拟银行违约对实际银行间系统的第二轮影响的文献。Acemoglu 等（2015）引入了金融网络上的距离概念，该概念反映了当另一家银行陷入困境时银行陷入困境的倾向。利用他们的衡量标准，可以识别出对这一特定机构产生最大违约数量的机构，即 SIFIs。重要的是，它们表明，只要影响金融机构冲击的频率和幅度足够小，银行间债务的更均等分配就会增强系统的稳定性。但是，超过某一点，更多的互连会导致更多的脆弱性。Hué 等（2019）则提出一种新的网络系统风险贡献度量，发现他们的衡量标准能够识别金融稳定委员会（FSB）划分为全球系统重要性银行的大量银行，并且是系统性金融风险的早期预警指标，并找到了银行的规模和商业模式是系统性金融风险的重要驱动因素。Drehmann 和 Tarashev（2011）制定了两种互连和传染措施。第一种是捕捉特定银行在金融系统中传播冲击的能力，而第二种则关注其易受其他银行冲击的影响。该研究的一个重要政策含义是，关注风险敞口或对系统性风险的贡献会导致在识别 SIFIs 方面得出不同的结论。Gouriéroux 等（2015）提出了一个理论模型，允许在银行资产负债表中交叉持有债务和股权，以及对外生资产的共同风险敞口。该框架允许识别源自金融系统之外的冲击的传染效应。作者提出了一种基于清算均衡的传染指标，它表征了非违约银行的数量，银行的总价值以及债务的总价值。这种结构性方法对 SIFIs 识别的有用性提出了一些疑问：企业可能是针对特定冲击的系统性，而不是针对其他类型的冲击。Iyer 和 Peydró（2011）表明银行挤兑和银行间联系是一个重要的传染渠道。作为一个自然实验，一家大型合作银行在印度的失败，他们表明，当银行对破产银行的风险敞口较高，而且基本面较弱的银行受到较大程度的蔓延时，存款提取幅度较大。关注雷曼兄弟倒闭后的几天，Afonso 等（2011）表明美国的银行间贷款对借款人特征更加敏感，利差更高，大型银行不良借款减少。然而，与 Allen 等（2009）的理论模型的预测以及 Acharya 和 Merrouche（2013）的实证结果相比，他们没有报告流动性囤积的证据。Ahnert 和 Georg（2018）研究了事后信息传染对事前水平系统性风险的影响，定义为联合银行违约的可能性。由于交易对手风险或共同风险，一家银行的坏消息揭示了另一家银行的有价值信息，引发了信息传染。当银行受到共同风险敞口时，信息传染会导致银行投资组合的小幅调整，从而增加整体系统风险。相反，当银行受交易对手风险影响时，信息传染会导致更多审慎投资组合的转变，从而降低系统性风险。

第三类是基于金融机构之间关联性的系统性风险测度。就现有文献而言，Lehar（2005）较早通过关注银行投资组合中的相关性来实证估计系统性危机概率（Acharya，2009）。这种投资组合方法允许估计几家银行同时违约的概率，以及给定银行对系统风险的贡献。Blei 和 Ergashev（2014）提出了衡量银行资产重叠的指标，称为 ACRISK 指标（AC 代表资产共性），它基于对银行投资组合权重的季度数据的聚类分析。他们的直觉是，在银行间存在重叠位置时，系统的脆弱性更高。同样，Cai 等（2018）认为企业联合组织增加了银行贷款组合的重叠，使其更容易受到传染性影响。他们根据两个银团贷款组合之间的相似性引入了另一套相互关联度量。发现互联性与不同层面的银行系统性风险度量正相关，主要受银行多元化驱动，而不是银行规模或整体贷款市场规模。而宏观金融文献提出了经济的校准模型，可以产生各种系统性风险衡量指标。例如，He 和 Krishnamurthy（2017）建立了一个经济处于正常状态或处于“系统性风险状态”的模型。它用于计算经济在下一季度处于系统性危机中的可能性，无论是无条件还是有条件的压力情景。金融部门与实体经济之间的相互作用也可以在更加简化的系统性风险衡量指标中加以考虑。De Nicolò 和 Lucchetta（2013）研究了系统性实际风险指标（定义为 GDP 的 VaR）和系统金融风险度量（定义为大型金融公司回报的 VaR）的联合动态因子增强向量自回归模型。他们的双变量模型很好地预测了几个国家真实活动的尾部风险，可以被视为一种有用的风险监测工具。不同的是，Giesecke 和 Kim（2011）模型给出了足够大部分金融机构失败的条件概率的动态测量。失效概率的估计基于相关失效时间的危险模型，其包括对宏观经济和行业特定风险因素的失败时间以及过去违约的影响。此外，有大量证据表明房地产的繁荣和萧条周期是金融危机的主要原因（Allen 和 Carletti，2013）。Li 等（2016）发现房地产行业的系统性风险对银行业收益率有负面影响，但这种影响是暂时的；银行风险厌恶和隐性利息支出对银行业收益产生了相当大的影响。同时，由于供给刚性，质量异质性和各种市场不完善性，房地产价格可能偏离其基本价值，这对银行稳定性产生两种截然不同的影响（Koetter 和 Poghosyan，2010）。较高的价格会增加借款人的抵押品和净财富的价值，从而降低信用违约的可能性。相反，持续偏离基本面可能会促使银行寻求扩大贷款组合，从而增加银行遇险概率。

此外，金融创新产品日益增多，很大程度上是因为竞争往往会降低既有产品的利润率。最近创新的一个重要方面是金融活动在新领域的广泛流动，例如抵押贷款证券化和影子银行活动的增长。例如，Gorton 和 Metrick（2010）记录了自 20 世纪 80 年代以来回购和货币基金资产的强劲增长，Loutskina 和 Strahan（2009）证明证券化渠道的广泛可用性改善了抵押贷款市场的流动性，降低了信贷供给个别银行的特殊财务状况。促进这些制度变革是模型组合信用风险，支持电子抵押登记的法律和技术发展以及信用衍生品市场扩张的潜在进展。另一个因素是监管和监管的负担，这种负担更多地落在既定的机构类型上，例如，传统的银行和经纪交易商，而基金和私募股权公司则相对较少。随着创新和替代投资变得更加重要，金融系统的复杂性也在不断增加，而且规模也很重要。在许多情况下，金融创新实际上与放松管制同时发生，因为新的活动往往在受监管较少的非传统机构中扩大。Adrian和 Shin（2009）将影子银行业务的增长与证券化联系起来，认为后者通过降低原始机构的特殊信用风险来提高杠杆率。

随着证券化活动的扩大，雷曼兄弟等证券公司的资产负债表激增，增加了整个金融系统的脆弱性。这些趋势的一个含义是，全行业对金融体系的冲击的影响现在可能比过去更大。

2.2.4 系统性金融风险的动态监管

虽然系统性金融风险的定义尚未明确，引起系统性金融风险的原因也是众说纷纭，但学者对系统性金融风险动态监管的研究却从未止步。系统性金融风险并不是只存在于我国，而是全世界各个经济体系开放的国家都能找到系统性金融风险的影子。金融危机后，美国、英国分别成立金融稳定监督委员会、金融稳定委员会，其主要职责是识别、监测和解决复杂金融产品和服务带来的系统性金融风险，并从资本、流动性、杠杆率、风险管理等方面提出严格监管规则的建议。

一方面要建立健全宏观审慎监管框架。首先就需要加强对系统重要性金融机构的监管，这些机构一旦出现经营问题或遭遇重大风险，就会对整个社会造成不可估量的后果，从而形成系统性金融风险。

第一，强化中央银行在宏观审慎监管框架中的核心地位。金融稳定理事会（FSB）发布的2018年全球系统重要性银行清单，国有四大行均在列。我国央行在国务院的领导下，制定和实施货币政策，防范和化解金融危机，维护金融稳定。其独特的性质奠定了其在宏观审慎监管框架中不可撼动的核心地位，这是毋庸置疑的。Klingelhöfer和Sun（2019）研究认为央行可以在维护金融稳定方面发挥积极作用，目标明确的宏观审慎政策会对信贷产生直接和持久的影响。宏观审慎政策可用于保持金融稳定而不会引发经济放缓，或作为货币政策的补充，以抵消货币宽松导致的金融脆弱性增加。这两项政策的精心设计组合有助于实现宏观经济和金融稳定目标。最为重要的是建立健全宏观审慎管理框架，并完善相应的协调机制。只有宏观审慎监管机构保持密切联系，才能够保证数据和信息的共享和利用，在承受压力时更迅速地反应并做出更好的决策。此外，巴塞尔资本协议Ⅲ指出，信息披露（透明度）对金融稳定至关重要。De Mendonça 和 De Moraes（2018）将信用风险和资本缓冲视为衡量金融稳定性的指标。为了衡量货币当局对信贷市场的看法，他们根据中央银行的信贷发展沟通建立了两个指数，研究表明中央银行关于信贷市场预期的沟通有助于金融稳定，这种沟通可能构成改善金融稳定的重要宏观审慎工具。此外，货币政策又如何影响宏观审慎监管？Agur 和 Demertzis（2019）对货币政策向银行风险的传递及其与监管机构优化问题的相互作用进行了模拟，同时考虑了对金融中介的影响。即使存在宏观审慎监管，货币政策也会影响金融稳定。但从以前金融行业过于追求与经济周期不匹配的高收益率来看，金融业的这些行为却没有能够为市场风险、信用风险正确定价。这种定价机制的扭曲，推动了金融市场各类资产价格的大幅波动。因此央行的职能不能局限于控制货币供给，更重要的是抑制金融不稳定。

第二，将调整资产误定价纳入宏观审慎监管框架。资产误定价已经是形成系统性金融风险的一个非常重要原因，要想更全面地对系统性金融风险进行动态监管，就必须将资产误定价纳入宏观审慎监管框架。资产价格相对于其他价格而言，更加不稳定，其偏离正常定价的幅度更大，而要想把调整资产误定价纳入宏观审慎监管框架，就必须要知道资产价格到底偏差到何种程度才会引起系统性金融风险的产生（Brunnermeier 和 Oehmke，2013）。当然，因为各国宏观经济环境，金融机构设置以及金融体系都不尽相同，针对这个问题，必须根据各国国情所决定，并没有一个适合于全球范围使用的答案，这更多地取决于各国金融体系自身抵抗外界冲击的能力。由于系统性金融风险并不一定会真正造成金融危机，因此，对重要的金融机构需加强管理，以保证金融体系的稳定，从而使资产定价更加趋于实际，而不至于有太大偏差。

第三，弱化系统性金融机构顺周期行为。现阶段建立宏观审慎监管框架，一个重要的任务就是弱化金融机构的顺周期行为。顺周期性是指在经济周期中金融变量围绕某一趋势值波动的倾向。因此，顺周期性增强就意味着波动的幅度增大，而波动幅度的增大势必会引起金融的不稳定，从而造成系统性金融危机，因此要想对系统性金融风险进行动态监管，弱化系统性金融机构顺周期行为就不可避免。

另一方面要完善金融风险预警机制。传统上，银行监管机构的反应是发布微观审慎规则，这些规则旨在确保个别银行的安全性和稳健性，例如强制规定最低资本水平。理论上说，如果银行无法承担风险，那么就可以避免对金融体系构成风险（Kreis 和 Leisen，2018）。Bisias 等（2012）在其文章中提到仅仅依靠预测来解决系统性金融风险的问题是远远不够的，因为没有一个单一的压力标准去衡量错综复杂的金融系统。他们认为，完善金融风险预警机制首先是要建立风险预警报告制度，而建立风险预警报告制度是对风险预警运行机制的初步效果进行测评和度量。更重要的在于预防，因此，一套能够正确反映金融体系健康与稳定程度的金融预警机制就显得尤为重要，建立健全金融预警机制可以有效评估其风险，及早发现有问题的金融机构，并凭此采取适当的监管和纠偏措施，提高监管效率。张亮和周志波（2018）比较研究了德国、英国和日本等的宏观审慎监管体系后，认为我国应当建立以防范系统性金融风险为核心的宏观审慎监管框架，注重供给侧结构性改革背景下宏观审慎监管与货币政策的协调性，加强金融创新工具的监管并完善系统重要性金融机构税收制度，加强宏观审慎金融监管的基础研究。宏观审慎管理是以防范和控制系统性金融风险为宗旨，而系统性金融风险涵盖了所有可能造成金融不稳定的金融行为。因此，除了银行、证券和保险公司受专职监管外，其他金融行为如场外金融产品和交易行为、跨市场资本流动和投机行为等也应该一并纳入宏观审慎管理范畴。

2.3 本章小结

本章首先梳理了系统性金融风险的概念内涵及演变，其次从系统性金融风险承担、信息传染机制以及放大机制等三个方面阐释了系统性金融风险的来源，并构建模型回溯了有关系统性金融风险的测度方法。对监管层而言，最重要的是精准识别与动态监管，而有效的监管需要依靠系统性金融风险的合理量化，最后，从宏观审慎视角剖析了监管层的动态监管。关于系统性金融风险未来研究展望如下：

首先，学术理论研究应对接市场需求，但由于系统性金融风险的复杂性、突发性、传染快、波及广、危害大等特征。因此，一方面，学术界需要拓展现有研究思路与方法防控未来系统性金融风险。另一方面，各界对系统性金融风险的认识尚存较大争议，相应的测度方法也未达成共识，导致研究结论及政策建议也不尽一致。这都是目前学术界和实务界亟待解决的问题。

其次，在经济高质量发展过程中，系统性金融风险的实体经济后果备受关注。纵览现有文献，Adachi - Sato 和 Vithessonthi (2017) 表明银行系统性风险会显著促使公司层面的投资增加，且公司杠杆水平会增加这种溢出效应。结合我国制度背景，在经济由高速发展向高质量发展转变过程中，如何发挥宏观系统性金融风险对实体经济的正向效果，抑制其负向效果至关重要。因此，很有必要结合我国经济高质量发展特征，深入细致剖析宏观系统性金融风险的实体经济后果，这是未来极具研究价值的一个方向。

最后，系统性金融风险涉及维度广泛，传染性强。对系统性金融风险的监控与防控不仅从微观层面，更要加强从宏观审慎视角的研究。不可忽略的一个重要因素是资产价格泡沫，尽管 Brunnermeier 等（2017）研究了股票市场和房地产市场泡沫对系统性金融风险的影响，但是要想更全面地对系统性金融风险进行动态监管，就必须将资产泡沫纳入宏观审慎监管框架，包括资本市场、债券市场以及房地产市场等，此方面的研究还有很大拓展空间，还需要研究者未来进行系统深入研究，这也是中央提出“守住不发生系统性金融风险的底线”的重要保障。

第3章 系统性金融风险的理论分析

系统性金融风险是个连续累积过程，主要经由信用和信息渠道完成，本质上是通过流动性波动的形式进行的。就银行业系统性风险而言，我国银行业系统2003年前不良资产率一直很高，2003年后的流动性波动剧烈，尤其受近期经济下行等影响，系统性风险积聚一直较高（童中文等，2018）。针对银行系统性风险的研究，较为成熟的理论主要有四个：其一是金融脆弱性理论假说（Minsky，1982）；其二是银行挤兑理论，认为银行挤兑的传染性是内生的（Diamond & Dybvig，1983）；其三是信息不对称理论，将金融脆弱性的根源归结为信息不对称（Stiglitz & Weiss，1981）；其四是风险溢出理论，认为银行系统性风险的传导途径主要包括信用渠道和信息渠道（Summer，2003）。鉴于我国制度背景有别于西方发达国家，我国金融业呈现鲜明的中国特色，国内理论观点有：一是政府软预算约束（江曙霞等，2006），二是风险相关性和风险传染（范小云，2012）。在此基础上，本章首先梳理系统性金融风险的内涵演变，其次阐释系统性金融风险的演化逻辑，最后是系统性金融风险原因的定义，确定系统性金融风险的关键要素和后果，对系统性金融风险进行分类，并采用分类法和例证法分析以往的金融危机。

3.1　系统性金融风险的内涵及演化逻辑

3.1.1　系统性金融风险的内涵演变

根据国际货币资金组织——金融稳定委员会（IMF－FSB）（2009）和欧洲中央银行（ECB）（2009）的定义，系统性金融风险是对金融稳定产生威胁的风险，这种威胁会对金融系统绝大部分运作造成损害，并给整个经济带来重大的负面影响。这种对金融稳定的威胁可能源于金融系统的所有或绝大部分。金融系统包括银行业、其他金融中介机构、金融市场以及支付和结算系统。系统性金融风险可能由于金融系统中任何组成部分发生的事件引发。系统性金融风险事件可能是突如其来、出乎意料的，但金融危机的历史（包括2008年的全球危机）表明系统性金融风险事件通常是在缺乏适当应对政策的环境下内生性酝酿而成的，例如，信贷繁荣和随后的资产价格泡沫是在很长一段时间里形成的。系统性金融风险不仅仅是金融不稳定，更是一个异常的金融冲击，这种冲击会引起对实体经济的强烈负面冲击，包括总产出、就业和福利。

金融系统的破坏会产生强烈的负外部性，从而可能使经济冲击变为系统性冲击。在金融系统高度集中的特殊情况下，如在塞浦路斯、冰岛、爱尔兰及荷兰，单个银行或市场的倒闭会对整个系统产生影响。由于缺乏适当的应对政策，整个或部分金融系统的损害将给实体经济部门和公民福利带来强烈的负面溢出效应，如总产出和就业率的大幅下降。因此，金融失效是否是系统性金融风险的根源，取决于这种失效对金融系统其余部分和实体经济的影响。如果金融震荡没有对实体经济活动造成严重损害，那么它就不是一次系统性金融风险事件。例如，2000 年和 2001 年互联网泡沫的破裂没有对金融系统产生严重的不利影响，原因在于投资主要来源于股权投资，从而对整个金融系统的风险敞口有限。类似地，虽然 1987 年的股市崩盘损害了投资者的财富，但它没有破坏银行系统的运转。经济政策制定者主要关注实体经济活动和就业，而不仅仅是金融稳定。因此，具有高系统性金融风险的事件通常与金融不稳定相关。由于缺乏应对政策，这种不稳定会对宏观经济造成不利影响，从而导致系统性危机。

目前国际上对系统性金融风险还没有统一的、被普遍接受的定义。这表明系统性金融风险是一个复杂的问题，还有待进一步探索。关于系统性金融风险的概念，众多学者给出了不同的定义，大致分为三类：一是从危害范围大小角度定义为威胁整个金融体系或宏观经济稳定性、甚至对实体经济造成严重危害的风险，以 Billio 和 Pelizzon（2003）、De Bandt 和 Hartmann（2000）等为代表；二是从风险传染角度定义为单个事件通过影响一连串的机构和市场，引起多米诺骨牌效应损失扩散的可能性，主要以 Kaufman（1999）、Moussa（2011）为代表；三是从金融功能的角度定义为突发事件引发金融市场信息中断，从而导致金融功能丧失的或然性，主要以 Minsky（1995）、ECB（2010）为代表。进一步按照承受主体又有微观和宏观之分，二者有着本质区别，微观系统性风险（systematic risk）指证券市场中不能通过分散投资加以消除的风险（Sharpe，1964）；而宏观系统性金融风险

(systemic risk) 则反映通过金融体系中各类风险的积累，从而影响金融体系稳定，甚至诱发灾难性金融危机的可能性（Smaga，2014）。在 2008 年金融危机后，宏观系统性金融风险受到国际社会普遍关注。因此本书主要研究宏观系统性金融风险，表现为金融体系出现严重困难、绝大部分金融指标急剧恶化、人们对宏观经济和金融体系未来走势预期悲观、对货币或资产价格丧失信心而竞相采取减损措施所造成的金融系统严重混乱（杨俊龙和孙韦，2014；周小川，2011）。尽管学术界关于系统性金融风险概念的界定有所不同，研究视角集中于系统性金融风险表现的不同方面（Bisias 等，2012；Oosterloo & de Haan，2003），但所表达的内涵却有许多共同点，即关注对象都是金融体系的全部或重要部分，都考虑了风险的溢出效应即对实体经济造成的影响。

系统性金融风险具有两个维度。首先，它具有时间维度，即在信贷繁荣和资产价格泡沫中系统性金融风险的累积，以及泡沫破裂后金融部门对实体经济部门的负外部性。由于系统性金融风险的主要驱动因素是金融创新、金融放松管制、金融全球化、竞争政策和货币政策。例如，金融创新促进风险分担从而降低异质性风险，可能使大部分金融中介机构遭受同种总体冲击（Allen & Gale，2000），并提升风险承担容量和偏好使系统性金融风险增加。例如，资产证券化增加了金融系统对同种总资产冲击的风险敞口，并通过增加金融系统中的信贷供给增加了系统性金融风险（Shin，2009）。金融中介机构之所以愿意承担过度风险，其原因在于道德风险问题引起的普遍动机或行为学原因。道德风险问题是由于银行股东只投入极少资本从而承担有限责任，普遍的企业治理标准，以及政府对银行债务的显性和隐性担保（Freixas & Rochet，2008）。行为学原因包括泡沫中的群体思维和过度乐观，这些因素使银行忽视了近期暂未显现的尾部风险。

其次，系统性金融风险具有横截面维度，即与溢出效应和传染效应相关的负外部性对系统性风险的推动作用。溢出效应可能包括相互关联性和多米诺骨牌或网络效应，例如一个大型、内部连通的银行破产给其他金融机构造成的损失。间接溢出效应包括银行倒闭或政策行动引起的信息溢出，以及抛售的外部性导致的资金外部性。间接溢出也涉及 Brunnermeier 和 Pedersen（2009）中的流动性螺旋恶化和 Bernanke（1983）中的信贷紧缩。

基于以上分析，结合第 2 章的文献梳理，本书认为系统性金融风险中的"系统性"有两方面含义：一方面指一个事件影响了整个金融体系的功能；另一方面指一个事件让看似不相干的第三方也付出了一定的代价（张晓朴，2010；De Bandt & Hartmann，2000）。本书将系统性金融风险定义为：整个金融体系崩溃或丧失功能的或然性，具有复杂性、突发性、传染快、波及广、危害大五个基本特征。系统性金融风险的演进过程十分复杂，大致可分为累积、爆发和扩散三个阶段，通常具有较长的累积过程和潜伏期，风险因素在较长时期内累积而不对金融体系产生明显影响，在不断累积达到一定临界值时，经济、金融领域就会爆发某些突发事件，这些突发事件便成为系统性金融风险的导火索，引发灾难性的金融危机（杨俊龙和孙韦，2014）。

3.1.2 系统性金融风险的演化逻辑

基于对现有文献的梳理，De Bandt 等（2013）、ECB（2010）认为系统性金融风险有三种类型，包括传染溢出效应、长时间积聚不平衡的突然爆发和加总的冲击，如图 3－1 所示。

金融传染是造成银行危机的重要外部因素，也是银行和金融监管的核心。这也是为什么有效处理银行危机需要非常好地理解传染渠道，只有当传染渠道被完全理解时，宏观审慎策略才能被应用到防范系统性金融风险的外部性问题中。

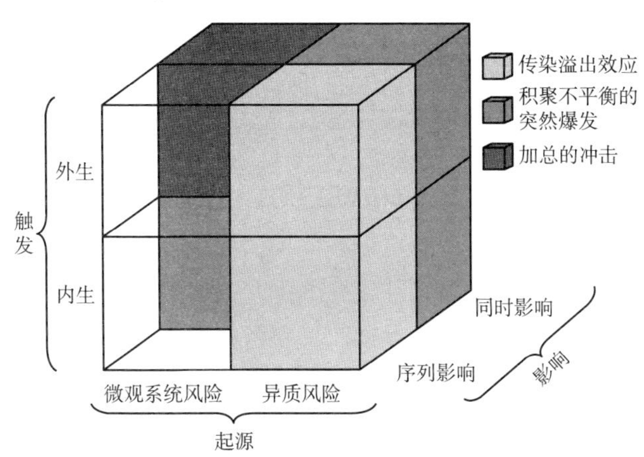

图3-1　系统性金融风险起源、触发及影响演变图

传染，严格意义上是指一家银行破产对其他银行和金融中介的“多米诺骨牌效应”。所以传染会加剧银行破产或增加银行破产概率，至少会提高银行的资金成本并减少利润，从而增加银行系统的脆弱性。为更好理解多米诺效应，本书主要关注其收益的相互依存性。从理论上讲，银行危机与资产（房地产、股票、公司债券）价格下降和投资者“逃向安全资产”（即投资者从风险资产转移到安全资产）往往同时发生。传染的大小程度取决于银行业的特质。当银行监管标准非常严格时，传染的蔓延会小很多。

由于银行结构的特殊性以及银行与其他金融机构间的交叉头寸复杂，银行业面对系统风险异常脆弱（周天芸等，2012）。首先，银行的资产和负债期限不匹配。储户一般认为，银行的破产是正相关的，银行破产会使他们重新判断其他银行的偿付能力。

由于持有活期存款，储户的反应便是撤出存款，这可以保证他们持有黄金或对中央银行进行索赔。换句话说，银行破产引发的传染性问题给其他银行的储户提供了同类资产相同的信息（Chen，1999）。当市场信息不确定性因素增加使存款人产生恐慌性挤提时，银行极易陷入流动性危机甚至违约危机。不过，对具有偿付能力的金融机构进行挤兑是一种例外，大部分挤兑发生在宏观经济基本面疲弱且偿付能力差的机构中。从理论角度来看，通过对有偿付能力银行的预期而产生的传染应该不再会发生。

其次，银行之间以及其他金融中介间的资金往来造成的交叉债权债务关系，加上低资本资产比率和杠杆效应，使得某家银行违约时，更加容易损害其他银行的债务偿付能力，从而引发“多米诺骨牌效应”，放大系统性风险。任何银行系统的资产、负债都处于一个交易网络当中。一个运作良好的支付系统要求银行能够快速将流动性从一家银行转移到另一家银行。除了对流动性的关注外，由于风险管理的要求，银行也会相互持有其他重要头寸，这意味着可以利用衍生品来进行对冲和投机。在 2007 年金融危机之前，交易对手风险被认为是传染的主要渠道。简单而言，如果 A 银行倒闭了，那么与 A 银行有对手风险的所有银行将蒙受损失。如果这些损失程度足够大，债权人银行的资本减少超过一定临界值，将导致债权人破产。

系统性金融风险分为共同冲击和金融机构之间的传染效应，共同冲击源于宏观经济环境的变化，包括商品市场冲击、外汇市场冲击、货币市场冲击和资本市场冲击；系统性金融风险的银行间传染是基于微观个体的相互联系以及行为（周天芸等，2012）。个体风险暴露依赖性越高，受到冲击后清偿力和流动性问题会更大，特别是在金融自由化进程中，金融结构处于变化中，银行系统性风险的自源性增强，个体风险更容易由微观风险向系统性风险转化。银行间风险传导的渠道包括资产组合调整、信贷传导、内生金融周期以及资产负债表传导。银行系统性风险的冲击与传染机制如图 3-2 所示。

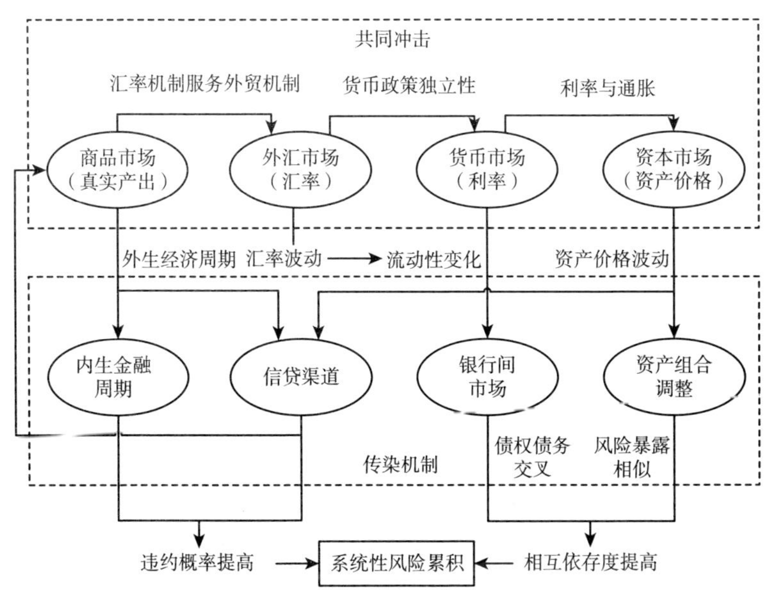

图 3-2　开放经济条件下银行系统性风险形成机制

资料来源：周天芸，周开国，黄亮．机构集聚、风险传染与香港银行的系统性风险［J］．国际金融研究，2012（04）：79。

3.2　系统性金融风险的比较分析

在分析系统性金融风险的起源、触发及影响基础上，本部分梳理系统性金融风险的测度指标并比较研究，可以将测度指标划分为传染和溢出效应模型、宏观压力测试模型、预警信号模型、金融稳定性指标等四种类别；也可以根据测度数据的不同，划分为基于资产负债表数据（如度量银行通过资产负债表实现风险传染的网络分析法）、股票和债券市场数据（如基于对时间序列数据的改进，对传统 VaR 度量和 GARCH 模型进行修正）、多市场数据（如 Copula 函数和未定权益分析法）等三类模型（ECB，2010；De Bandt & Hartmann，2000；De Bandt et al.，2013）。

自次贷危机以来，系统性金融风险测度方法的研究激增。各国监管机构和中央银行以及学术界已经开发出了许多方法来评估系统性风险。尽管这些方法在上次金融危机期间成为了焦点，但这些研究远未统一、形成共识。因此，对这些不同方法进行严格的评估似乎很重要，以便适当地选择一些指标，并尝试预防和防范系统性金融风险。

当金融部门放大影响金融机构的外部或内部冲击时，就会发生系统性事件，对金融系统和实体经济造成严重的负面影响。系统性金融风险还考虑了系统性事件的影响，从而量化了系统性事件的可能性。几种类型的冲击可能会导致系统性破坏，这可能是机构的失败，也可能是运营失灵或宏观经济周期的下滑。一个重要的区别是系统性金融风险的时间周期性和横截面/截面结构维度之间的区别。冲击不仅通过资产负债表风险敞口网络或通过预期渠道进行传递，而且具有传染性（De Bandt et al.，2013）。

设立系统性金融风险指标的目的是评估这些冲击发生的可能性，以模拟传染机制及其不利影响。衡量系统性金融风险有助于设计经济模型中可解释和挑战的相关监管干预措施（Hansen，2012）。由于量化需要定义系统风险，然后对其进行衡量，因此纯粹的统计指标也可能会有用：在缺乏系统风险规范模型的情况下，人们无法避免折衷的做法，必须依靠大量指标。自上次危机以来，经验文献中的指标数量急剧增加。Bisias 等（2012）报告了 31 种不同的量化指标。因此，当前的挑战不再是寻找系统性金融风险的证据，而是寻找最合适的系统性金融风险度量指标。

为了使潜在用户了解系统性金融风险指标，De Bandt 等(2013) 根据其分析级别（机构级别、市场级别或系统级别）提供了系统风险度量的分类法，主要从机构级别——银行和保险公司的指标、衡量金融市场和基础设施中系统性风险的指标、相互联系和网络的指标以及综合或全系统指标分类，如图 3－3 所示。

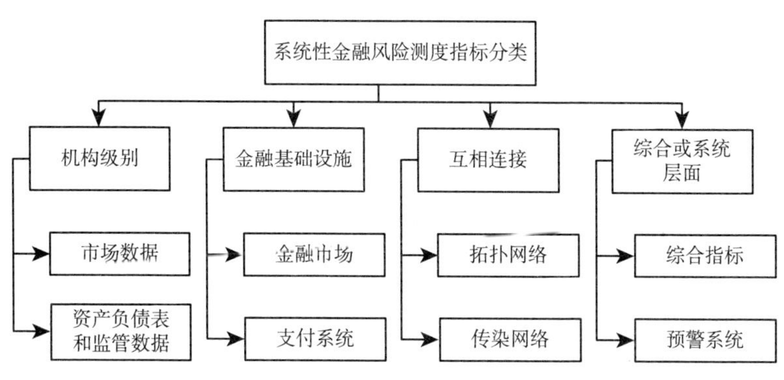

图 3－3　系统性金融风险指标分类

资料来源：De Bandt, O., Héam, J., Labonne, C. and Tavolaro, S., 2013, "Measuring Systemic Risk in a Post－Crisis World", Débats Économiques Et Financiers 6, Banque De France: 6。

实际上，识别和量化系统性金融风险的各种渠道一直是个难题。原因在于实证检验和系统性金融风险的度量通常不能完全区分以下因素：异质性冲击在金融系统的传染，以及金融系统绝大部分的过度风险承担引起的内生性冲击。机构存款者和投资者基于新闻对经济基本面预期的理性修正，或与经济基本面无关的纯粹恐慌。

根据研究设计，本书主要围绕机构级别来分析，金融机构是相互联系的。一个机构的资产是另一机构的负债，这些联系最明显的体现是银行间货币市场。由于金融机构可能易受系统性金融风险的影响，因此它们无法独立于其所属系统的其余部分来评估其风险。为了解决系统性金融风险，自最近的金融危机以来，学者们已经提出了许多措施。这些指标基于市场数据或资产负债表和监管数据，可衡量给定机构对整体系统风险的贡献。

很大一部分文献依靠市场价格信息，使用概率概念（尾部风险或分位数，违约概率和统计因果关系）来评估系统风险。由于经济理论认为金融市场参与者具有前瞻性期望，因此大多数基于市场数据的衡量指标均被视为系统性破坏的潜在预测指标。长期以来，系统性金融风险被认为是一种尾部风险，因此产生了对银行股票价格实行极值理论的想法。最近根据银行对极端事件的敏感性（“系统脆弱性”）或它们触发极端事件的能力（“系统重要性”），引入了许多指标。为此，Adrian 和 Brunnermeier（2016）通过所谓的传染性风险值（CoVaR）对常用的风险度量 VaR（风险价值）进行了调整，以测量系统性风险。机构的贡献以系统损失的5%来衡量。因此，CoVaR 衡量了特定机构的状况对整个金融系统的影响，从而衡量了银行的“系统重要性”。Acharya 等（2017）扩展了“预期短缺”的概念来重新定义“边际预期短缺”（MES）。

该指标衡量的是机构“系统脆弱性”。这也构成本书研究的主要研究指标。本书关注文献中提出的两个系统性金融风险度量指标：风险条件值（CoVaR）和边际预期损失（MES）。两者都衡量个体金融机构股票收益中的尾部依赖性，并将尾部依赖性估计的大小等同于所讨论的机构所产生的系统性金融风险的度量。系统性金融风险文献的基本思想是，如果一个具有系统重要性的金融机构遭受巨大损失并陷入困境，它将改变其他公司在经济中的股票收益分布的下限。这种转变的发生是因为该机构的困境在整个金融部门蔓延，并阻碍了信贷中介对实体经济的影响。有学者认为可以使用应用于金融机构股票收益数据的 CoVaR 或 MES 来衡量机构的系统性风险潜力。CoVaR 和 MES 在调整事件的确切集合方面存在差异，但每个人都从风险管理文献中借用了一种流行的测量技术，并将其应用于有条件的收益分配，作为识别和衡量金融机构系统性风险的手段。

文献中提出的 CoVaR 系统风险衡量标准是应用于金融机构组合的有条件收益分配的两个 99% VaR 指标之间的差异：（1）99% 的 CoVaR 条件是有问题的单一金融机构经历回报等于 1% 的分位数；（2）99% 的 CoVaR 取决于同一个体经历中位数回报的个体机构。这个想法是，如果存在系统性金融风险潜力，相关金融机构的近乎灾难性损失将使金融公司组合的有条件收益分配的 1% 分位数左移。通常使用分位数回归来估计 CoVaR，理由是这种估计是非参数的并且没有可能由不适当限制性分布假设引入的偏差。预期的系统性损失（SES）和系统风险指数（SRISK）是 MES 的转变。MES 是根据个别金融机构的有条件回报分配计算的预期亏空。该机构的回报分配以很大的负市场回报为条件。SES 和 SRISK 措施改变了 MES，使其接近金融机构在虚拟市场崩溃中所需的额外资本。SES 和 SRISK 措施基于 MES 以及金融机构资本和杠杆的衡量标准。主要投入是金融机构的 MES，通常根据市场收益实现低于 5% 的天数估算机构的样本预期股票收益率。在估计量不需要保持关于产生股票收益的概率密度假设的意义上，该度量也是非参数的。现有文献断言，当大型复杂金融机构展示出大的 CoVaR 或 MES 估计值时，证明这些机构有可能产生重大的系统性金融风险。现有的研究表明，在最近的金融危机期间（或失败的），几乎所有需要政府援助的大型金融机构都会在危机前立即展示大型 CoVaR 或 SES 措施。

本书主要运用这两种方法对我国银行业系统性风险从时间序列维度和横截面维度做了比较分析，这两种方法的具体详情可参见 Adrian 和 Brunnermeier（2016）和 Acharya 等（2017）。分别采用 ΔCoVaR 和 MES 做了比较分析。

首先，运用 Adrian 和 Brunnermeier（2016）的方法，分别计算了在 1% 分位数和 5% 分位数的系统性金融风险的溢出效应，按年度的描述性统计及时间序列图分别如表 3－1 和图 3－4 所示。可以看出，2007—2008 年以及 2015 年系统性金融风险是很大的，或者说系统性金融风险的溢出效应很大，这与我国系统性金融风险的现状是吻合的，这也说明该指标的选择能够有效反映出我国系统性金融风险的变化，为后文的分析奠定了基础。同时，就截面特征而言，本书选择了 2007—2018 年的四大国有银行 ΔCoVaR 的时间序列图，如图 3－5 所示。

表 3－1　　银行业 2007—2018 年的 ΔCoVaR 描述性统计

年度	变量	N	均值	最小值	p25	p50	p75	最大值	标准差
2007	ΔCoVaR1	14	-11.800	-15.500	-13.600	-11.600	-10.600	-8.690	2.090
	ΔCoVaR5	14	-6.490	-8.540	-7.070	-6.390	-5.720	-4.740	1.020
2008	ΔCoVaR1	14	-12.200	-15.700	-13.900	-12.200	-10.600	-8.900	2.140
	ΔCoVaR5	14	-6.960	-9.040	-7.680	-6.940	-5.970	-5.150	1.100
2009	ΔCoVaR1	14	-8.050	-10.300	-9.150	-8.020	-6.990	-5.870	1.410
	ΔCoVaR5	14	-5.320	-6.910	-5.870	-5.300	-4.560	-3.930	0.839
2010	ΔCoVaR1	16	-10.100	-12.800	-11.800	-9.930	-8.880	-7.270	1.800
	ΔCoVaR5	16	-5.540	-7.140	-6.150	-5.480	-4.700	-4.070	0.918
2011	ΔCoVaR1	16	-9.480	-12.000	-11.100	-9.340	-8.340	-6.840	1.690
	ΔCoVaR5	16	-4.680	-6.100	-5.180	-4.610	-4.030	-3.420	0.789
2012	ΔCoVaR1	16	-7.340	-9.320	-8.580	-7.230	-6.450	-5.290	1.310
	ΔCoVaR5	16	-3.650	-4.760	-4.040	-3.600	-3.140	-2.670	0.616

续表

年度	变量	N	均值	最小值	p25	p50	p75	最大值	标准差
2013	ΔCoVaR1	16	-7.540	-9.570	-8.810	-7.420	-6.630	-5.430	1.340
	ΔCoVaR5	16	-4.300	-5.610	-4.760	-4.230	-3.700	-3.140	0.725
2014	ΔCoVaR1	16	-6.860	-8.710	-8.030	-6.760	-6.030	-4.950	1.220
	ΔCoVaR5	16	-3.660	-4.780	-4.050	-3.610	-3.150	-2.680	0.617
2015	ΔCoVaR1	16	-8.170	-10.400	-9.550	-8.050	-7.180	-5.890	1.450
	ΔCoVaR5	16	-4.930	-6.430	-5.450	-4.850	-4.240	-3.600	0.831
2016	ΔCoVaR1	24	-6.140	-9.790	-7.870	-6.980	-5.020	0.056	2.900
	ΔCoVaR5	24	-3.250	-5.360	-4.150	-3.680	-2.490	0.047	1.550
2017	ΔCoVaR1	24	-6.150	-9.900	-7.950	-6.870	-5.000	0.052	2.960
	ΔCoVaR5	24	-3.100	-5.120	-3.970	-3.450	-2.520	0.045	1.480
2018	ΔCoVaR1	25	-6.660	-11.100	-8.690	-7.550	-4.930	0.059	3.510
	ΔCoVaR5	25	-3.610	-6.190	-4.750	-4.140	-2.820	0.055	1.890
Total	ΔCoVaR1	211	8.070	-15.700	-9.850	-8.050	-6.690	0.059	2.950
	ΔCoVaR5	211	-4.420	-9.040	-5.390	-4.440	-3.590	0.055	1.660

资料来源：作者整理计算。

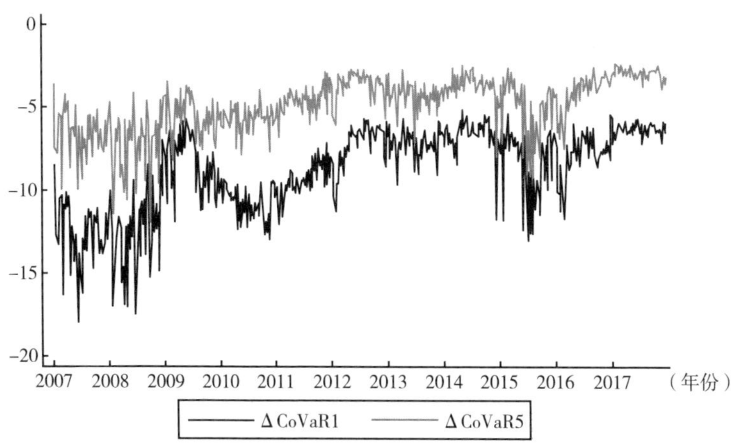

图 3-4　银行业 2007—2017 年的 ΔCoVaR 的时间序列图

资料来源：作者整理计算。

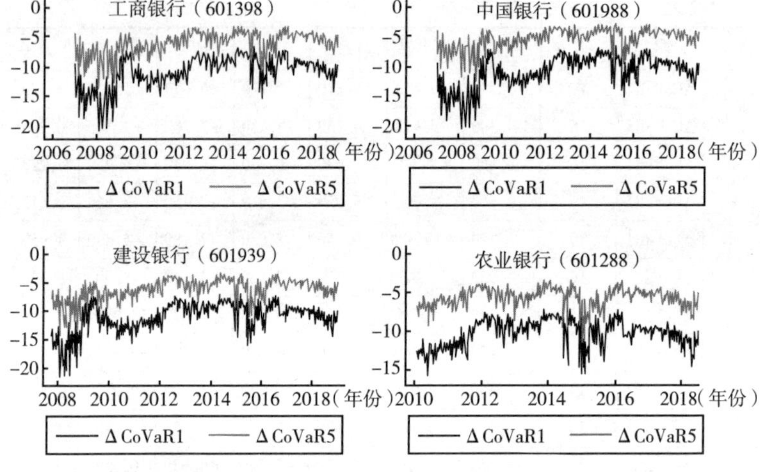

图 3-5　2007—2018 年四大国有银行 ΔCoVaR 的时间序列图

资料来源：作者整理计算。

其次，利用 Acharya 等（2017）预期损失的方法，本书分别计算了在 1% 分位数和 5% 分位数的预期损失（ES）、系统预期损失（SES）及异质预期损失（IES），按年度的预期损失的描述性统计及时间序列图分别如表 3-2 和图 3-6 所示，图 3-7 列示了系统预期损失（SES）及异质预期损失（IES）的时间序列图。同时，就截面特征而言，本书选择了 2006—2018 年四大国有银行预期损失（ES）的时间序列图，如图 3-8 所示。

表 3-2　银行业 2000—2018 年的预期损失（ES）描述性统计

年度	变量	N	均值	最小值	p25	p50	p75	最大值	标准差
2000	ES1	3	0. 131	0. 045	0. 045	0. 058	0. 289	0. 289	0. 137
	ES5	3	0. 212	0. 170	0. 170	0. 177	0. 289	0. 289	0. 067
2001	ES1	3	0. 059	0. 043	0. 043	0. 066	0. 068	0. 068	0. 014
	ES5	3	0. 188	0. 185	0. 185	0. 187	0. 191	0. 191	0. 003

续表

年度	变量	N	均值	最小值	p25	p50	p75	最大值	标准差
2002	ES1	4	0. 053	0. 022	0. 033	0. 057	0. 073	0. 075	0. 025
	ES5	4	0. 179	0. 153	0. 156	0. 175	0. 201	0. 212	0. 027
2003	ES1	5	0. 038	0. 000	0. 037	0. 041	0. 048	0. 063	0. 023
	ES5	5	0. 179	0. 125	0. 175	0. 198	0. 198	0. 200	0. 032
2004	ES1	5	0. 062	0. 051	0. 052	0. 055	0. 066	0. 085	0. 014
	ES5	5	0. 198	0. 163	0. 180	0. 198	0. 223	0. 228	0. 028
2005	ES1	5	0. 051	0. 040	0. 041	0. 043	0. 063	0. 068	0. 014
	ES5	5	0. 189	0. 145	0. 170	0. 185	0. 186	0. 259	0. 042
2006	ES1	7	0. 069	0. 022	0. 056	0. 066	0. 091	0. 113	0. 029
	ES5	7	0. 188	0. 114	0. 124	0. 204	0. 228	0. 259	0. 054
2007	ES1	14	0. 085	0. 000	0. 062	0. 090	0. 115	0. 124	0. 036
	ES5	14	0. 308	0. 214	0. 285	0. 312	0. 336	0. 387	0. 049
2008	ES1	14	0. 100	0. 069	0. 081	0. 099	0. 122	0. 122	0. 021
	ES5	14	0. 410	0. 305	0. 384	0. 411	0. 449	0. 482	0. 056
2009	ES1	14	0. 067	0. 033	0. 050	0. 070	0. 080	0. 098	0. 020
	ES5	14	0. 247	0. 177	0. 239	0. 252	0. 261	0. 300	0. 034
2010	ES1	16	0. 061	0. 000	0. 056	0. 064	0. 073	0. 095	0. 022
	ES5	16	0. 229	0. 124	0. 180	0. 248	0. 272	0. 297	0. 055
2011	ES1	16	0. 042	0. 023	0. 030	0. 046	0. 050	0. 066	0. 013
	ES5	16	0. 154	0. 085	0. 125	0. 158	0. 179	0. 221	0. 037
2012	ES1	16	0. 031	0. 016	0. 023	0. 029	0. 038	0. 047	0. 009
	ES5	16	0. 112	0. 063	0. 092	0. 121	0. 130	0. 169	0. 028
2013	ES1	16	0. 072	0. 024	0. 048	0. 071	0. 097	0. 122	0. 030
	ES5	16	0. 203	0. 103	0. 162	0. 208	0. 248	0. 290	0. 059
2014	ES1	16	0. 063	0. 053	0. 057	0. 061	0. 065	0. 095	0. 011
	ES5	16	0. 177	0. 139	0. 165	0. 173	0. 184	0. 240	0. 024

续表

年度	变量	N	均值	最小值	p25	p50	p75	最大值	标准差
2015	ES1	16	0.097	0.079	0.081	0.082	0.117	0.123	0.019
	ES5	16	0.345	0.285	0.307	0.348	0.365	0.435	0.042
2016	ES1	24	0.041	0.000	0.016	0.047	0.059	0.086	0.028
	ES5	24	0.213	0.106	0.157	0.186	0.233	0.551	0.096
2017	ES1	25	0.048	0.018	0.024	0.032	0.055	0.164	0.039
	ES5	25	0.163	0.071	0.091	0.111	0.162	0.434	0.115
2018	ES1	29	0.068	0.000	0.045	0.061	0.083	0.154	0.035
	ES5	29	0.229	0.139	0.156	0.202	0.268	0.451	0.093
Total	ES1	248	0.063	0.000	0.040	0.060	0.081	0.289	0.035
	ES5	248	0.222	0.063	0.153	0.198	0.286	0.551	0.097

资料来源：作者整理计算。

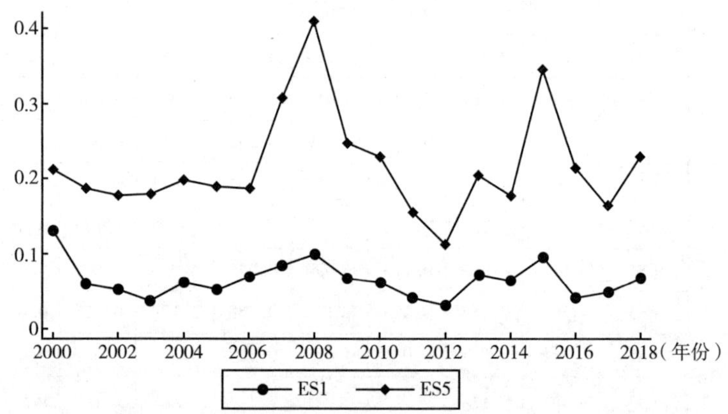

图 3-6　银行业 2000—2018 年的预期损失（ES）时间序列图

资料来源：作者整理计算。

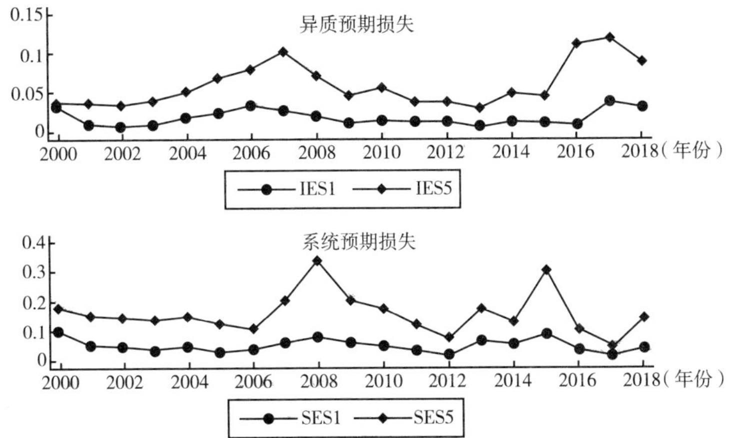

图 3－7　银行业 2000—2018 年异质预期损失和系统预期损失的时间序列图

资料来源：作者整理计算。

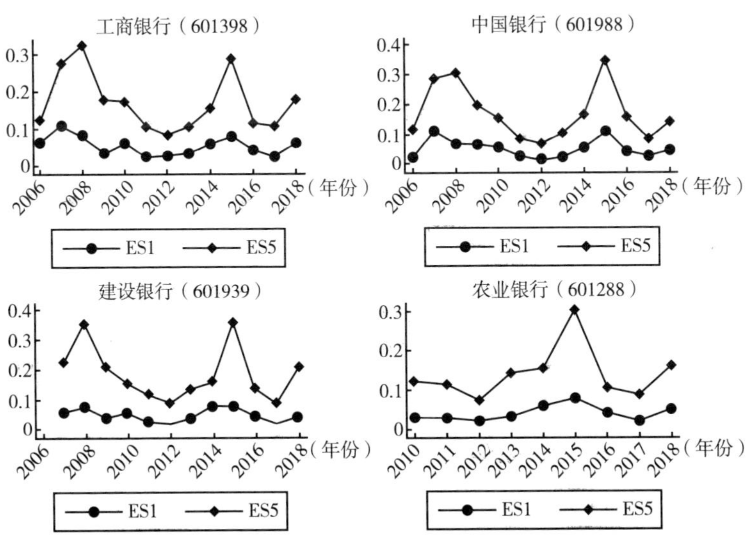

图 3－8　2006—2018 年四大国有银行预期损失（ES）的时间序列图

资料来源：作者整理计算。

此外，参考陶玲和朱迎（2016）的研究，国信证券经济研究所跟踪测算了最新的系统性金融风险指数以及构成的7个子市场各自的风险指数，具体如图3－9所示。研究发现，系统性金融风险总指数有明显抬升，重新进入中等风险区域上部，原因有：外汇市场风险、债券市场风险抬升。实务界研究经验也为学术研究提供值得参考的借鉴。

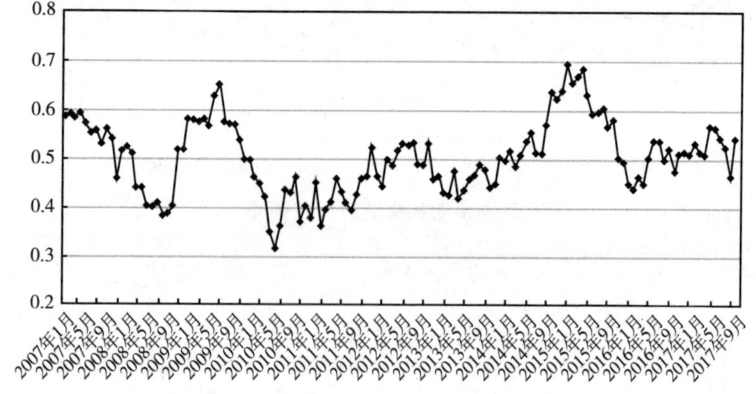

图3－9　系统性金融风险总指数变化

资料来源：根据WIND、国信证券经济研究所数据整理。

3.3　金融危机与系统性金融风险

21世纪以来，金融危机在世界各国的发生频率不断提高，规模不断扩大。从美国1929年股灾和1987年的股市大崩盘，到1997年亚洲金融危机，再到2007年全球性金融危机和2009年欧债危机。每一次金融危机事件，都给受牵连国家的金融体系带来极大挑战，同时对经济和社会造成重大影响（唐文进和苏帆，

2017）。系统性金融风险的实际后果及其负外部性也是极其严重的。只要银行和其他金融机构正常履行其职能，系统性金融风险给实体经济带来的负面效应就会影响企业和家庭。这些职能可分为三大类：提供支付服务、风险分担和管理、信贷供给。

支付系统的破坏使得产权再也不能通过银行网络完成，从而造成交易延迟或不能履行。支付中断可能源于一家银行倒闭引发的活期存款暂时冻结，也可能源于代理行倒闭引发的支付失败。支付中断也可能出现如下情形：由于收款人或付款人银行面临严重的违约风险，从而对于支付是否会到达目的地存在普遍的不确定性。这是系统性金融风险的极端后果，但政府部门在系统性事件中做出救市决定时清楚考虑了这种可能性。

银行风险分担和管理职能的损害使得产权传导效应变得不可能或极其昂贵。付款人无法进行支付因而合同条款不能履行。在极端的系统性事件中，由于零售端挤兑，银行系统可能不能履行其期限转换和提供流动性供给职能。这将阻碍个体储户进行暂时的风险分担，从而造成巨大的福利损失。或者，如果整个金融市场都遭到破坏，任何（截面的）风险分担都会严重受损。市场流动性和融资流动性的不足可能会诱发严重的问题（Brunnermeier & Pedersen，2009）。总之，由于风险分担、风险管理和期限受阻，银行和金融部门的问题会对福利造成负面影响。

由于系统性危机中支付中断通常可控，同时金融系统的流动性和风险问题在某种程度上由公共政策管理，因此信贷中断是通常可观察到的对经济活动的主要影响。银行会因为缺乏流动性或资本而减少信贷供给，由此造成企业家和家庭的信贷紧缩（Bernanke & Lown，1991）。银行的问题导致大量贷款被收回。

鉴于银行业危机总体的实际负面影响如此重要，本书根据Laeven 和 Valencia（2013）分析了这类危机的成本。他们编制了从1970年到2011年全世界银行业危机最全面的数据集，包括危机的起止日期和危机政策管理方面的信息，如表3-3所示。从20世纪70年代起对于147个银行业危机来说，化解危机的平均财政成本的估计值约为GDP的7%。与这些危机相关的累积产出损失——相对于潜在的GDP——平均值竟达到GDP的23%。

表3-3　　银行业危机的后果（1970—2011年）

国家	产出损失	债务增加	货币扩张	财政成本	持续时间	流动性峰值	流动性支持	不良贷款峰值
	GDP的百分比（%）				年数	存款和外债的百分比（%）		贷款总额的百分比（%）
所有	23.0	12.1	1.7	6.8	2.0	20.1	9.6	25.0
发达	32.9	21.4	8.3	3.8	3.0	11.5	5.7	4.0
新兴	26.0	9.1	1.3	10.0	2.0	22.3	11.1	30.0
发展中	1.6	10.9	1.2	10.0	1.0	22.6	12.3	37.5

资料来源：Laeven, L. and Valencia, F., 2013, "Systemic Banking Crises Database", IMF Economic Review, 61（2）：225-270。

银行业危机对经济的影响巨大，至少有7个国家，在代价最高的银行业危机中，实施银行资本重组和其他形式的重组政策带来的财政支出相当于GDP的40%或更多。这些国家包括塞浦路斯、爱尔兰、冰岛等。银行业危机的实际影响和社会成本表明银行业危机的金融成本与实际成本是密切相关的，这就为监管系统性金融风险提供了关键证据。

虽然银行业危机的直接诱因可能不同，但系统性银行业危机有很多共性（Reinhart和Rogoff，2008；Laeven和Valencia，2008）。这些共性包括与危机相关的系统性风险的主要驱动因素以及性质。然而，对于不同的银行而言，风险可能来源于违约风险、流动性风险、利率风险、货币错配或期限错配。

1997—1998年东南亚金融危机主要源于个人经常账户的巨额赤字和固定汇率的维持。这些因素促进了外部的外币借贷，从而使银行业和企业部门都承担过度的汇率风险敞口。当大幅的货币贬值使银行遭受重大损失时，金融危机就会爆发。在个体层面，银行的外汇风险敞口头寸较小所以看似安全，但更多地将外币短期大规模借贷给未对冲的借款人，会间接承受逐步增长的系统风险。对国家而言，如果一个国家承担过度的外币债务风险敞口，当危机袭击时，该国的央行由于不能印发外币，所以支撑金融部门和经济的能力有限。原因在于传统的工具，如流动性注入和货币政策，使用的都是本国货币。

20世纪90年代日本的银行业危机不同于大多数其他银行业危机，因为除了资产价格泡沫的破裂，并没有发生其他突发危机，只是日本金融系统性的健康程度持续恶化。日本持续的危机源于金融机构真实财务状况的信息披露不充分，以及政府对危机反应迟钝。随着不良贷款规模不断增长，公众才慢慢意识到整个问题。从1992年开始，事实变得明显，即日本的银行拥有巨额不良贷款，在建筑和房地产部门经历了长期的繁荣后，不良贷款主要集中在这两个部门。在随后的数年里，政府当局宣布了若干税收政策的变化，鼓励银行为了减轻税负而扣除贷款损失。日本政府依靠对贷款损失确认的税收激励来解决坏账问题，而非直接对银行进行资本重组并使用公共资金解决坏账问题。几乎所有银行都利用了这些税收激励，并大量扣除贷款损失以及援助相关的、有困难的借款人。然而，这个策略并未能使日本银行恢复系统健康。因为金融机构得以继续掩盖损失并在薄弱的基础上运转，所以它们缺乏激励来进行有效的企业重组。由此产生了隐含于银行和银行借款者行为的道德风险，而政府对所有银行存款提供显性和隐性担保加剧了道德风险。另外，在日本的主办银行模式中，日本银行和关联企业有密切关系且日本银行持有这些企业的大量股权。这种模式减少了解决不断增加坏账问题的市场约束和激励，并促进银行大量使用政府补助作为援助相关企业的手段①。

银行业危机往往以多个浪潮的形式出现，并且在每次浪潮中都有和传染效应相关的区域集聚群，这表明系统性金融风险不是长期不变的。最近的所有危机都源于金融系统，尤其是银行系统的一部分（整体），过度承担了内生性风险。过度的风险承担起因于信贷风险敞口、资产价格泡沫以及短期的大额借贷。即使在亚洲金融危机中，由于对国外金融系统的直接风险敞口，该危机包括了通过全球金融系统的传染元素。所有这些元素同样存在于2007年开始的全球系统性危机，但程度更高。

图3－10显示了始于某一给定年份的银行业危机的数量，尤其是20世纪80年代早期危机活跃度上升。在20世纪90年代期间共有四个危机集群：欧洲的北欧危机国家、欧洲的转型经济体、金融风暴中的拉丁美洲及亚洲金融危机中的东南亚。21世纪早期较为平静但以美国金融危机浪潮收尾，这次浪潮包含了自20世纪30年代以来数量最多的系统性危机。

银行信贷紊乱和金融部门向实体部门的负面溢出效应可从系统性金融危机的后果得到印证，这种后果可以通过产出和处置倒闭的金融机构的财政成本来衡量。Bordo等（2001）发现最严重的金融危机发生时，国家面临同时被银行业危机和货币危机冲击

---

① 本部分主要参考文献：Freixas X，Laeven L，Peydró J. Systemic Risk，Crises，and Macroprudential Regulation［M］. Boston，MA：MIT Press，2015。

的双重成本。Valencia 和 Laeven（2008）表明银行业危机之后的财政成本和产出损失在不同国家差异悬殊，且应对政策组合是这些后果的重要决定因素。他们发现在对资不抵债的金融机构处理过程中，纵容监管资本和长时期实施央行的流动性支持，常常使干预厌恶，最终增加金融系统和实体经济的压力。

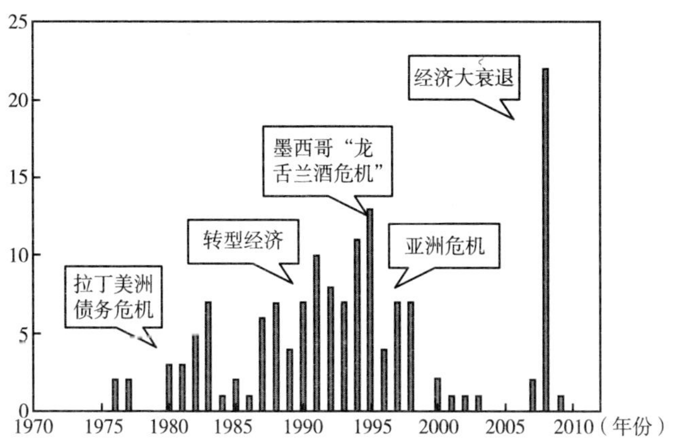

图3－10　历年银行业危机的数量

资料来源：Laeven，L. and Valencia，F.，2013，"Systemic Banking Crises Database"，IMF Economic Review，61（2）：225－270。

由上分析可知，金融机构和市场不断受到冲击影响，冲击可能源于实体部门，也可能源于金融系统本身。冲击成为系统性的可能性及其直接和传导效应的大小取决于金融机构的相互依存性。直接依存性源于企业间的资产负债表风险敞口，即使不存在任何间接效应，高度的直接相互依存性可能引发系统性事件。间接依存性源于非金融部门和金融市场关联风险敞口。有研究发现银行系统更易受到系统性冲击影响。这为后文对银行系统性金融风险分析提供了方向及思路。

3.4 资产误定价视角的分析

泡沫经济是金融开放和金融自由化过程中出现的一种经济现象，是产生经济危机的重要根源。泡沫一旦破灭，经济危机就有可能随之而来。1990 年的日本、1994 年的墨西哥以及 1997 年的东南亚都留下了泡沫经济破裂的累累伤痕，不仅给这些国家和地区的经济造成巨大的伤害，而且波及世界其他国家和地区（史永东和杜两省，2001）。

价格是影响实体经济资源配置的关键因素，一直是政策制定和监管部门关注的焦点，也是学术界研究的永恒话题，尤其是2007—2009 年金融危机以来，从资产价格泡沫视角研究系统性金融风险成因日益凸显。传统的资产定价理论认为在一个有效的市场中，价格能够完全反映资产的真实价值，处于均衡状态的资产价格不存在系统的误定价。但近几十年的一系列理论和实证研究结果正在对有效市场假说提出挑战，即资产价格存在着误定价（价格系统性地偏离基本面价值），在金融市场上长期存在着，并且对资本市场有着普遍和深远的影响（French 和 Stoll，1986；Fama 和 French，2014）。持续性的资产误定价就会形成资产泡沫，危及实体经济发展（Allen 和 Carletti，2011）。因此理解资产误定价成因对于研究系统性金融风险至关重要，资产价格之所以偏离基础价值是因为套利者无法消除那些由于缺乏理性的交易者造成的错误定价。行为金融学的研究发现，“繁荣情绪的社会传染”是破解泡沫越吹越大和风险积聚的最关键因素（Shiller，2008），投资者的判断往往具有偏差。为解释资产误定价，行为金融将投资者的行为偏差整合到资产定价模型来分析（Barberis

和 Thaler，2002；Hirshleifer，2001），一方面是研究资产误定价的表象和性质，包括对资产误定价出现和消失的规律性进行研究（Brennan 和 Wang，2010；赵志君，2003；韩广哲和陈守东，2007）；另一方面是从不同视角分析资产误定价成因，如卖空限制（李科等，2014）、媒体情绪（游家兴和吴静，2012）、大股东交易行为（刘睿智和韩京芳，2010）、机构投资者的买卖行为（向海燕和王平心，2009）等。

但在剖析资产误定价成因后，鲜有从资产误定价视角展开对系统性金融风险的研究。现有研究集中于系统性金融风险测度指标、成因剖析及宏观审慎视角的监管等方面。首先，系统性金融风险概念界定的模糊性导致了测度方法的分散性。纵览国内外文献，现行的测度方法大致分为三类：信号法（Duca 和 Peltonen，2011）、模型法（Girardi 和 Ergün，2013；Rodríguez - Moreno 和 Peña，2013；范小云等，2013；赵进文等，2013；陈国进等，2014）、压力指数法（Illing 和 Liu，2006；Cardarelli 等，2011；巴曙松和朱元倩，2010；贺聪等，2011；宫晓琳，2012；陈雨露和马勇，2013；许涤龙和陈双莲，2015）。在对众多测度方法梳理后，王辉（2011）主要评述次贷危机后系统性金融风险测度方法的转变；Bisias 等（2012）则深入剖析了系统性金融风险的 31 个测度指标，对未来系统性金融风险的研究具有重要参考价值。但是到目前为止还没有公认有效的系统性金融风险识别和评估的模型和方法。其次，在分析系统性金融风险成因方面，大致有这样几类：一是金融体系内在的脆弱性，如金融机构的高杠杆性（Minsky，1992）、期限错配（Bleakley 等，2009；Brown 等，2009）、信息不对称性（Hoeing，2008）；二是金融监管放松和难度加大，一方面欠审慎的金融自由化加剧了整个金融体系的风险；另一方面是金融创新放大了系统性金融风险（张晓朴，2010；周小川，2011）；三是顺周期效应（IMF，2009），如宏观经济顺周期效应和公允价值顺周期效应等，公允价值顺周期效应扩大了市场危机的传染效应，加速了市场危机期间证券的流动性枯竭效应，从而解释金融危机期间证券价格循环性下跌与流动性枯竭的现象（徐浩峰，2013）；四是市场主体的非理性（Shiller，1981；Kindleberger，2000；Akerlof 和 Shiller，2009）。虽然金融危机成因研究取得了很大进展，但研究侧重点不同导致成因剖析的分散性，并且这方面的研究方法还远远不足（叶五一等，2014）。最后，次贷危机后，基于宏观审慎视角的分析进入金融监管视野，也成为强有力的金融监管工具，Galati 和 Moessner（2013）、Tomuleasa（2015）作了系统的分析与回顾，宏观审慎工具的有效应用离不开宏观经济和金融政策的支持与保障。李成等（2013）发现我国宏观审慎落实程度和金融监管目标实现程度均比较低，原因在于中央银行在金融稳定中的地位不够显著，金融监管存在顺周期性导致对系统性金融风险不够敏感；金融监管中的行政干预超越了金融法律制度影响，一定程度上影响了金融系统的内在运行机制。Rubio 和 Carrasco - Gallego（2014）则结合货币政策研究了其对维护金融稳定和福利改善的影响及意义。李妍（2009）、杨俊龙和孙韦（2014）则认为维护金融稳定一方面需要完善我国宏观审慎监管框架，并在制度上建立逆周期因素；另一方面要理顺监管体系及完善部门之间的协调。

纵览现有文献，系统性金融风险的研究取得了卓有成效的学术成果，但尚存几方面不足：首先，已有大量关于系统性金融风险测度指标的研究，但遗憾的是如何及时和精准测度系统性金融风险尚未达成共识（Bisias 等，2012），原因在于：一方面研究侧重点不同；另一方面是较难从政府监管部门获取相关数据；其次，在分析系统性金融风险成因方面，视角分散且未归类，仔细分析后发现这都或多或少与资产价格波动有关（Minsky，1982；Allen 和 Carletti，2008；温博慧和柳欣，2009），或者说与资产的持续错误定价有关，但鲜有从资产误定价视角展开的研究；最后，现有文献较多侧重于从宏观审慎视角对系统性金融风险的监管研究，很少涉及系统性金融风险释放的研究，与此概念相近的是风险分担，即通过将风险进行分散和转移，在不同微观经济主体之间进行优化配置，使得有能力且有意愿承担风险的投资者承担更多的风险（马勇，2011），但在学术界和实务中尚未取得实质进展。这为本书的研究留下较大空间。

本书尝试从资产误定价视角剖析系统性金融风险形成及作用机理，一方面从基本面出发，选择剩余收益模型；另一方面选择市账比分解法，采用这两种思路来测度资产误定价，充分深入研究资产误定价对银行系统性金融风险的影响，并进一步梳理其作用机理，包括从银行风险承担、银行不透明度（金融衍生工具持有）的视角予以展开论证。同时，基于经典资产定价模型来分析暂时误定价对系统性金融风险的影响。更进一步，分析高估与低估对系统性金融风险的作用机理。

3.5　本章小结

本章首先系统梳理了系统性金融风险的内涵演变，并着重就系统性金融风险的演化逻辑作了重点分析与探讨。其次，根据本书设计，将已有系统性金融风险的测度方法予以分类，并重点基于 ΔCoVaR 和 ES 这两种方法对银行系统性金融风险做了时间序列和横截面的分析，为后文的分析指明了方向。再次，回顾世界上具有代表性的金融危机，并就其与系统性金融风险的关系做了较为详实的梳理。最后，结合本书就资产误定价与系统性金融风险的演化关系做了分析。

第4章 资产误定价与系统性金融风险

资产价格与价值的长期偏离形成错误定价，均衡价格无法形成，难免诱发系统性金融风险。本书检验了资产误定价对系统性金融风险的影响，发现资产误定价会加剧系统性金融风险。在解决内生性问题后该结果依然不变。将资产误定价区分为高估与低估，在高估时关系不明显，相反，低估时，资产误定价会显著加剧系统性金融风险。进一步分析发现，流动性发挥了中介作用，当被低估时，股票流动性降低，错误定价程度更高，进而引致系统性金融风险。这一方面丰富了资产误定价经济后果的理论文献；另一方面对如何防范和化解系统性金融风险具有极强的指导意义。

4.1 引　言

错误定价源于资产价格与价值的长期偏

离。经济高质量发展背景下，决策层强化的风险管理思维使得宏观货币政策刺激力度变得相对不足，导致此前经济中累积的大量流动性从房地产等部门逐渐进入到了资本市场，包括金融改革、企业改革、监管改革等一系列政策因素被过度解读为刺激因素，与尚存的一部分监管漏洞，会同大量新晋投资者的乐观情绪，共同催生资产误定价的持续加强。而价格是影响实体经济资源配置的最根本因素，金融资产或实体资产的持续错误定价会形成价格泡沫，最终导致金融危机。因此有理由推断资产误定价是宏观系统性金融风险产生的内在原因。资产高估时与资产低估时对系统性金融风险影响有什么差异？其作用路径是什么？应该如何防范与化解系统性金融风险？这构成本书研究的出发点。

金融危机通常伴随着资产价格的繁荣和萧条周期（Borio and Lowe 2002）。资产价格泡沫破裂可能对金融体系产生不利影响，并引发系统性金融危机。然而，并非所有泡沫都有害。有些大的金融危机会导致整个金融体系的崩溃，而其他一些像互联网泡沫则会导致高额的金融损失，而不会产生更广泛的宏观经济后果。历史证据表明，泡沫破灭后危机的严重程度取决于金融体系的状况，泡沫伴随着强劲的贷款热潮，往往伴随着更严重的危机（Brunnermeier and Schnabel 2016；Jordà，Schularick and Taylor 2013）。此外，可能会通过金融部门扩大干扰（Brunnermeier，Rother and Schnabel 2019）。虽然资产价格泡沫对宏观经济变量的影响已有详细记载（Jordà，Schularick and Taylor 2013），但在资产价格泡沫期间，对于个别金融机构在系统性金融风险积累过程中的作用知之甚少。但是，这些知识对于了解资产价格泡沫对系统性金融风险的影响以及设计适当的政策响应至关重要。此外，一个具有系统重要性的金融机构可以在金融危机中发挥关键作用，就像雷曼兄弟在全球金融危机中所做的那样。因此，不仅资产价格泡沫期间金融部门失衡的总体规模很重要，而且银行间的风险分配也很重要。

本书分析涵盖了从 2007 年到 2018 年共 12 年的资产误定价与上市银行层面系统性金融风险的研究。首先，运用剩余收益估值模型测度资产误定价，以此探索其对系统性金融风险的影响；并采用动态面板 GMM 估计以及自变量滞后一期等方法解决可能存在的内生性问题。其次，将资产误定价区分为高估与低估两种情形分析，进而从流动性发挥中介效应视角探究其作用路径。进一步检验，着力解决测度误差等问题，最后得出结论：资产误定价确实会加剧系统性金融风险，且在高估与低估时存在异质性，即低估时资产误定价对系统性金融风险的作用更加显著。这源于高估时流动性更强，流动性发挥了中介效应，而低估时流动性较低，系统性金融风险更高。进一步的稳健性检验依然支持本书结论。

本书贡献体现在：其一，本研究为资产价格泡沫、系统性金融风险和金融危机等方面的文献做出了贡献。金融危机往往伴随着发达经济体和发展中经济体资产价格的繁荣和萧条。尽管相应的叙述早已为人所知（Minsky，1982），但资产误定价与系统性金融风险之间的关系几乎没有经验分析。其二，本书从资产误定价视角剖析了系统性金融风险溢出效应。不同于以往较多侧重于银行风险承担的分析，且将资产误定价细分为高估与低估，能够精准辨识误定价对系统性金融风险的作用路径。其三，采用多种方法测度资产误定价：一是基于基本面信息采用剩余收益估值模型，二是根据 Fama 和 French 三因素定价模型，并采用卡尔曼滤波的方法测度。此外，本研究面临的最大问题就是互为因果的内生性问题，一方面通过滞后一期构建前置变量，较大程度解决该问题；另一方面，虑及系统性金融风险可能存在的序列相关性，构建动态面板模型运用 GMM 方法予以解决。

4.2 文献综述与假设发展

金融危机往往伴随着实体经济中资产价格的繁荣和萧条。在危机之前的一段时期不仅有信贷繁荣而且还有资产价格泡沫。最糟糕的信贷繁荣通常伴随着包括不动产和股权价格在内的资产价格泡沫。因此，防范未来系统性金融风险的一种可能的方法是设计政策来确保资产价格泡沫最小化。然而，就像信贷繁荣一样，并不是所有的泡沫都有负面效果，某种意义上除了泡沫破灭时或者引发金融危机的时候，它们可能相反地会对经济增长产生正面的影响（Freixas et al.，2015）。

对金融危机历史的详细描述表明，任何对经济历史的合理解读都会得出结论，投机性泡沫的发生不可避免地导致崩溃（Kindleberger，2001）。此外，资产价格泡沫通常（尽管并非总是）与银行业有关，并且危机通常由某种形式的货币扩张推动。该研究结果得到了经验证据的支持，即银行倒闭与商业周期呈负相关。这也使得大量文献试图衡量银行和系统层面的系统性金融风险，包括 Brownlees 和 Engle（2016）、Acharya 等（2012）、Adrian 和 Brunnermeier（2016）。De Bandt 和 Hartmann（2002）提供了早期关于系统性金融风险概念的文献综述。Bisias 等（2012）则基于分类法讨论了不同方法的优缺点，Brunnermeier 和 Oehmke（2013）提供了较为全面的评论。

就金融机构行为与资产价格泡沫之间的理论联系而言，Allen 和 Gale（2000）认为银行业代理成本的存在加上对未来信贷扩张的不确定性决定了资产价格泡沫的程度及其对实体经济的影响。此外，代理成本也在金融和实体部门之间的顺周期关系中发挥作用（Bernanke et al.，1996）。银行资本充足水平的设定基于一个隐含假设，即在个体银行层面建立缓冲机制以吸引意外冲击，则整个金融系统将更为安全。然而，出于自身利益考虑，银行应对资本监管的行为总体上危害整个金融系统。例如，在资本约束下，银行受负面冲击影响后可能选择去杠杆，这将导致信贷紧缩和资产价格普遍下跌，从而加剧最初负面冲击的影响。在信贷泡沫和价格泡沫中，金融机构倾向于承担相关联的风险敞口，因此负面溢出效应可能是巨大的。系统性金融风险可能危及并给实体经济带来强烈的负面影响（Freixas et al.，2015）。

资产价格泡沫产生的根源在于资产误定价。就资产价格泡沫而言，已有文献采用了一些最流行的方法，围绕价格数据中非平稳行为的测试建立了许多策略（Homm and Breitung，2012），包括 Phillips 等（2015）引入的 Backward Sup Augmented Dickey – Fuller（BSADF）方法，并由 Phillips 和 Shi（2018）进一步发展。从资产误定价角度来看，为减少误定价测度和金融危机的历史记录中固有的选择偏差，这些危机倾向于关注最严重的事件，因为这些事件最有可能被报道。本书通过对比几种概念上不同的测量方法的应用结果，并通过分析识别资产误定价和系统性金融风险之间的关系，为这一文献做出贡献。

本书还借鉴了理论文献，提出了资产误定价可能导致系统性金融风险的渠道。资产误定价引发的泡沫破裂可能导致运动损失和流动性螺旋上升，迫使陷入困境的机构出售资产，从而进一步压低价格并迫使额外的资产出售。通过这种动态，系统性金融风险可能远远超出受初始冲击影响的机构。Brunnermeier 和 Pedersen（2009）、Shleifer 和 Vishny（2011）、Hellwig（2009）认为，正是这种动态使得风险系统化。资产误定价可能不仅会引发金融失衡的实现，而且也可能导致这些不平衡的积累，促使价格上涨使得借款人抵押品的价值和资产流动性增加，导致银行增加贷款并减少预防性流动性持有量。如果资产价格上涨是由于误定价造成的，那么贷款增加可能会过度，流动性条款可能会变得不充分。Shin（2008）提供了一个模型，考虑了资产价格对银行资产负债表的需求方和供应方影响，以及随之而来的对金融机构风险的影响。

系统性金融风险的时间维度通常在银行内部贷款评级、不良贷款拨备和监管机构银行风险评估中被忽略。虽然这些风险评估通常可以很好地衡量相对或横截面风险，但绝对的变化系统中的风险程度通常会被忽略。随着经济在扩张阶段进入一个周期的高峰期，相对风险很低，经济增长导致银行和借款人获得健康的回报。与此同时，随着经济的发展，系统性金融风险的水平可能会增加接近峰值和随后的低迷。如果不能正确衡量风险的时间维度，银行就会低估预期损失的真实水平，从而导致高利润，并且在整个周期的增长期间对贷款损失提供不足。但是，当经济开始收缩时，实现扩张带来的风险，导致贷款损失大幅增加，拨备增加，盈利能力下降。金融体系的疲软加剧了实体经济的衰退。金融体系的顺周期性也受到会计政策的影响，这些会计政策不允许基于预期损失进行前瞻性准备。基于实际损失（而非预期损失）的拨备进一步将顺周期性建立为银行利润。尽管顺周期金融体系并不一定意味着存在资产价格泡沫，但导致顺周期性的相同趋势可能会夸大资产价格波动并导致其破坏性后果。

特别关注资产价格泡沫与系统性金融风险之间关系的相对较少的文献在很大程度上采取了宏观经济学的观点。Gertler 和 Gilchrist（2018）描述了最近的理论和实证文献如何解释大衰退期间的发展。他们还提供了一个实证分析，强调了金融中介相对于其他因素破坏的重要性。JORDÀ 等（2013）、Schularick 和 Taylor（2012）使用长期历史数据提供了资产价格泡沫导致金融危机可能性和成本的影响的计量经济学分析。文献的另一部分涉及货币政策在发展资产价格泡沫和金融稳定方面的作用（Galí and Gambetti，2015、Bordo and Jeanne，2002、Brunnermeier and Schnabel，2016）。通过分析银行特征对资产价格泡沫与系统性金融风险之间关系的作用，本书从宏观经济层面向微观经济层面分析泡沫，同时通过其风险度量方法保持系统性视角。这为资产价格泡沫与系统性金融风险之间的传导渠道提供了新的见解，并突出了银行系统性金融风险增加的异质性。

本书的分析重点关注银行规模、贷款增长、杠杆和期限错配的作用。此外，本书分析了资产误定价的特征。为已有文献做了增量贡献，表现在：首先，它允许除了分析系统性金融风险的总体水平之外，还分析资产高估与低估对系统性金融风险的影响，这很重要，因为金融危机往往不仅是宏观经济的结果。金融部门内部的传染效应加剧了冲击，然而往往只有少数银行发挥重要作用。其次，系统性金融风险可以提高我们估计的统计效力，因为它们随着时间的推移和银行的变化而变化，而银行危机是罕见的事件。最后，从概念的角度来看，系统性金融风险衡量是有用的。与金融危机虚拟变量不同，他们还会解释不会导致危机的高度金融脆弱性事件。事实上，增加的系统性金融风险预示着未来实际活动的下降（Brownlees and Engle，2016、Engle et al.，2014、Giglio et al.，2016、Laeven et al.，2016）。它们指向金融脆弱性的成本与风险是否实现无关。因此，监管应关注由于其潜在危机和金融脆弱性的实际影响而导致的高系统性金融风险事件。

4.3 研究设计

4.3.1 样本及数据

为考察金融危机和股市牛熊市特征的影响，本书选择2007—2018年沪深上市银行为研究样本，共210个样本观测值。计算ΔCoVaR数据来源于Wind数据库、CSMAR数据库以及东方财富网，数据频率涉及年度、月度、周度及日度数据，最后得到ΔCoVaR是月度数据，并按年求平均数得到年度观测值。金融衍生工具数据通过查阅上市银行年报，并手工逐条检索获取。控制变量来源于Wind数据库，其他宏观数据来源于国家统计局和中国人民银行等。为了消除极端值的影响，本书对所有连续变量在1%和99%分位上进行了Winsorize处理。

4.3.2 变量定义

(1) 系统性风险（$\Delta CoVaR$）。虽然Summer（2013）指出系统性金融风险尚无统一定义，但De Bandt和Hartmann（2000）认为任何系统性金融风险的概念均应包括银行和金融部门以及支付和结算系统中的广泛事件。传染的影响是这一概念的核心，包括金融不稳定的综合冲击。而风险价值（Value at Risk，VaR）则能测度金融机构所承受的最大损失，但VaR方法忽略了金融机构间的相互联系和影响。但由于金融危机期间风险会迅速在金融机构之间扩散传染，系统性金融风险相应增加，VaR无法捕捉金融机构之间的这种风险溢出相应。针对VaR的缺陷，Adrian和Brunnermeier（2016）在VaR基础上提出条件风险价值CoVaR

(Conditional Value at Risk)，定义为当金融机构 i 损失处于 VaR_q^i 的水平时，金融机构 j 所处的 VaR 风险水平，即条件风险价值。这种方法能够较好地测度系统性金融风险的外部性与溢出效应。与评估单个机构风险的 VaR 方法不同，CoVaR 表示在一定的概率水平下，当某一金融机构的风险 VaR 值一定时，其他金融机构的最大可能损失（白雪梅和石大龙，2014）。

在单个银行 i 陷入危机时，其损失为 VaR_q^i，金融体系 s 的系统性风险价值（CoVaR）为：

$$Pr(X^s \leqslant CoVaR_q^{s|i} \mid X^i = VaR_q^i) = q \tag{4-1}$$

其中，X^s 表示金融体系的收益率，X^i 表示单个银行 i 的收益率。$CoVaR_q^{s|i}$ 衡量金融机构 j 基于金融机构 i 风险水平的条件在险值。通过 $CoVaR^-$，可以测度单个机构破产对系统性金融风险的影响，由此可以表示单个银行 i 对金融体系的重要性。

本书使用 Adrian 和 Brunnermeier（2016）提出的 $\Delta CoVaR$ 来度量我国单个银行和银行体系之间的系统性关联度。$\Delta CoVaR$ 能衡量当某个银行 i 陷入困境时银行体系的风险增加情况（陈国进等，2017）。根据 Adrian 和 Brunnermeier（2016）的定义，银行 i 在收益为 $q\%$ 分位数水平时对银行体系的系统性金融风险溢出 $\Delta CoVaR_q^{system|i}$ 为：

$$\Delta CoVaR_q^{system|i} = CoVaR_q^{system|X^i=VaR_q^i} - CoVaR_q^{system|X^i=VaR_{50}^i} \tag{4-2}$$

其中，$CoVaR_q^{system|X^i=VaR_q^i}$ 表示当银行 i 在收益为 $q\%$ 分位数水平时，银行体系的系统性风险价值；$CoVaR_q^{system|X^i=VaR_{50}^i}$ 表示当银行 i 在收益为中位数水平时，银行体系的系统性风险价值。根据 CoVaR 方法的定义，当机构 i 的收益率为 VaR_q^i（即 $X^i = VaR_q^i$）时，金融系统的预期收益率 $CoVaR_q^i$ 可以表示为：

$$CoVaR_q^i = CoVaR_q^{system|X^i=VaR_q^i} = VaR_q^{system|X^i=VaR_q^i} = \hat{\alpha}_q^i + \hat{\beta}_q^i VaR_q^i \tag{4-3}$$

结合式（4-2）和式（4-3）不难求出单个金融机构对系统性风险的贡献$\Delta CoVaR_q^i$。

$$\Delta CoVaR_q^i = CoVaR_q^i - CoVaR_q^{system \mid VaR_{50}^i} = \hat{\beta}_q^i (VaR_q^i - VaR_{50}^i) \tag{4-4}$$

前面阐释的$\Delta CoVaR$计算的单个金融机构对系统性金融风险的贡献是不随时间变化的，它只是一种整体描述。为考察不同金融机构系统性金融风险贡献的动态变化，Adrian 和 Brunnermeier（2016）采用一个包含状态变量$\boldsymbol{M}$的方程来计算单个金融机构系统性金融风险贡献的时间序列。

$$X_t^i = \alpha_q^i + \gamma_q^i \boldsymbol{M}_{t-1} + \varepsilon_{q,t}^i \tag{4-5}$$

$$X_t^{system} = \alpha_q^{system \mid i} + \gamma_q^{system \mid i} \boldsymbol{M}_{t-1} + \beta_q^{system \mid i} X_t^i + \varepsilon_{q,t}^{system \mid i} \tag{4-6}$$

其中，X_t^i表示银行i在时期t的收益，定义为$X_t^i = 100 \times \ln\left(\frac{P_t}{P_{t-1}}\right)$，$X_t^{system}$表示金融体系的收益，$X_t^{system} = \sum \left[\frac{MV_t^i}{\sum_j MV_t^j}\right] X_t^i$。

然后利用预测值得到：

$$VaR_{q,t}^i = \hat{\alpha}_q^i + \hat{\gamma}_q^i \boldsymbol{M}_{t-1} \tag{4-7}$$

$$CoVaR_{q,t}^i = \hat{\alpha}_q^{system \mid i} + \hat{\gamma}_q^{system \mid i} \boldsymbol{M}_{t-1} + \hat{\beta}_q^{system \mid i} VaR_{q,t}^i \tag{4-8}$$

其中，$\boldsymbol{M}_{t-1}$表示状态变量的滞后一期值。单个金融机构对系统性风险的贡献$\Delta CoVaR_{q,t}^{system \mid i}$可以表示为：

$$\begin{aligned}\Delta CoVaR_{q,t}^{system \mid i} &= CoVaR_{q,t}^i - CoVaR_{50,t}^i \\ &= \hat{\beta}^{system \mid i} (VaR_{q,t}^i - VaR_{50,t}^i)\end{aligned} \tag{4-9}$$

从统计学角度看，VaR 是一个分位数，而 CoVaR 的本质是条件 VaR，因而 CoVaR 也是一个分位数。我们可以使用分位数回归的方法求解单个银行 VaR 和正常运营时的收益率以及单个银行在以上两种状态时给银行体系带来的系统性风险价值 CoVaR。构建单个银行的分位数回归模型：

$$X_t^i = \alpha^i + \beta^i \boldsymbol{M}_{t-1} + \varepsilon_t^i \quad (4-10)$$

其中，X_t^i表示银行 i 在 t 时期的收益率。$\boldsymbol{M}_{t-1}$代表宏观状态变量在 t－1 时期的值。滞后状态变量的加入可将时变特性引入分位数回归模型。选取上市银行作为研究样本，采用公式 $R = 100 \times (P_t/P_{t-1})$ 计算周收益率，其中 P_t表示该上市银行股票周收盘价。金融系统的收益率采用 Wind 银行指数收益。参考 Adrian 和 Brunnermeier（2016），选择状态变量包括：违约风险、流动性风险、利率风险、利率期限结构、国房景气指数、股票市场收益率、权益市场波动率、居民消费价格指数八个宏观状态变量，具体如表 4－1 所示。

表 4－1　系统性金融风险测度的宏观状态变量描述

状态变量	变量名称	计算方法及意义
M1	违约风险	用 10 年期企债与 10 年期国债利率之差的变化表示。t 期 10 年期企债与 10 年期国债利率之差－t－1 期 10 年期企债与 10 年期国债利率之差。该指标反映交易对手未能履行约定契约中的义务而造成经济损失的风险（陈国进等，2017）
M2	流动性风险	用 6 个月 Shibor 与 6 个月期国债利率的差表示。该指标反映有清偿能力的银行无法及时获得充足资金或无法以合理成本及时获得充足资金以应对资产增长或支付到期债务的风险（陈国进等，2017；郭卫东，2013）
M3	利率风险	用 6 个月期国债利率变化表示。t 期 6 个月期国债利率－t－1 期 6 个月期国债利率。该指标反映市场利率变动的不确定性给银行造成损失的可能性（陈国进等，2017）
M4	利率期限结构	用 10 年期与 6 个月期国债收益率利差的变化表示。t 期 10 年期和 6 个月期国债即期收益率之差－t－1 期 10 年期和 6 个月期国债即期收益率之差。该指标反映不同期限的资金供求关系，揭示市场利率的总体水平和变化方向（白雪梅和石大龙，2014；陈国进等，2017；李志辉和樊莉，2011）

续表

状态变量	变量名称	计算方法及意义
M5	国房景气指数	反映金融机构主要资产房地产市场的价格波动（白雪梅和石大龙，2014）
M6	股票市场收益率	沪深300指数周收益率（白雪梅和石大龙，2014）
M7	权益市场波动率	综合市场日收益率的波动率。反映股市波动情况
M8	居民消费价格指数	国家统计局公布的居民价格消费指数（郭卫东，2013）

资料来源：作者整理设计。

由于现实中的金融数据往往不呈正态分布，而是呈“尖峰厚尾”分布，因此传统的线性回归方法在估计金融计量模型时失效。而且，传统的线性回归方法是基于均值进行估计，不能准确反映总体分布各个不同部分之间的关系。分位数回归的提出有效地弥补了传统线性回归的这一缺陷。分位数回归根据变量的不同分位数进行回归，可以得到全部分位数的回归模型。它将基于均值相关性的模型扩展至关注尾部相关性，适合本研究数据分布的尖峰厚尾特征，比最小二乘法更加有效（周天芸等，2012）。根据式（4-7）、式（4-8），分别做1%和50%的分位数回归，得到每个金融机构i处于1%分位数水平时的最大可能损失VaR及其所处正常运用状态时的收益率，将估计系数代入式（4-9）得到单个银行系统性金融风险溢出效应，然后按照年度取均值（Laeven et al. 2016）。

必须指出的是，由于最糟糕q%条件下银行的损失一般会大于最糟糕 50% 条件下的损失，因而 ΔCoVaR 一般为负数，数值越小，绝对值越大，资产价值损失越大，银行系统性金融风险贡献值越大（张雪兰等，2014；黄秀路和葛鹏飞，2018）。

（2）资产误定价。通览现有文献关于资产误定价的测度方法有：一是封闭式基金折价法。较早的研究是用个体散户持有的封闭式基金的市价偏离持有证券资产净值的程度来衡量，认为市价低于资产净值可以反映股票市场的误定价程度（Lee and Swaminathan，2000；伍燕然和韩立岩，2007）。二是市账比法。早期的许多学者都采用股票的账面价值与市场价值之比作为衡量股票市价对内在真实价值偏离程度的代理衡量变量（Baker and Wurgler，2004）。三是剩余收益估值模型。股票的未来收益在一定程度上可以用企业流通股的市场价值与内在真实价值之比来预测（Myers and Majluf，1984；赵志君，2003）。四是操纵性应计项目。操纵性应计项目的最大优势就是排除了企业的成长性和规模等可能对股票未来收益产生影响的系统性风险因素，并且数据获取来源比较容易，越来越受到学者的推崇。一般来说，操纵性应计额较低的企业，未来获得较高的超额收益，企业目前的股价是被低估的，反之亦然（Chan et al.，2001）。基于以上分析，参考 Hu 等（2016）、Rhodes - Kropf 等（2005）、柳楠等（2014）、游家兴和吴静（2012）、张肖飞（2018）研究，本书沿用了现有文献的研究思路，采用市账比分解方法来分析资产误定价。

为估计基本面价值，基于市账比分解法，将公司市账比（M/B）做分解：

$$\ln(M/B)=m-b\equiv(m-v)+(v-b) \tag{4-11}$$

其中，m、v、b 分别是公司市场价值 M、基本面价值 V 和公司总资产账面价值 B 的自然对数。如果资本市场是完美且有效的，并基于未来现金流、折现率能够完美测度公司内在价值，则 M/B 不会存在定价偏差，$m-v$ 总是等于 0，然而市场是不完美的，存在各种市场摩擦，这样 $m-v$ 就体现为错误定价成分（Rhodes - Kropf，Robinson and Viswanathan，2005）。

为估计时期 t 公司的基本面价值，采用估计式（4 - 12）：

$$\ln(M_{it}) = \alpha_{0jt} + \alpha_{1jt}\ln(B_{it}) + \alpha_{2jt}\ln(NI)^{+}_{it} + \alpha_{3jt}I_{(NI<0)}\ln(NI)^{+}_{it} + \alpha_{4jt}Lev_{it} + \varepsilon_{it} \quad (4-12)$$

其中：

ln——表示取自然对数，下标 i 表示公司 i，j 表示行业 j；

M——表示年末公司市值；

B——表示年末公司资产总额的账面价值；

NI^{+}——表示净利润的绝对值；

$I_{(NI<0)}$——是指示变量，当净利润为负时，该值为 1，否则为 0；

Lev——表示年末资产负债率。

然后，对每一个参数 α 按时间求均值，如式（4 - 13）所示：

$$\frac{1}{T}\sum_{t=1}^{T}\alpha_{jt} = \overline{\alpha}_{j} \quad (4-13)$$

则估计的基本面价值（或内在价值）V 就是式（4 - 14）拟合值的对数值。

$$\ln(V_{it}) = \overline{\alpha}_{0j} + \overline{\alpha}_{1j}\ln(B_{it}) + \overline{\alpha}_{2j}\ln(NI)^{+}_{it} + \overline{\alpha}_{3j}I_{(NI<0)}\ln(NI)^{+}_{it} + \overline{\alpha}_{4j}Lev_{it} + \varepsilon_{it} \quad (4-14)$$

最后计算得到资产误定价：

$$Mis_{it} = \ln(M/V)_{it} = m_{it} - v_{it} \quad (4-15)$$

（3）控制变量。参考已有文献 Bliss 和 Kaufman（2006）、Brunnermeier 等（2012）、Mayordomo 等（2014）、Sinha 和 Sharma（2016），本书还控制了银行自身特质因素，银行规模（Size），等

于银行总资产的自然对数；存款额占总资产比例（DR），等于存款总额占银行总资产的比例；不良贷款比率（NPLR），等于不良贷款占总贷款余额的比重；银行杠杆率（LVG），等于总资产减去权益账面价值加上权益市场价值，然后除以权益市场价值。

此外，系统性金融风险关键在于互联性与可替代性（Mayordomo et al.，2014），互联性衡量银行与其他机构建立联系的程度，使其压力可以很容易地传递给其他机构。可替代性可以定义为金融系统的其他机构或部门能够提供由失败机构提供的相同服务的程度。这两个概念不容易衡量，因此很少有证据可以量化它们对系统性金融风险的影响。正如 Acharya（2011）所指出的那样，系统性金融风险的维度包括：规模、杠杆、风险以及与其他金融部门和经济的相关性。由于可替代性和相互关联性难以衡量，为了控制这些维度，本书选择可能与这些维度相关的变量，与 Allen 等（2012）一致，第一个维度是通过平均每日银行股票收益率与相应日历期间沪深 300 指数收益率之间的相关性（Corr）来捕获的，第二个维度将与可替代性相关的变量包含在银行提供的服务中，并且本书还区分了涉及核心和非核心银行活动的变量。Brunnermeier 等（2012）发现非利息收入对系统性金融风险有显著贡献，本书考虑加入非利息收入与利息收入之比（NIIR）变量。由于银行和存款机构相对于总资产的贷款金额以及与总资产相关的贷款总额（不包括银行和存款机构的贷款）代表银行的核心或传统活动。为测度银行向非金融机构的传染效应，主要通过逾期贷款（包含逾期贷款、逾期信用贷款、逾期保证贷款、逾期质押贷款、逾期抵押贷款等）之和除以总资产（OverDue）来分析，研究其是否对系统性金融风险产生不同影响（Mayordomo et al.，2014）。

4.3.3 模型构建

根据研究问题及研究假设，本书构建模型如下；

$$SysRisk_{it} = \alpha_0 + \beta_1 Mis_{it} + \sum_{k=2}^{n} \beta_k Controls_{it} + u_i + \varepsilon_{it} \quad (4-16)$$

其中，被解释变量 *SysRisk* 分别采用 1% 分位数和 5% 分位数测度单个银行对系统性金融风险的溢出效应 ΔCoVaR1 和 ΔCoVaR5。主要解释变量——金融衍生工具（Derivatives）采用手工搜集的报表中披露的持有金融衍生工具名义金额占总资产的比例（DerTot）测度，并分别考察两类衍生品：外汇衍生品（DerFx）和利率衍生品（DerInt），并控制了规模（Size）、存款额占总资产比例（DR）、不良贷款率（NPLR）、银行杠杆率（LVG）、逾期贷款占总资产比例（OverDue）、银行收益与市场收益的关联度（Corr）、非利息收入与利息收入之比（NIIR）等变量。

在进行回归之前，需要判断模型是属于固定效应模型还是随机效应模型？通过 Hausman 检验发现，该模型拒绝随机效应模型的原假设，因此建立固定效应面板回归模型是合理的，本书所有回归系数标准误均采用公司层面聚类调整的标准误，分析软件采用 Stata 15.0。

4.4 实证结果分析

4.4.1 单变量分析

表 4-2、表 4-3 分别列示了主要变量的描述性统计及相关系数。表 4-2 显示系统性金融风险 ΔCoVaR1、ΔCoVaR5 的均值

分别为 -8.100 和 -4.440，中位数为 -8.060 和 -4.460。资产误定价的均值和中位数分别为 -0.230 和 -0.318，这也说明样本中多数股票是被低估了。就标准差而言，资产误定价波动较小。表 4-3 中展示不管是 Pearson 相关系数还是 Spearman 秩相关系数，资产误定价与系统性金融风险均显著为负，这说明资产误定价越高，ΔCoVaR 值越小，但其绝对值则越大，即系统性金融风险也是越高的，基本符合理论预期。其他指标，如规模、存贷款比例、不良贷款率、银行收益与市场收益的关联度，这些指标越大，系统性金融风险也是越高的，与已有文献结论基本一致。

表 4-2　主要变量描述性统计分析

变量	N	mean	min	p25	p50	p75	max	sd
ΔCoVaR1	210	-8.100	-15.700	-9.850	-8.060	-6.700	0.059	2.910
ΔCoVaR5	210	-4.440	-9.040	-5.390	-4.460	-3.590	0.055	1.640
MIS	210	-0.230	-1.180	-0.573	-0.318	-0.008	1.430	0.505
Size	210	28.500	25.100	27.600	28.600	29.500	30.800	1.450
DR	210	0.678	0.481	0.605	0.690	0.748	0.843	0.094
NPLR	210	1.280	0.420	0.890	1.220	1.580	2.740	0.498
LVG	210	13.900	3.230	10.700	14.100	17.400	23.900	5.030
OverDue	210	1.760	0.885	1.390	1.880	2.220	2.690	0.542
Corr	210	0.614	0.131	0.557	0.654	0.741	0.842	0.177
NIIR	210	0.279	0.060	0.160	0.246	0.386	0.733	0.155

表 4-3　主要变量的相关系数

	ΔCoVaR1	ΔCoVaR5	MIS	Size	DR	NPLR	LVG	OverDue	Corr	NIIR
ΔCoVaR1		0.939***	-0.597***	-0.450***	-0.481***	-0.134*	0.222***	0.104	-0.179***	0.014
ΔCoVaR5	0.966***		-0.628***	-0.338***	-0.491***	-0.145**	0.304***	0.040	-0.287***	0.086
MIS	-0.592***	-0.613***		0.331***	0.613***	0.109	-0.674***	0.129*	0.012	-0.077
Size	-0.513***	-0.431***	0.227***		0.163**	0.274***	0.307***	0.012	-0.112	0.645***
DR	-0.359***	-0.378***	0.542***	0.110		-0.007	-0.504***	-0.210***	0.112	-0.332***
NPLR	-0.151**	-0.159**	0.236***	0.171**	0.045		0.041	0.598***	-0.247***	0.305***
LVG	0.179***	0.243***	-0.722***	0.365***	-0.500***	-0.066		-0.086	-0.037	0.420***
OverDue	0.112	0.060	0.108	0.011	-0.256***	0.570***	-0.046		-0.237***	0.187***
Corr	-0.374***	-0.444***	0.100	0.049	0.185***	-0.210***	-0.024	-0.207***		-0.153**
NIIR	-0.019	0.040	-0.181***	0.544***	-0.405***	0.246***	0.454***	0.240***	-0.128*	

Lower-triangular cells report Pearson's correlation coefficients, upper-triangular cells are Spearman's rank correlation.

*** $p<0.01$，** $p<0.05$，* $p<0.1$。

4.4.2　基准回归

表4-4是资产误定价与系统性金融风险的基准回归。本书分别采用ΔCoVaR1、ΔCoVaR5作为被解释变量，分别对应表4-4中（1）—（4）列以及（5）—（8）列。以ΔCoVaR1为例，(1)—(3)列中资产误定价的系数均显著为负，由前文分析可知，资产误定价越高，ΔCoVaR1值越小，则其绝对值越大，这说明资产价值损失越大，系统性金融风险越大。初步证实了研究假设。但进一步分析发现在控制了年度后，第（4）列MIS的系数不显著且为正。与理论预期不甚相符，而（5）—(8）列结果也与此类似。这不由得我们去深入思考：为何在控制年度后资产误定价对系统性金融风险影响变得不再显著？年度之间有什么差异？因此年度影响因素不可忽略。

虑及样本期间涵盖了美国次贷危机，本书尝试将样本区间分段回归。尽管大多数研究将2007—2008年作为金融危机期间，但一方面考虑系统性金融风险的波及程度及持续性；另一方面，2007—2008年的样本量不及30个，不符合统计大样本最低要求。因此，本书将2007—2009年作为金融危机期间，2010—2018则作为金融危机后来分析，结果如表4-5所示。

表4-5结果表明在不同时间段确实发生了明显变化，从2007—2009年的金融危机期间来看，尽管资产误定价的系数仍然为负，但并不显著。这说明在大的金融危机期间，资产误定价依然不是主要因素，而是很多外部冲击的影响以及社会信任、投资者信心的丧失，比如雷曼兄弟的破产。相反，危机后的2010—2018年间，资产误定价的系数仍然显著为负，这表明资产误定价与系统性金融风险的关系依然存在，进一步证实本书研究假设。

表 4－4　资产误定价与系统性金融风险的基准回归

	ΔCoVaR1				ΔCoVaR5			
	(1)	(2)	(3)	(4)	(5)	(6)	(7)	(8)
MIS	-0.589 *** (-7.50)	-0.682 *** (-4.18)	-0.552 *** (-4.27)	0.252 (1.29)	-0.611 *** (-8.17)	-0.718 *** (-3.85)	-0.549 *** (-3.91)	0.294 (1.33)
Size		-0.178 *** (-3.12)	-0.275 *** (-3.54)	-0.641 *** (-6.31)		-0.112 * (-1.77)	-0.222 ** (-2.68)	-0.607 *** (-5.52)
DR		-0.976 (-1.35)	1.216 (1.21)	1.463 (1.61)		-1.085 (-1.35)	0.971 (1.00)	1.497 * (1.87)
NPLR		0.090 (0.53)	-0.349 * (-2.07)	0.128 (1.13)		0.058 (0.32)	-0.333 * (-2.04)	0.090 (0.69)
LVG		-0.053 (-1.48)	-0.018 (-0.65)	0.048 * (1.86)		-0.053 (-1.30)	-0.015 (-0.46)	0.052 (1.65)
OverDue			0.379 *** (4.53)	-4.600 *** (-5.71)			0.227 ** (2.78)	-4.580 *** (-4.57)
Corr			-1.682 *** (-5.92)	-0.299 (-0.98)			-2.147 *** (-7.59)	-0.377 (-1.25)
NIIR			0.911 (1.33)	0.459 (0.82)			0.957 (1.48)	0.653 (1.14)
Year	No	No	No	Yes	No	No	No	Yes
_cons	0.002 (0.02)	6.335 *** (5.03)	7.828 *** (5.27)	25.210 *** (7.00)	0.002 (0.02)	4.591 *** (3.26)	6.952 *** (4.25)	24.177 *** (6.10)
N	210	210	210	210	210	210	210	210
F	56.232	60.730	96.390	1264.376	66.713	63.428	69.207	342.375
*adj_* R^2	0.346	0.505	0.621	0.884	0.374	0.470	0.620	0.865

注：括号内为对异方差经公司层面聚类调整后的 t 值。* $p<0.10$，** $p<0.05$，*** $p<0.01$。

表 4-5　资产误定价与系统性金融风险的分段回归

	2007—2009 年				2010—2018 年			
	ΔCoVaR1		ΔCoVaR5		ΔCoVaR1		ΔCoVaR5	
	(1)	(2)	(3)	(4)	(5)	(6)	(7)	(8)
MIS	-0.093 (-1.05)	-0.123 (-1.24)	-0.022 (-0.31)	-0.036 (-0.53)	-0.149 *** (-3.06)	-0.152 ** (-2.77)	-0.104 * (-2.00)	-0.113 ** (-2.07)
Size	-0.909 (-1.65)	-0.847 ** (-2.47)	-0.460 (-1.57)	-0.428 (-1.75)	-0.096 ** (-2.21)	-0.124 ** (-2.13)	-0.047 (-0.87)	-0.081 (-1.19)
DR	0.430 (0.33)	0.319 (0.26)	0.113 (0.15)	0.098 (0.13)	-0.437 ** (-2.29)	-0.395 ** (-2.14)	-0.434 ** (-2.27)	-0.374 * (-1.87)
NPLR	-0.029 (-0.31)	-0.028 (-0.32)	-0.012 (-0.21)	-0.002 (-0.04)	-0.143 *** (-4.83)	-0.165 *** (-4.98)	-0.142 *** (-4.45)	-0.170 *** (-4.66)
LVG	0.010 (0.39)	0.011 (0.40)	0.002 (0.08)	0.005 (0.24)	-0.010 (-1.38)	-0.009 (-1.20)	-0.010 (-1.43)	0.009 (-1.24)
OverDue		-1.480 *** (-5.70)		-0.839 *** (-4.13)		0.646 *** (9.24)		0.671 *** (7.12)
Corr		0.192 (0.37)		0.390 (1.24)		-0.034 (-0.64)		-0.062 (-1.11)
NIIR		0.735 ** (2.46)		0.225 (1.14)		0.164 ** (2.37)		0.212 ** (2.79)
Year	Yes	Yes	Yes	Yes	Yes	Yes	Yes	Yes
_cons	23.688 (1.51)	25.416 ** (2.51)	11.404 (1.39)	12.258 (1.69)	2.853 ** (2.48)	3.014 * (2.02)	1.448 (1.02)	1.761 (1.01)
N	42	42	42	42	168	168	168	168
F	261.439	593.385	323.475	305.044	173.937	197.624	181.613	191.464
r^2_a	0.979	0.981	0.974	0.975	0.966	0.967	0.958	0.959

注：括号内为对异方差经公司层面聚类调整后的 t 值。* $p<0.10$，** $p<0.05$，*** $p<0.01$。

4.4.3 内生性检验

内生性问题是本研究面临的最大困难。就传统的微观系统性金融风险因子而言，其是资本资产定价模型的一个因子。尽管本书研究的是宏观系统性金融风险，从资产误定价角度研究其对宏观系统性金融风险的影响，但资产定价难免会受到外部政治、经济、社会等大的外部环境的影响，宏观系统性金融风险也不例外，其往往又会影响到资产误定价。因此，本书采用两个方案予以解决。一是为避免同期自变量对系统性金融风险影响，本书将所有自变量滞后一期，作为前置变量再次分析，这显然不会受到同期变量的影响。具体结果如表 4 -6 所示。二是考虑系统性金融风险持续性及可能的时间序列相关性，将原来的静态模型转化为动态模型，并分别采用混合 OLS 和系统 GMM 方法予以估计，具体结果如表 4 -7 所示。

表 4 -6 中不仅被解释变量采用了 ΔCoVaR1 和 ΔCoVaR5，而且将研究样本区分为金融危机期间（2007—2009 年）和金融危机后（2010—2018 年）。与前面分析结果类似，不管是 ΔCoVaR1 还是 ΔCoVaR5，全样本区间的第（1）列和第（4）列滞后一期的资产误定价系数均显著为负，进一步证实本书研究假设。同时，二者之间的关系在金融危机期间并不显著，在危机后则依然显著为负，这从第（2）（3）（5）（6）列可以得出该结论。需要说明的是，由于滞后一期使得总样本数量减少到 186 个，危机期间的样本减少到 28 个。由于该部分所有变量均采用了滞后一期，一定程度上消除了同期自变量与系统性金融风险的内生性问题。

表 4-6　　　　自变量滞后一期的回归结果

	ΔCoVaR1			ΔCoVaR5		
	(1)	(2)	(3)	(4)	(5)	(6)
	2007—2018 年	2007—2009 年	2010—2018 年	2007—2018 年	2007—2009 年	2010—2018 年
LMIS	-0.742*** (-6.75)	0.393 (0.68)	-0.400*** (-6.92)	-0.678*** (-4.77)	0.079 (0.27)	-0.428*** (-5.70)
LSize	-0.235*** (-3.14)	0.165 (0.08)	0.111 (0.92)	-0.204** (-2.22)	-0.790 (-0.91)	0.145 (1.51)
LDR	1.647* (1.84)	1.354 (0.44)	-1.384** (-2.51)	1.410 (1.65)	0.152 (0.11)	-0.602 (-1.18)
LNPLR	-0.067 (-0.56)	0.208 (0.51)	-0.477*** (-4.73)	-0.104 (-0.80)	0.064 (0.30)	-0.155 (-1.60)
LLVG	-0.022 (-0.79)	0.022 (0.27)	-0.011 (-1.00)	-0.013 (-0.38)	0.006 (0.15)	-0.005 (-0.36)
LOD	0.200*** (3.24)	-5.148*** (-4.11)	0.115*** (3.73)	0.023 (0.31)	-2.975*** (-4.92)	-0.088** (-2.10)
LCorr	-0.794*** (-2.94)	-0.895 (-0.32)	0.449*** (3.20)	-1.115*** (-3.53)	-0.482 (-0.26)	0.492** (2.74)
LNIIR	0.362 (0.54)	-1.019 (-0.44)	0.078 (0.19)	0.764 (1.11)	-0.424 (-0.34)	0.026 (0.05)
_cons	6.106*** (4.20)	4.417 (0.08)	-1.879 (-0.56)	5.721*** (3.09)	27.168 (1.05)	-3.470 (-1.36)
N	186	28	158	186	28	158
adj. R^2	0.730	0.977	0.645	0.660	0.987	0.535
F	119.337	124.317	77.092	109.655	364.784	26.670

注：括号内为对异方差经公司层面聚类调整后的 t 值。$*p<0.10$，$**p<0.05$，$***p<0.01$。

表 4－7　　动态模型回归结果

	(1)	(2)		(3)	(4)	(5)	(6)
L. ΔCoVaR1	0.505 *** (6.85)	0.282 *** (7.41)	L. ΔCoVaR1	0.981 *** (39.49)	0.630 *** (9.39)	0.059 (0.15)	-1.069 * (-1.89)
L2. ΔCoVaR1		0.214 *** (4.70)	L2. ΔCoVaR1		0.360 *** (6.25)		0.513 ** (2.31)
LMIS	-0.503 *** (-6.62)	-0.364 *** (-3.97)	MIS	-0.088 ** (-2.55)	-0.095 * (-1.77)	-0.714 *** (-3.71)	-1.492 *** (-3.04)
LSize	-0.108 ** (-2.72)	-0.139 *** (-3.06)	Size	0.006 (0.30)	0.014 (0.50)	-0.234 (-1.03)	0.836 (1.19)
LDR	1.343 ** (2.48)	1.256 ** (2.44)	DR	0.306 ** (2.07)	0.320 * (1.81)	0.602 (1.06)	3.204 (1.53)
LNPLR	0.131 (1.56)	0.166 (1.59)	NPLR	0.018 (0.89)	0.034 (0.82)	-0.288 ** (-2.33)	-3.160 ** (-2.26)
LLVG	-0.016 (-0.97)	-0.001 (-0.05)	LVG	-0.008 * (-2.00)	-0.011 (-1.53)	-0.047 ** (-2.46)	-0.109 *** (-2.80)
LOD	0.021 (0.40)	-0.064 (-0.92)	OverDue	1.744 ** (2.44)	-4.400 *** (-12.50)	0.533 (1.30)	3.165 ** (2.32)
LCorr	0.085 (0.52)	0.338 ** (2.11)	Corr	-0.091 * (-1.84)	-0.150 ** (-2.39)	-0.583 (-1.48)	0.870 * (1.89)
LNIIR	-0.113 (-0.31)	0.043 (0.13)	NIIR	0.080 (0.93)	0.071 (0.68)	-0.251 (-1.28)	-13.717 * (-1.68)
Year	No	No	Year	Yes	Yes	Yes	Yes
_cons	2.253 ** (2.34)	2.925 ** (2.69)	_cons	-3.692 ** (-2.20)	7.179 *** (10.98)	6.511 (1.13)	-24.225 (-1.22)
N	186	162		186	162	186	162
adj. R^2	0.855	0.805		0.988	0.981		
chi^2						8.5e+04	1.3e+04

注：括号内为对异方差经公司层面聚类调整后的 t 值。$*p<0.10$，$**p<0.05$，$***p<0.01$。

表 4-7 中不仅控制了系统性金融风险的滞后一期，还控制了滞后二期。需要指出的是，(1)—(4) 列均采用了混合 OLS 回归，其中 (1) (2) 两列中的变量均滞后一期，而 (3) (4) 列则仍采用当期数值。结果发现，在自变量控制了系统性金融风险的滞后一期、滞后二期后，无论是资产误定价的当期值还是滞后值，资产误定价与系统性金融风险的系数仍然显著为负，进一步证实了资产误定价确实会加大系统性金融风险。在自变量控制了系统性金融风险的滞后一期、滞后二期后，模型演化为动态模型，为此 (5)—(6) 列则采用了更稳健的系统 GMM 估计。结果同样支持前文分析，资产误定价的系数仍然显著为负，也说明在解决内生性问题后结果依然成立。

这两步的分析着力解决了内生性问题，充分论证了资产误定价是导致系统性金融风险的因，而不是果，进一步厘清了二者之间的因果关系，得到更加稳健的结论。

4.4.4　进一步检验

在解决可能存在的内生性问题后，本书做了进一步分析。由于资产误定价可以区分为高估和低估，本书更感兴趣的是在高估与低估两种情形下，资产误定价与系统性金融风险的关系是否存在情境依赖？更进一步，在今后系统性金融风险防范过程中，我们着力要监管或要化解的是何种形式的资产误定价？对此研究或许更有价值。

为此，本书将 MIS 小于 0 定义为低估，反之，则为高估。高估与低估分类估计结果如表 4-8 所示。由前文分析可知，危机期间的结果或许会有失偏颇，在此不仅包含全样本，而且还包括剔除危机期间后的子样本[①]。表4-8的结果基本表明，当低估时，资产误定价是影响系统性金融风险的主要原因，相反，高估则未呈现这样的结果。就整体样本而言，总体呈现低估态势，与表4-2描述性统计分析结果类似。这似乎不符合通常认为的高估会隐含泡沫破裂诱发风险。不得不进一步思考，其影响路径或作用机理是什么？本书尝试从市场流动性视角对此予以解读，大胆的思考：高估的股票流动性会更高，暂时资产误定价会得到校正并消失，而低估的股票则不易被识别，进而可能诱发系统性金融风险。为此，本书从市场流动性视角进行中介效应检验，中介效应检验原理如图4-1和图4-2所示，中介效应检验结果如表4-9所示，其中流动性采用Amihud非流动性指标。

中介效应分析之前对所有变量进行中心化处理。所以表4-9中的所有变量前缀c表示中心化。前文分析表明，资产误定价对系统性金融风险是有显著影响的，对应图4-2中的系数c是显著的。进一步检验系数a和b，分别对应表4-9中c_MIS、c_illiq的系数，可以发现（1）（2）列中，这两个系数均显著，进一步看系数c'的显著性，第（2）列中的c'是显著的，即c_MIS的系数显著，说明流动性发挥了部分中介效应。当被解释变量是c_ΔCoVaR5时，流动性则发挥了完全中介效应。为了保证结果稳健性，又做了Sobel检验，发现被解释变量是c_ΔCoVaR1和c_ΔCoVaR5时，中介效应均显著，且中介效应比例分别占到9.58%、10.25%。这充分说明市场流动性发挥了部分中介效应。

① 由于高估样本偏少，此处结果未予以列示，详见本章后附录。

表 4 - 8　　高估与低估的分类检验结果

	高估		低估	
	(1)	(2)	(3)	(4)
	Pooled OLS	FE	Pooled OLS	FE
MIS	-0.111 (-0.60)	-0.087 (-0.80)	-0.596 ** (-2.71)	-0.149 ** (-2.12)
Size	-0.277 (-1.71)	-0.817 ** (-2.55)	-0.269 ** (-2.35)	-0.103 (-1.42)
DR	-1.187 (-0.58)	0.032 (0.03)	1.203 (1.13)	-0.581 ** (-2.29)
NPLR	-0.692 ** (-2.86)	0.037 (0.29)	-0.132 (-0.61)	-0.169 *** (-3.18)
LVG	0.048 (0.89)	-0.004 (-0.28)	-0.017 (-0.44)	-0.009 (-1.13)
OverDue	0.117 (0.48)	-6.067 *** (-3.72)	0.400 *** (4.07)	-13.508 *** (-9.64)
Corr	-0.689 (-1.03)	0.022 (0.08)	-1.655 *** (-5.39)	-0.006 (-0.08)
NIIR	1.592 (1.42)	0.344 (0.89)	0.500 (0.71)	0.284 *** (4.65)
Year	No	Yes	No	Yes
_cons	8.716 ** (2.45)	35.910 *** (2.97)	7.402 *** (3.16)	27.904 *** (6.21)
N	51	51	159	159
adj. R^2	0.504	0.987	0.557	0.979

注：括号内为对异方差经公司层面聚类调整后的 t 值。$* p < 0.10$，$** p < 0.05$，$*** p < 0.01$。

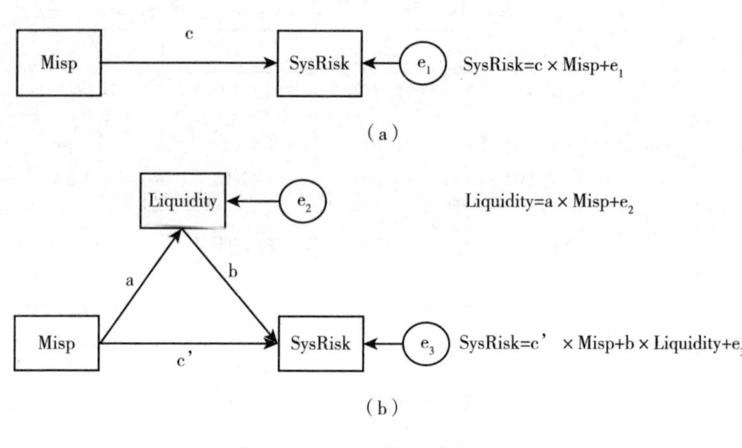

图 4-1　中介效应检验原理

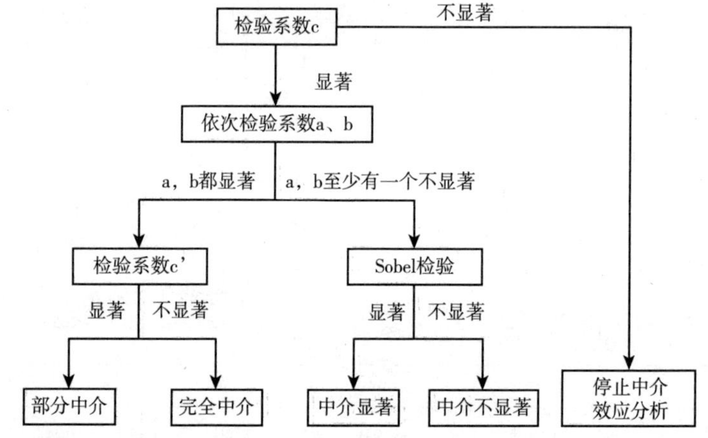

图 4-2　中介效应检验程序图

资料来源：温忠麟，张雷，侯杰泰，刘红云．中介效应检验程序及其应用［J］．心理学报．2004，36（5）：614-620。

表 4－9　　　　　　　流动性的中介效应检验

	(1)	(2)	(3)
	c_iliq	c_ΔCoVaR1	c_ΔCoVaR5
c_MIS	0.985 **	－0.630 *	－0.117
	(2.36)	(－1.87)	(－0.71)
c_iliq		－0.085 *	－0.071 **
		(－1.74)	(－2.48)
c_Size	－0.357 *	－0.731 ***	－0.427 ***
	(－2.04)	(－3.66)	(－3.06)
c_DR	0.862	－0.923	－0.474
	(0.93)	(－1.44)	(－1.12)
c_NPLR	0.228	－0.436 ***	－0.242 **
	(1.68)	(－2.89)	(－2.76)
c_LVG	0.031	－0.011	－0.001
	(1.67)	(－0.51)	(－0.13)
c_OverDue	－3.454 **	－5.661 ***	－3.908 ***
	(－2.31)	(－5.17)	(－5.93)
c_Corr	－0.676	－0.197	－0.174 *
	(－1.70)	(－1.20)	(－1.76)
c_NIIR	－0.103	0.869 ***	0.438 ***
	(－0.44)	(3.12)	(2.88)
Year	Yes	Yes	Yes
_cons	0.503 **	0.409 *	0.417 ***
	(2.21)	(2.05)	(3.33)
N	210	210	210
adj. R^2	0.286	0.979	0.980
Sobel 检验	Z 值	P 值	
c_ ΔCoVaR1	－1.839	0.066	
c_ ΔCoVaR5	－1.865	0.062	

注：括号内为对异方差经公司层面聚类调整后的 t 值。$*p<0.10$，$**p<0.05$，$***p<0.01$。

在高估与低估时，资产误定价对系统性金融风险的作用呈现异质性。本书关心的是当高估与低估时，市场流动性的中介效应是否也存在异质性。表 4 - 10 列示了高估与低估时市场流动性的中介效应检验结果。可以发现，在高估时，c_MIS、c_iliq 的系数至少有一个不显著，需要做 Sobel 检验，在高估时检验表明不存在中介效应。相反，在低估时，c_MIS、c_iliq 的系数至少有一个不显著，Sobel 检验表明存在中介效应，这说明市场流动性中介效应仅在低估时存在。即当低估时，资产误定价对市场非流动性影响系数为正，低估程度越高，市场流动性越低。符合我国资本市场特征，当股票高估时，由个人投资构成的投资主体情绪高涨，容易产生“追涨杀跌”行为或者“羊群效应”。相反，当股票低估时，投资者往往不能识别低估，导致交易量不活跃，资产误定价程度反而更高。

表 4 - 10　高估与低估的分组中介效应检验

	高估		低估	
	c_iliq	c_ΔCoVaR1	c_iliq	c_ΔCoVaR1
	(1)	(2)	(3)	(4)
c_MIS	-0.002 (-0.42)	-0.414 (-0.90)	2.401*** (2.89)	-1.040** (-2.53)
c_iliq		25.791*** (4.19)		-0.003 (-0.06)
c_Size	-0.010** (-2.67)	-1.597** (-2.69)	-1.228** (-2.41)	-0.042 (-0.16)
c_DR	-0.021** (-2.59)	-1.711 (-0.93)	2.148 (1.22)	-1.703* (-1.93)
c_NPLR	0.000 (0.49)	-0.200 (-0.78)	0.411* (1.83)	-0.443** (-2.36)
c_LVG	-0.000 (-0.99)	0.026 (0.52)	0.103** (2.32)	-0.047* (-1.85)

续表

	高估		低估	
	c_iliq	c_ΔCoVaR1	c_iliq	c_ΔCoVaR1
	(1)	(2)	(3)	(4)
c_OverDue	-0.023** (-2.30)	-7.522*** (-4.17)	-28.533** (-2.38)	-36.710*** (-6.08)
c_Corr	0.003 (0.75)	0.061 (0.12)	-0.453 (-1.19)	0.068 (0.30)
c_NIIR	0.010** (2.71)	1.129 (1.33)	-0.073 (-0.15)	0.817*** (4.07)
Year	Yes	Yes	Yes	Yes
_cons	-0.041*** (-8.10)	2.262** (2.83)	1.751** (2.61)	1.668*** (6.51)
N	88	88	122	122
adj. R^2	0.463	0.983	0.402	0.979
Sobel 检验	Z 值	P 值	Z 值	P 值
	1.42	0.156	2.463	0.014

注：括号内为对异方差经公司层面聚类调整后的 t 值。$*p<0.10$，$**p<0.05$，$***p<0.01$。

4.5　稳健性检验

资产误定价的测度准确性也是分析的要点。在前文分析中，主要采用了 Rhodes Kropf 等（2005）的市账比分解法，但资产误定价测度方法较多，本书进一步选择两种思路予以解决。

其一，基于剩余收益估值模型。Feltham 和 Ohlson（1995）提出了剩余收益估值模型。在这个模型中，企业的内在真实价值是用自身的财务报表数据计算得出，然后用同期市场流通股价除以内在真实价值这一指标预测股票的未来收益，作为资产误定价的代理变量。这种方法排除了可能受到的行业划分标准的噪音影响，衡量更为合理。

资产误定价是股票价格与其公司基本面内在价值的偏离，因此首先利用公司基本面信息得到公司内在价值。利用公司 2010—2018 年季度财务数据，基于剩余收益估值模型推算公司内在价值。具体而言，利用每一家公司的季度数据按照如下两个式子进行时间序列回归：

首先，分企业按照式（4－17）和式（4－18）进行分季度时间序列回归：

$$RI_t = \omega_{10} + \omega_{11} RI_{t-1} + \omega_{12} BV_{t-1} + \varepsilon_{1t} \tag{4-17}$$

$$BV_t = \omega_{20} + \omega_{22} BV_{t-1} + \varepsilon_{2t} \tag{4-18}$$

其中，RI_t表示 t 期的剩余收益，所谓剩余收益是指投资者获得的超过资金机会成本的那部分收益，即剩余收益等于普通股每股收益减去贴现率（r）与每股净资产的乘积，其中贴现率依据资本资产定价模型计算获取；BV_t表示 t 期的每股净资产。其次，将回归得到的系数 ω_{11}、ω_{12}、ω_{22}代入 $\alpha_0 = \omega_{10}/[(1+r-\omega_{11})r]$，$\alpha_1 = \omega_{11}/(1+r-\omega_{11})$，$\alpha_2 = \omega_{12}(1+r)/[(1+r-\omega_{11})(1+r-\omega_{22})]$ 式中，计算α_1、α_2、α_3的参数值，并将获得的α_1、α_2、α_3数值代入 $V_t = \alpha_0 + \alpha_1 RI_t + \alpha_2 BV_t$式中，计算企业在 t 期的内在价值$V_t$。最后，将股票价格除以同期内在价值，并取其自然对数 $\ln(Price_t/V_t)$，作为企业在 t 期的资产误定价，然后再计算误定价的年度平均值，得到公司年度资产误定价（$Mis2_{it}$）。详见本章附录 1。

其二，采用资产定价模型。资产定价模型由早期的 Sharpe（1964）和 Lintner（1965）的资本资产定价模型（CAPM）发展到现在，经历了 Fama 和 French（1992）三因素模型、Carhart

（1997）四因素模型、Fama 和 French（2015）五因素模型以及基于中国资本市场的研究，如 Liu 等（2019）等。此外还有很多因子模型，本书选取广泛采用又极具代表性的 Fama - French 三因素资产定价模型。假设基本面收益服从 Fama - French 三因素模型（FF3）：

$$R_{i,t}^{*} - R_{F,t} = b_i(R_{M,t} - R_{F,t}) + s_i SMB_t + h_i HML_t + \varepsilon_{i,t}$$

其中，$R_{i,t}^{*}$是股票 i 在时间 t 的基本面收益，$R_{F,t}$是无风险的收益率，$R_{M,t}$、SMB_t、HML_t是 Fama - French 的三因素。那么，股票 i 在时间 t 的市场收益 $R_{i,t}$通过下式得到：

$$R_{i,t} - R_{F,t} = \alpha_i + b_i(R_{M,t} - R_{F,t}) + s_i SMB_t + h_i HML_t + e_{i,t}$$

其中，$e_{i,t} = z_{i,t} - z_{i,t-1} + \varepsilon_{i,t}$，并且$z_{i,t}$表示在时间 t 误定价因素的对数值。按照 Poterba 和 Summers（1998）、Brennan 和 Wang（2010）的分析思路，假定误定价因素对数值服从一阶自回归 AR（1）过程，$z_t = \varphi_1 z_{t-1} + \eta_t$。遵循 Khil 和 Lee（2002）的方法，采用卡尔曼滤波的方法来估计每只股票的误定价因素的对数值$z_{i,t}$以及参数φ_1和σ_z。依据 Fama - French 三因素模型的残差 $e_{i,t}$，在卡尔曼滤波中观测到的等式是$e_{i,t} = z_{i,t} - z_{i,t-1} + \varepsilon_{i,t}$，并且转换等式是$z_t = \varphi_1 z_{t-1} + \eta_t$，主要利用样本至少 36 个月度交易数据来分析。根据卡尔曼滤波得到的估计值得到资产误定价（Z）[①]，详见

① 卡尔曼滤波方法的主要优点是不需要设置反映基本价值和错误定价的特定状态变量。此外，它不依赖于基本面和错误定价代理之间的相对比较，如会计比率。从这个意义上讲，这种方法适用于我们调查卖空者对股票价格暂时偏离基本价值的行为的目标。Khil 和 Lee（2002）表明，错误定价估计的 AR（2）模型符合观察到的股票收益模式，在短期内具有正相关，在长期内具有负相关。Brennan 和 Wang（2010）通过卡尔曼滤波分解 Fama - French 剩余收益，以显示错误定价回报溢价的存在。我们通过这种卡尔曼滤波方法估计错误定价，并检查卖空者的剥削行为及其在纠正错误定价中的作用。继 Poterba 和 Summers（1988）以及 Brennan 和 Wang（2010）之后，将股票价格的对数分解为有效价格和错误定价成分。

本章附录2。

表4-11报告了在采用这两个误定价指标后的分析结果。可以发现，Z和MIS2两个指标的系数均显著为负，与前文结果一致，进一步说明研究结果的稳健性。表4-12和表4-13则分别列示了总样本流动性中介效应检验，以及高估与低估时中介效应检验结果。表4-12的结果表明系数a、b至少有一个不显著，则需要Sobel检验，结果也表明中介效应是存在的。再从分组后表4-13的结果来看，需要说明的是，本部分仅包括了采用Z的检验结果，采用MIS2时的结果与此类似。与表4-10类似，高估时，市场流动性的中介效应不显著，而低估时，市场流动性的中介效应显著，这些都充分证明了研究结果的稳健性。

表4-11　其他误定价变量与系统性风险估计结果

	ΔCoVaR1		ΔCoVaR5		ΔCoVaR1		ΔCoVaR5	
	(1)	(2)	(3)	(4)	(5)	(6)	(7)	(8)
Z	-2.228** (-2.26)	-1.240*** (-2.94)	-2.895*** (-3.09)	-1.681** (-2.36)				
MIS2					-0.339*** (-4.32)	-0.074* (-1.82)	-0.354*** (-4.46)	-0.153*** (-2.60)
Size	-0.523*** (-8.10)	-0.486*** (-17.39)	-0.391*** (-6.39)	-0.453*** (-9.58)	-0.587*** (-9.51)	-0.487*** (-15.20)	-0.582*** (-9.31)	-0.443*** (-9.65)
DR	1.422 (1.37)	0.496 (1.20)	0.032 (0.03)	1.160* (1.65)	0.914 (1.00)	0.098 (0.23)	1.523 (1.65)	0.446 (0.73)
NPLR	-0.525*** (-3.07)	0.050 (0.65)	-0.530*** (-3.28)	-0.007 (-0.05)	-0.651*** (-4.34)	-0.050 (-0.64)	-0.508*** (-3.34)	-0.007 (-0.06)
LVG	0.091*** (5.10)	0.009 (0.92)	0.091*** (5.41)	0.033** (2.03)	0.055*** (3.38)	0.002 (0.17)	0.069*** (4.17)	0.011 (0.80)

续表

	ΔCoVaR1		ΔCoVaR5		ΔCoVaR1		ΔCoVaR5	
	(1)	(2)	(3)	(4)	(5)	(6)	(7)	(8)
OverDue	0.468 *** (2.93)	-3.253 *** (-9.95)	0.182 (1.20)	-2.675 *** (-4.83)	0.607 *** (4.34)	-3.063 *** (-8.43)	0.279 * (1.97)	-2.614 *** (-5.03)
Corr	-1.190 *** (-3.03)	-0.013 (-0.06)	-1.488 *** (-4.00)	-0.163 (-0.40)	-1.282 *** (-3.73)	-0.199 (-0.84)	-1.578 *** (-4.53)	-0.204 (-0.60)
NIIR	0.983 (1.58)	0.169 (0.63)	1.182 ** (2.00)	0.326 (0.72)	0.681 (1.25)	0.088 (0.32)	1.611 *** (2.91)	0.161 (0.40)
Year	No	Yes	No	Yes	No	Yes	No	Yes
_cons	13.025 *** (8.50)	19.405 *** (23.07)	10.753 *** (7.41)	16.724 *** (11.75)	15.749 *** (10.36)	19.694 *** (22.82)	15.275 *** (9.91)	17.105 *** (13.85)
N	210	210	210	210	209	209	209	209
Pseudo R^2	0.334	0.684	0.345	0.630	0.366	0.689	0.366	0.633

注：括号内为对异方差经公司层面聚类调整后的 t 值。$*p<0.10$，$**p<0.05$，$***p<0.01$。

表 4-12　其他误定价变量的中介效应再检验

	(1)	(2)	(3)	(4)	(5)	(6)
	c_iliq	c_ΔCoVaR1	c_ΔCoVaR5	c_iliq	c_ΔCoVaR1	c_ΔCoVaR5
c_Z	-0.036 *** (-4.79)	-3.121 ** (-2.30)	-2.891 ** (-2.50)			
c_MIS2				-0.000 (-0.19)	-0.208 (-1.64)	-0.183 * (-1.69)
c_iliq		0.086 (0.32)	0.325 (1.42)		0.355 (1.33)	0.632 *** (2.79)
c_Size	-0.002 *** (-4.24)	-1.369 *** (-14.92)	-0.671 *** (-8.58)	-0.002 *** (-4.94)	-1.403 *** (-13.64)	-0.674 *** (-7.68)

续表

	(1)	(2)	(3)	(4)	(5)	(6)
	c_iliq	c_ΔCoVaR1	c_ΔCoVaR5	c_iliq	c_ΔCoVaR1	c_ΔCoVaR5
c_DR	0.002 (0.25)	1.014 (0.76)	1.174 (1.03)	0.004 (0.75)	0.228 (0.17)	0.770 (0.69)
c_NPLR	0.004** (2.58)	0.030 (0.12)	-0.039 (-0.19)	0.003*** (2.61)	-0.180 (-0.75)	-0.104 (0.51)
c_LVG	-0.000 (-1.40)	0.022 (0.71)	0.060** (2.30)	-0.000** (-2.02)	0.004 (0.14)	0.025 (0.98)
c_OverDue	-0.014** (-2.42)	-9.182*** (-8.66)	-3.742*** (-4.14)	-0.017*** (-3.40)	-8.822*** (-7.99)	-3.977*** (-4.22)
c_Corr	-0.006 (-1.39)	0.048 (0.06)	0.030 (0.04)	-0.008** (-2.50)	-0.500 (-0.66)	-0.011 (-0.02)
c_NIIR	0.001 (0.20)	0.584 (0.68)	0.561 (0.77)	-0.000 (-0.10)	0.361 (0.43)	0.313 (0.44)
Year	Yes	Yes	Yes	Yes	Yes	Yes
_cons	-0.050*** (-28.04)	1.115*** (3.54)	0.308 (1.15)	-0.050*** (-35.22)	0.992*** (3.13)	0.329 (1.22)
N	210	210	210	209	209	209
Pseudo R^2	0.025	0.683	0.632	0.022	0.689	0.636
Sobel 检验						
Z 值		-3.042	-3.141		-2.651	-2.851
P 值		0.002	0.002		0.000	0.004

注：括号内为对异方差经公司层面聚类调整后的 t 值。$*p<0.10$，$**p<0.05$，$***p<0.01$。

表 4 - 13　　其他误定价变量分组中介效应检验

	高估		低估	
	(1)	(2)	(3)	(4)
	c_ iliq	c_ ΔCoVaR5	c_ iliq	c_ ΔCoVaR5
c_Z	-0.005 (-0.34)	5.848 * (1.68)	0.010 (0.03)	-5.872 ** (-2.35)
c_iliq		55.885 ** (2.52)		0.482 (1.03)
c_Size	-0.001 *** (-4.16)	-0.542 *** (-5.85)	-0.003 (-0.15)	-0.868 *** (-6.80)
c_DR	0.009 ** (2.06)	0.395 (0.35)	0.006 (0.02)	2.739 (1.25)
c_NPLR	0.000 (0.44)	0.029 (0.15)	0.006 (0.09)	-0.622 (-1.54)
c_LVG	-0.000 (-0.28)	0.043 * (1.66)	-0.000 (-0.06)	0.098 ** (2.08)
c_OverDue2	-0.007 * (-1.92)	-4.364 *** (-4.45)	-0.023 (-0.09)	-4.858 *** (-2.86)
c_corr	-0.001 (-0.49)	0.545 (0.87)	-0.004 (-0.01)	-2.619 (-1.13)
c_NIIR	-0.001 (-0.21)	0.320 (0.45)	0.006 (0.03)	3.385 ** (2.33)
Year	Yes	Yes	Yes	Yes
_cons	-0.051 *** (-37.73)	3.201 *** (2.76)	-0.048 (-0.79)	0.325 (0.88)
N	130	130	78	78
Pseudo R^2	0.346	0.662	0.128	0.682
Sobel 检验	Z 值	P 值	Z 值	P 值
	0.182	0.855	-2.868	0.004

注：括号内为对异方差经公司层面聚类调整后的 t 值。* $p<0.10$，** $p<0.05$，*** $p<0.01$。

4.6 本章小结

本章选择上市银行为样本，从资产误定价视角分析了其对系统性金融风险的影响及作用机理。首先，在厘清二者内生性问题方面，采用了动态面板的系统 GMM 方法以及所有自变量滞后一期的做法。其次，在识别二者资产误定价对系统性金融风险的因果关系后，着力解决其作用机理，主要选择市场流动性分析其中介效应。再次，为保证研究结果的稳健性，又进一步选择剩余收益估值模型，以及基于 Fama - French 三因素模型确定误定价并利用卡尔曼滤波的方法予以识别误定价，重做之前的回归。最后得到稳健结果。

研究发现，资产误定价确实会显著增加系统性金融风险，在解决内生性问题后，该结果依然成立。在厘清二者因果关系后，进一步分析表明，相较于高估而言，低估时资产误定价对系统性金融风险的作用更显著。再由市场流动性的中介效应分析得出，资产误定价对系统性金融风险部分通过市场流动性中介效应而发挥出来。高估时，市场流动性中介效应不显著，而在低估时，该中介效应则非常显著。该研究不仅拓展了系统性金融风险的研究视角，而且丰富了资产误定价对系统性金融风险影响的作用路径及机理，这对防范和化解系统性金融风险具有现实指导意义。对监管部门而言，对高估所形成的泡沫的防范固然重要，但更重要的是对市场及投资者不易识别的低估也要加大关注与重视，这才是导致系统性金融风险的重要诱因。

本章附录

附录 1：资产误定价（MIS2）的识别

本项目将根据已有文献研究，尝试构建资产误定价模型，通过标准资产定价模型识别并分析资产误定价特征，从市场微观结构视角研究资产误定价成因。

文献中，资产误定价被定义为股票平均收益横截面的变动不能被标准资产定价模型所解释的现象。关于资产误定价，Black（1986）认为“我们大部分都是在黑暗中摸索”，这说明精确识别和量化资产误定价的困难性，但这并不意味着在无效的市场中投资者什么都不能做，投资者可以通过股价与随机游走价格偏离程度或市场异象的严重性来推断资产误定价的程度。尽管如此，众多学者还是对此做了非常有价值的研究，如 Brennan 和 Wang（2010）、李科等（2014）、游家兴和吴静（2012）等。基于此，本部分尝试构建资产误定价模型，并分析误定价特征，主要研究内容如下：

由文献回顾可知，还有运用公司自身财务报告数据，利用 Ohlson（1995）剩余收益估值模型推算公司内在价值，再来衡量资产误定价。为对资产误定价做深入分析，本项目组也尝试从公司内在价值出发探索资产误定价，本部分主要借鉴游家兴和吴静（2012）、李科等（2014）、Myers（1999）等学者的做法，首先每一个公司按照如下两个式子进行时间序列回归：

$$RI_{t+1} = \omega_{10} + \omega_{11}RI_t + \omega_{12}BV_t + \varepsilon_{1t+1}$$

$$BV_{t+1} = \omega_{22}BV_t + \varepsilon_{2t+1}$$

RI_t表示第 t 期剩余收益，BV_t表示第 t 期每股净资产，可以

得到时期 t 公司的内在价值：$V_t = \alpha_0 + \alpha_1 RI_t + \alpha_2 BV_t$。其中，

$$\alpha_0 = \frac{\omega_{10}}{[(1+r)-\omega_{11}]r}, \alpha_1 = \frac{\omega_{11}}{[(1+r)-\omega_{11}]},$$

$$\alpha_3 = \frac{\omega_{12}(1+r)}{[(1+r)-\omega_{11}][(1+r)-\omega_{22}]}$$

然后，取股价与公司同期 V_t 之比的自然对数，获得公司在第 t 期的资产误定价（Misp_ RI），最后，再对比研究其与标准资产定价模型推导出资产误定价（Misp_APM）的差异。

附录 2：资产误定价（Z）的识别

（1）资产误定价模型推导与构建。假设资产在期末 t 的价格为 P_t，不可观察的资产基本面价格或有效价格是 P_t^*，令 $P_t \equiv P_t^* \tilde{Z}$，$\tilde{Z}$ 是独立于基本面价格的随机变量，并且横截面不具有相关性，但可能存在时间序列相关性。那么就某特定资产定价模型而言，资产的误定价为 $P_t^*(\tilde{Z}-1)$，假设市场价格是有效价格的无偏估计，即资产的价格是完全理性的，那么 $E(\tilde{Z})=1$。但只要 $\tilde{Z}$ 有严格正的方差，$E(\tilde{Z})$ 就不会等于 1，意味着存在误定价收益溢价或折价。现在考虑一个多期套利的环境，某项资产在期末 t 支付股利 D_t，用 $P_t(P_t^*)$ 表示其期初的市场（基本面）价格，其中 $P_t \equiv P_t^* Z_t$。假设市场价格是严格为正的，令 $z \equiv \ln Z$。则时期 t 该资产总的市场收益 $1+R_t$ 为：

$$1+R_t \equiv \frac{P_t^* Z_t + D_t}{P_{t-1}^* Z_{t-1}} = \frac{P_t^*}{P_{t-1}^*} \frac{Z_t}{Z_{t-1}} + \frac{D_t}{P_{t-1}^* Z_{t-1}}$$

$$\equiv (1+R_t^{*g})\left(1+\frac{\Delta Z_t}{Z_{t-1}}\right) + \delta_t^*(1/Z_{t-1}) \qquad (附 4-1)$$

其中，$\Delta Z_t \equiv Z_t - Z_{t-1}$，$R_t^{*g} \equiv (P_t^* - P_{t-1}^*)/P_{t-1}^*$ 是基于基本面价格的“资本利得收益”，$\delta_t^* \equiv D_t/P_t^*$ 是基于基本面价格的股

息收益率。需要注意的是，基于基本面价格的收益 $R_t^* = R_t^{*g} + \delta_t^*$。那么相对于基本面收益的市场收益为：

$$R_t = R_t^* + R_t^{*g}\frac{\Delta Z_t}{Z_{t-1}} + \frac{\Delta Z_t}{Z_{t-1}} - \delta_t^*(1 - 1/Z_{t-1}) \qquad (附4-2)$$

为简化起见，假设误定价变量 Z_t 独立于股息收益率 δ_t^*，对（附4-2）式两边求期望，则相对于预期基本面收益的预期市场收益为：

$$\begin{aligned} E[R_t] &= E[R_t^*] + E\left[\frac{\Delta Z_t}{Z_{t-1}}\right] + \text{cov}\left(R_t^{*g}, \frac{\Delta Z_t}{Z_{t-1}}\right) \\ &\quad - E[\delta_t^*]E\left[1 - \frac{1}{Z_{t-1}}\right] + E[R_t^{*g}]E\left[\frac{\Delta Z_t}{Z_{t-1}}\right] \\ &\equiv E[R_t^*] + B_1 + B_2 + B_3 + B_4 \end{aligned} \qquad (附4-3)$$

其中 B_1—B_4分别对应（附4-3）式右边的第二到第五项，即$B_1 \equiv E\left[\frac{\Delta Z_t}{Z_{t-1}}\right]$等。令 $B = B_1 + B_2 + B_3 + B_4$，表示误定价收益溢价或折价，即本项目所要研究的资产误定价。

（2）资产误定价成分特征的理论分析。基于现有文献的研究与分析范式，本部分拟根据公式（附4-3）中 B 的不同组成部分来逐个剖析资产误定价项的成分特征。资产误定价 B_1项可以改写为：$\Delta Z/Z = e^{\Delta Z} - 1$。其中 $z \equiv \ln Z$，根据指数函数的凸性和 z 是平稳时间序列过程，$E[\Delta Z/Z] > 0$，因此 B_1 项会随着误定价的增加而增加，拟对金融市场上的经典资产误定价异象进行梳理，运用市场微观结构理论，从噪声交易、交易成本、信息不对称等视角进行理论分析。对资产误定价 B_2项需分情况分析：如果$B_2 > 0$，这表明误定价与过度反应有关，因为误定价会随着基本面价值的提高而加速增加，反之，也会随着基本面价值的恶化而急速下降；如果$B_2 < 0$，

表明误定价与调整速度过慢有关，即基本面价值的增加（降低）会造成市场价格很微小的变化。Daniel 等（1988）指出这均与投资者情绪有关；如果 $B_2 = 0$，表明误定价与基本面价值无关。对资产误定价 B_3 项反映了误定价对股息收益率的影响，如果股息收益率为 0，则 $B_3 = 0$；在理性定价条件下 B_3 值很小。对资产误定价 B_4 项，$B_4 \equiv E[R_t^{*g}]E[\Delta Z/Z_{t-1}] = E[R_t^{*g}]B_1$，是 B_1 项的函数，而 $E[R_t^{*g}]$ 很小，为研究方便可以忽略，该部分关于资产误定价成分特征的理论分析为下面的成因剖析奠定了基础。

（3）资产误定价的识别。为研究资产误定价成因，首先就要识别误定价，而识别误定价的关键在于标准资产定价模型的选择。资产定价模型由早期的 Sharpe（1964）和 Lintner（1965）的资本资产定价模型（CAPM）发展到现在，经历了 Fama 和 French（1992）三因素模型、Carhart（1997）四因素模型、Fama 和 French（2015）五因素模型以及基于中国资本市场的研究，如 Liu 等（2019）等。因此，本部分尝试运用不同资产定价模型来识别资产误定价，然后对比分析不同模型识别的资产误定价差异，拟采用参数和非参数检验的方法来做资产误定价差异显著性检验。具体而言，拟选择沪深 A 股主板上市公司作为研究样本，以最新研究成果——Fama 和 French 五因素模型为例来识别资产误定价。

为识别资产误定价，假设基本面收益服从 Fama - French 三因素模型（FF3）：

$$R_{i,t}^{*} - R_{F,t} = b_i(R_{M,t} - R_{F,t}) + s_i SMB_t + h_i HML_t + \varepsilon_{i,t}$$

其中，$R_{i,t}^{*}$是股票 i 在时间 t 的基本面收益，$R_{F,t}$是无风险的收益率，$R_{M,t}$、SMB_t、HML_t是 Fama - French 的三因素。那么股票 i 在时间 t 的市场收益 $R_{i,t}$通过下式得到：

$$R_{i,t}-R_{F,t}=\alpha_i+b_i(R_{M,t}-R_{F,t})+s_iSMB_t+h_iHML_t+e_{i,t}$$

其中，$e_{i,t}=z_{i,t}-z_{i,t-1}+\varepsilon_{i,t}$，并且$z_{i,t}$表示在时间 t 误定价因素的对数值。按照 Poterba 和 Summers（1998）、Brennan 和 Wang（2010）的分析思路，假定误定价因素对数值服从一阶自回归 AR(1) 过程，$z_t=\varphi_1 z_{t-1}+\eta_t$，遵循 Khil 和 Lee（2002）的方法，采用卡尔曼滤波的方法来估计每只股票的误定价因素的对数值 $z_{i,t}$，以及参数φ_1和σ_z。依据 Fama – French 三因素模型的残差 $e_{i,t}$，在卡尔曼滤波中观测到的等式是$e_{i,t}=z_{i,t}-z_{i,t-1}+\varepsilon_{i,t}$，并且转换等式是$z_t=\varphi_1 z_{t-1}+\eta_t$。主要利用沪深 A 股至少 36 个月度交易数据来分析。根据卡尔曼滤波得到的估计值，资产误定价（Misp_ APM）可以通过下式得到①：$B\approx(1-\varphi_1)\sigma_z^2$。与此类似，利用其他资产定价模型识别资产误定价，并对不同模型得到的资产误定价做差异显著性检验。

（4）卡尔曼滤波方法。卡尔曼滤波方法是一种计量经济学方法，通过最小化状态变量的均方误差估计来提供对不可观察状态变量的最佳估计。卡尔曼滤波方法由两个方程组成：一个是测量方程，描述可观察和不可观测数据之间的关系；另一个是状态方程，描述不可观察状态变量的路径。通过重复算法中的预测和更新步骤，我们能够估计不可观察的状态变量。

本书提供了卖空者在股票市场上利用暂时错误定价的证据。使用衡量股票基本价值偏差的错误定价指标，本书发现暂时高估股票的卖空水平较高。结果对于控制卖空限制和非流动性非常有效，而且当卖空约束不受约束且股票流动性不足时，这种情况更

① 采用卡尔曼滤波估计的方法识别资产误定价，假设前提是资产误定价项与资产基本面信息不相关，这隐含着假设模型（附 4 – 3）中 $B_2=0$，又根据前文分析可知 B_3、B_4较小，为分析方便可以忽略不计。

为明显。本书还发现，知情的卖空者能够区分临时过高价格和向上回报动量。然而，当基本面消息公布时，卖空者关注的是利用负面的基本面变化，而不是暂时过高的定价。卖空者通过随着时间的推移迅速纠正定价过高来促进市场质量，但它们不会破坏市场稳定（Grullon et al.，2015）。

本书需要估计股票收益的暂时错误定价。部分资产定价文献使用简化形式的方法将股票收益分解为基本价值和定价错误。许多研究使用矢量自回归模型（VAR）或向量误差修正模型（VECM）和可观察的状态变量来估计基本成分和临时错误定价（Campbell 和 Shiller，1988；Hasbrouck，1993；Campbell 和 Vuolteenaho，2004；Chen 和 Zhao，2009）。Brennan 和 Wang（2010）使用卡尔曼滤波方法来估计错误定价。

卡尔曼滤波方法的主要优点是不需要设置反映基本价值和错误定价的特定状态变量。此外，它不依赖于基本面和错误定价代理之间的相对比较，如会计比率。从这个意义上讲，这种方法适用于我们调查卖空者对股票价格暂时偏离基本价值的行为的目标。Khil 和 Lee（2002）表明，错误定价估计的 AR(2) 模型符合观察到的股票收益模式，在短期内具有正相关，在长期内具有负相关。Brennan 和 Wang（2010）通过卡尔曼滤波方法分解 Fama - French 剩余收益，以显示错误定价回报溢价的存在。本书通过这种卡尔曼滤波方法估计错误定价，并检查卖空者的剥削行为及其在纠正错误定价中的作用。继 Poterba 和 Summers（1988）以及 Brennan 和 Wang（2010）之后，本书将股票价格的对数分解为有效价格和错误定价成分，如下所示：

$$P_{it} = P_{it}^* Z_{it} = P_{it}^* e^{z_{it}} \quad (附 4-4)$$

$$p_{it} \equiv \ln P_{it} = \ln P_{it}^* + z_{it} = p_{it}^* + z_{it} \quad (附 4-5)$$

其中，P_{it}^* 是公司 i 在时间 t 的基本面价值。Z_{it} 是公司 i 在时

间 t 的误定价成分。p_{it}^* 和 z_{it} 是公司 i 在时间 t 的基本面价值和误定价的自然对数。假定股票价格的基本面价值服从随机游走过程，误定价成分服从一阶平稳过程 AR（1）：

$$p_t^* = \mu + p_{t-1}^* + \eta_{it} \Rightarrow p_t^* - p_{t-1}^* = \mu + \eta_t, \eta_t \sim N(0, \sigma_\eta^2) \tag{附 4-6}$$

$$(1 - \Phi L) z_t = \varepsilon_t, \varepsilon_t \sim N(0, \sigma_\varepsilon^2) \tag{附 4-7}$$

由式（附 4-5）和式（附 4-6）可得：

$$p_{it}^* - p_{it-1}^* = \ln P_{it}^* - \ln P_{it-1}^* = R_{it}^* \tag{附 4-8}$$

基于以上等式，可观测到的市场收益可以写为如下形式：

$$R_{it} = p_{it} - p_{it-1} = (p_{it}^* + z_{it}) - (p_{it-1}^* + z_{it-1}) = R_{it}^* + (1 - L) z_{it}$$

$$\Leftrightarrow R_{it} - R_{it}^* = (1 - L) z_{it} \tag{附 4-9}$$

同样假设基本收益 R_{it}^* 服从资本资产定价三因素模型：

$$R_{it}^* - R_{Ft} = b_{1i}(R_{Mt} - R_{Ft}) + b_{2i} SMB_t + b_{3i} HML_t + \zeta_{it} \tag{附 4-10}$$

其中，R_{it}^* 是股票 i 在时间 t 的基本面收益，R_{Ft} 是无风险收益，R_{Mt}、SMB、HML 是三因素（市场收益、规模、账市比）。股票 i 在时间 t 可观察到的市场收益 R_{it} 可写为：

$$R_{it}^* - R_{Ft} = \alpha_i + b_{1i}(R_{Mt} - R_{Ft}) + b_{2i} SMB_t + b_{3i} HML_t + e_{it} \tag{附 4-11}$$

结合式（附 4-9）和式（附 4-10），重组式（附 4-11），残差项 e_{it} 可以表述为：

$$e_{it} = (1 - L) z_t + \zeta_{it} \tag{附 4-12}$$

基于等式（附 4-12），使用 Fama 和 French 三因子模型，对每月至少有 20 个交易日的股票进行三个月的滚动回归，估计得到股票的误定价。卡尔曼滤波算法的细节：

$$\boldsymbol{\alpha}_t = \boldsymbol{T}_t \boldsymbol{\alpha}_{t-1} + \boldsymbol{\omega}_t, \boldsymbol{\omega}_t \sim N(0, \boldsymbol{Q}_t) \text{ 状态方程}$$

$$e_t = \mu + \boldsymbol{s}_t' \boldsymbol{\alpha}_t + \xi_t, \xi_t \sim N(0, \sigma_\xi^2) \text{ 测量方程}$$

其中，$\boldsymbol{\alpha}_t = \begin{bmatrix} z_t \\ z_{t-1} \end{bmatrix}$，$\boldsymbol{T}_t = \begin{bmatrix} \phi & 0 \\ 1 & 0 \end{bmatrix}$，$\boldsymbol{\omega}_t = \begin{bmatrix} \varepsilon_t \\ 0 \end{bmatrix}$，$\boldsymbol{Q}_t = \begin{bmatrix} \sigma_\varepsilon^2 & 0 \\ 0 & 0 \end{bmatrix}$，$\boldsymbol{s}_t = \begin{bmatrix} 1 \\ -1 \end{bmatrix}$

假设错误定价遵循 AR(1) 过程，并且错误定价和基本值的创新不相关。基于上一季度估算的三因子剩余收益，本书迭代两个程序以通过卡尔曼滤波估计模型。

附录 3：样本公司基本情况

附表 4-1　　研究样本公司基本情况

证券代码	证券简称	成立日期	上市日期	上市板	城市
000001. SZ	平安银行	1987-12-22	1991-04-03	主板	深圳市
002142. SZ	宁波银行	1997-04-10	2007-07-19	中小企业板	宁波市
002807. SZ	江阴银行	2001-12-03	2016-09-02	中小企业板	江阴市
002839. SZ	张家港银行	2001-11-27	2017-01-24	中小企业板	张家港市
002936. SZ	郑州银行	1996-11-16	2018-09-19	中小企业板	郑州市
002948. SZ	青岛银行	1996-11-15	2019-01-16	中小企业板	青岛市
002958. SZ	青农商行	2012-06-26	2019-03-26	中小企业板	青岛市
002966. SZ	苏州银行	2004-12-24	2019-08-02	中小企业板	苏州市
600000. SH	浦发银行	1992-10-19	1999-11-10	主板	上海市
600015. SH	华夏银行	1992-10-14	2003-09-12	主板	北京市
600016. SH	民生银行	1996-02-07	2000-12-19	主板	北京市
600036. SH	招商银行	1987-03-31	2002-04-09	主板	深圳市
600908. SH	无锡银行	2005-06-21	2016-09-23	主板	无锡市

续表

证券代码	证券简称	成立日期	上市日期	上市板	城市
600919. SH	江苏银行	2007-01-22	2016-08-02	主板	南京市
600926. SH	杭州银行	1996-09-25	2016-10-27	主板	杭州市
600928. SH	西安银行	1997-06-06	2019-03-01	主板	西安市
601009. SH	南京银行	1996-02-06	2007-07-19	主板	南京市
601128. SH	常熟银行	2001-12-03	2016-09-30	主板	常熟市
601166. SH	兴业银行	1988-08-22	2007-02-05	主板	福州市
601169. SH	北京银行	1996-01-29	2007-09-19	主板	北京市
601229. SH	上海银行	1996-01-30	2016-11-16	主板	上海市
601288. SH	农业银行	1986-12-18	2010-07-15	主板	北京市
601328. SH	交通银行	1987-03-30	2007-05-15	主板	上海市
601398. SH	工商银行	1985-11-22	2006-10-27	主板	北京市
601577. SH	长沙银行	1997-08-18	2018-09-26	主板	长沙市
601818. SH	光大银行	1992-06-18	2010-08-18	主板	北京市
601838. SH	成都银行	1997-05-08	2018-01-31	主板	成都市
601860. SH	紫金银行	2011-03-25	2019-01-03	主板	南京市
601939. SH	建设银行	2004-09-17	2007-09-25	主板	北京市
601988. SH	中国银行	1983-10-31	2006-07-05	主板	北京市
601997. SH	贵阳银行	1997-04-09	2016-08-16	主板	贵阳市
601998. SH	中信银行	1987-04-20	2007-04-27	主板	北京市
603323. SH	苏农银行	2004-08-25	2016-11-29	主板	苏州市

资料来源：Wind 数据库。

附录 4：高估与低估的分类检验结果

附表 4－2　　　高估与低估的分类检验结果

	高估				低估			
	2007—2018 年		2010—2018 年		2007—2018 年		2010—2018 年	
	(1)	(2)	(3)	(4)	(5)	(6)	(7)	(8)
	Pooled OLS	FE	Pooled OLS	FE	Pooled OLS	FE	Pooled OLS	FE
MIS1	-0.111 (-0.60)	-0.087 (-0.80)	-1.053 *** (-4.74)	0.063 (1.72)	-0.596 ** (-2.71)	-0.149 ** (-2.12)	-0.079 (-0.44)	-0.206 *** (-3.59)
Size	-0.277 (-1.71)	-0.817 ** (-2.55)	-0.034 (-0.10)	0.036 (0.26)	-0.269 ** (-2.35)	-0.103 (-1.42)	-0.557 *** (-5.76)	0.059 (1.06)
DR	-1.187 (-0.58)	0.032 (0.03)	-1.359 (-0.27)	2.538 (1.88)	1.203 (1.13)	-0.581 ** (-2.29)	1.900 * (1.98)	-0.421 ** (-2.41)
NPLR	-0.692 ** (-2.86)	0.037 (0.29)	-0.533 (-1.85)	-0.039 ** (-2.76)	-0.132 (-0.61)	-0.169 *** (-3.18)	0.116 (0.76)	-0.109 *** (-3.52)
LVG	0.048 (0.89)	-0.004 (-0.28)	-0.083 * (-1.99)	0.010 * (2.02)	-0.017 (-0.44)	-0.009 (-1.13)	0.032 (1.02)	-0.016 ** (-2.38)
OverDue2	0.117 (0.48)	-6.067 *** (-3.72)	0.695 * (2.32)	1.260 *** (8.83)	0.400 *** (4.07)	-13.508 *** (-9.64)	0.455 *** (7.56)	0.295 *** (2.91)
Corr	-0.689 (-1.03)	0.022 (0.08)	-0.918 (-0.97)	0.138 (0.70)	-1.655 *** (-5.39)	-0.006 (-0.08)	-0.672 *** (-2.94)	-0.027 (-0.47)
NIIR	1.592 (1.42)	0.344 (0.89)	-0.628 (-0.31)	-0.436 ** (-3.05)	0.500 (0.71)	0.284 *** (4.65)	0.598 (1.02)	0.190 *** (3.78)
Year	No	Yes	No	Yes	No	Yes	No	Yes
_cons	8.716 ** (2.45)	35.910 *** (2.97)	3.513 (0.58)	-5.747 (-1.12)	7.402 *** (3.16)	27.904 *** (6.21)	13.688 *** (6.53)	-1.594 (-1.10)
N	51	51	20	20	159	159	148	148
adj. R^2	0.504	0.987	0.579	1.000	0.557	0.979	0.748	0.969

t statistics in parentheses.

$* p < 0.10$，$** p < 0.05$，$*** p < 0.01$。

附录5：中介效应检验

```
Sobel-Goodman Mediation Tests

                         Coef          Std Err      Z           P>|Z|
Sobel                  -.37810558     .20554901   -1.839       .06584298
Goodman-1 (Aroian)     -.37810558     .20995879   -1.801       .07172555
Goodman-2              -.37810558     .20104253   -1.881       .06000943

                        Coef       Std Err     Z          P>|Z|
a coefficient    =  -.22975    .113193   -2.02973    .042384
b coefficient    =  1.64572    .378163    4.35189    .000013
Indirect effect = -.378106    .205549   -1.83949    .065843
  Direct effect = -3.56522    .617525   -5.77339    7.8e-09
   Total effect = -3.94332    .637697   -6.18369    6.3e-10

Proportion of total effect that is mediated:  .09588505
Ratio of indirect to direct effect:           .10605405
Ratio of total to direct effect:              1.106054
```

```
Sobel-Goodman Mediation Tests

                         Coef          Std Err      Z           P>|Z|
Sobel                  -.23765148     .12743491   -1.865       .0621975
Goodman-1 (Aroian)     -.23765148     .12982267   -1.831       .06716245
Goodman-2              -.23765148     .12500156   -1.901       .05727737

                        Coef       Std Err     Z          P>|Z|
a coefficient    =  -.22975    .113193   -2.02973    .042384
b coefficient    =  1.03439    .218958    4.72415    2.3e-06
Indirect effect = -.237651    .127435   -1.86489    .062198
  Direct effect =    -2.082   .357549   -5.82298    5.8e-09
   Total effect = -2.31965    .372029   -6.23514    4.5e-10

Proportion of total effect that is mediated:  .10245134
Ratio of indirect to direct effect:           .11414572
Ratio of total to direct effect:              1.1141457
```

```
Sobel-Goodman Mediation Tests

                        Coef          Std Err      Z          P>|Z|
Sobel                  -2.7990926     .92000837  -3.042      .0023465
Goodman-1 (Aroian)     -2.7990926     .93232392  -3.002      .0026797
Goodman-2              -2.7990926     .90752572  -3.084      .00204023

                       Coef       Std Err     Z          P>|Z|
a coefficient    = -1.58198    .359209   -4.40406    .000011
b coefficient    =  1.76936    .420473    4.20802    .000026
Indirect effect  = -2.79909    .920008   -3.04246    .002346
  Direct effect  = -3.34431    2.25748   -1.48144     .13849
   Total effect  =  -6.1434    2.24385   -2.73788    .006184

Proportion of total effect that is mediated:  .45562576
Ratio of indirect to direct effect:           .83697157
Ratio of total to direct effect:              1.8369716
```

```
Sobel-Goodman Mediation Tests

                        Coef          Std Err      Z          P>|Z|
Sobel                  -1.7250104     .54914464  -3.141      .00168218
Goodman-1 (Aroian)     -1.7250104     .55605546  -3.102      .0019207
Goodman-2              -1.7250104     .54214573  -3.182      .00146353

                       Coef       Std Err     Z          P>|Z|
a coefficient    = -1.58198    .359209   -4.40406    .000011
b coefficient    =  1.09041    .243297    4.48181    7.4e-06
Indirect effect  = -1.72501    .549145   -3.14127    .001682
  Direct effect  = -2.24779    1.30624   -1.72081    .085286
   Total effect  =  -3.9728    1.30534   -3.04351    .002338

Proportion of total effect that is mediated:  .4342055
Ratio of indirect to direct effect:           .76742617
Ratio of total to direct effect:              1.7674262
```

```
Sobel-Goodman Mediation Tests

                        Coef          Std Err      Z           P>|Z|
Sobel                  -.21116314    .07965372   -2.651       .00802505
Goodman-1 (Aroian)     -.21116314    .08073319   -2.616       .00890792
Goodman-2              -.21116314    .07855942   -2.688       .0071894

                      Coef        Std Err     Z           P>|Z|
a coefficient   = -.168579    .032344   -5.21211    1.9e-07
b coefficient   =   1.2526    .406816    3.07904    .002077
Indirect effect = -.211163    .079654   -2.65101    .008025
  Direct effect = -1.00122    .199623   -5.01556    5.3e-07
   Total effect = -1.21238    .191348   -6.33601    2.4e-10

Proportion of total effect that is mediated:  .17417182
Ratio of indirect to direct effect:           .21090564
Ratio of total to direct effect:              1.2109056
```

```
Sobel-Goodman Mediation Tests

                        Coef          Std Err      Z           P>|Z|
Sobel                  -.13518357    .04741343   -2.851       .00435592
Goodman-1 (Aroian)     -.13518357    .04802106   -2.815       .00487637
Goodman-2              -.13518357    .04679791   -2.889       .00386879

                      Coef        Std Err     Z           P>|Z|
a coefficient   = -.168579    .032344   -5.21211    1.9e-07
b coefficient   =  .801898    .235441    3.40594    .000659
Indirect effect = -.135184    .047413   -2.85117    .004356
  Direct effect = -.588175     .11553   -5.09112    3.6e-07
   Total effect = -.723358    .111295   -6.49949    8.1e-11

Proportion of total effect that is mediated:  .18688326
Ratio of indirect to direct effect:           .22983571
Ratio of total to direct effect:              1.2298357
```

第5章 金融衍生工具与银行系统性风险

从巴林银行倒闭到中航油、中国国航、中石化衍生品交易巨亏，这不得不使我们重新思考衍生金融工具运用与系统性金融风险的关系。且近年来金融衍生工具运用规模和比例呈急剧上升趋势，其初衷无非是对冲风险，更好契合金融服务实体经济功能，但由于其交易规则的复杂性和不透明性，其实施效果亟待检验。本书从金融衍生工具视角，探索了分类金融衍生工具对银行系统性风险的影响及作用机理，结果表明：（1）有悖于银行持有衍生品初衷，金融衍生工具增加了银行系统性风险，且外汇类和利率类金融衍生工具也均增加了银行系统性风险。因此，金融衍生工具运用总体效果并不理想。（2）金融衍生工具运用是存在情境依赖的，其作用发挥呈现异质性。在后金融危机时代以及股市处于熊市时均加剧了银行系统性风险，在危机前则降低了银行系统性风险，但当处于牛市时则不显著。（3）在市场化进程高、机构持股比例高时，金融衍生工具加剧银行系统性风险的作用更为明显。本书从一个新的视角检验了银行系统性风险的影响因素，为探究其成因提供了新解释，也对未来系统性风险防控提供了新思路。

5.1 引　　言

金融衍生工具运用问题长期受到各界关注。从 1995 年衍生品交易巨亏引致巴林银行破产，到 2008 年雷曼兄弟破产，以及 2018 年底中国石化原油期货交易亏损导致股价暴跌，这都说明金融衍生工具是把“双刃剑”。近年来，金融衍生工具运用规模和比例的急剧上升再度引发对其使用效果的研究与关注。从持有目的来看，银行主要运用金融衍生品来对冲外汇风险和利率风险。同时，随着经济增速放缓以及刚性兑付风险的监管，系统性风险加剧，这必然会损害金融服务实体经济功能。为此，各金融机构相继广泛使用金融衍生工具来对冲风险，尤以银行业为盛。从我国银行业持有衍生品占总资产比例来看，已经由 2007 年的不足 10%，飙升至 2017 年的超过 50%，银行业运用金融衍生工具的规模和比例迅速增加，由此带来的问题是银行运用金融衍生工具效果如何？金融衍生工具对银行系统性风险会有什么影响？其作用机理是什么？对这些问题的思考构成了本书研究和思考的出发点。

系统性金融风险源于金融体系中各类风险的积累，从而影响金融体系稳定，甚至诱发灾难性金融危机的可能性（Smaga，2014）。Adachi - Sato 和 Vithessonthi（2017）、Allen 等（2012）认为主要原因在于：一是大量金融机构（如银行）因共同冲击或传染而失败的情况；二是金融机构之间的交叉传染；三是银行挤兑效应。

后金融危机时代，系统性金融风险受到各界前所未有的关注，一方面从外部宏观环境因素探索分析系统性金融风险成因，如宏观经济风险和不确定性（Calmès & Théoret，2014；De Mendonça & Silva，2018；De Mendonça & Silva，2018；Giglio et al.，2016；Kero，2013）、资本市场流动性冲击（Ellington，2018）等；另一方面则从内部因素展开，包括银行整合、银行资本及流动性（Drakos & Kouretas，2015；Eichberger et al.，2005；Javadi & Mollagholamali，2018；Laeven et al.，2016；Varotto & Zhao，2018；Yin－Pheng Lim et al.，2015）、银行经营模式（Altunbas et al.，2011；Moshirian et al.，2011）、银行治理（Iqbal et al.，2015）、衍生品持有（Bliss & Kaufman，2006；Mayordomo et al. 2014）、金融网络关系（Acemoglu et al.，2015；Ma et al. 2018；Mochón，2016；Summer，2013）、破产风险（Helwege，2010）、价格泡沫（Brunnermeier et al.，2017；Vila，2008）、债务期限结构（Allen et al.，2012；Donaldson & Micheler，2018）。此外，还有从宏观监管层面的分析，如宏观审慎监管（Blundell－Wignall & Roulet，2013；Carmichael & Esho，2001）。Bisias 等（2012）、Silva 等（2017）则梳理了系统性金融风险相关研究。由此可知，多数研究着眼于探索系统性金融风险成因，这也是防范未来系统性金融风险的必然选择。通览已有文献，不难发现现有研究不仅从宏观环境及外部冲击，而且还从银行内部治理、银行规模、资本及流动性等方面进行了分析与论证。就金融衍生工具运用效果研究而言，Mayordomo 等（2014）基于美国银行控股公司样本，认为公司总体衍生品规模不会影响系统性金融风险，但特定类型的衍生品则会加剧风险。相反，

Bliss 和 Kaufman（2006）则认为衍生品市场是金融市场系统性风险的主要来源，但衍生品净结算、抵押或平仓是否会导致系统性风险降低尚不清楚。由此可知，金融衍生工具对系统性风险的影响尚存争议。同时，Stulz（2010）指出尚未有严格的经验研究来分析衍生品使用的社会收益与成本，尤其在 2007—2009 年金融危机中所发挥的作用。

而系统性金融风险中首当其冲的是银行系统性风险，那么，金融衍生工具如何作用于银行系统性风险？其影响机理是什么？针对上述问题，本书选择 2007—2018 年上市银行作为样本，首先整体考察金融衍生工具规模对银行系统性风险的作用；其次，根据银行运用衍生工具目的不同，分别考察了外汇类和利率类衍生品对银行系统性风险的影响，并着重研究了金融危机前后、牛市和熊市期间二者表现出的异质性特征，还从银行透明度、机构持股以及市场化进程来考察其作用机理；最后，运用系统 GMM 方法、Heckman 两阶段回归、变量替换等方法解决内生性问题以及稳健检验后，得到稳健结论。

结果表明：与银行运用金融衍生工具初衷相反，无论是总体金融衍生工具检验结果，还是划分为外汇类和利率类衍生品分类检验结果，金融衍生工具均加剧了银行系统性风险的溢出效应，并未达到对冲风险的预期效果。但金融衍生工具使用效果的发挥是情景依赖的，在金融危机前后以及牛熊市期间，金融衍生工具运用效果呈现异质性：在金融危机后及股市处于熊市期间时，金融衍生工具会降低银行系统性风险，但金融危机后则会加剧风险，而在牛市期间则不显著。进一步剖析发现，当市场化进程越高、机构持股比例越高、银行透明度越低时，金融衍生工具越会加剧银行系统性风险。

本书潜在贡献表现在：第一，从不同的研究视角——分类衍生品，研究了银行系统性风险成因。由于我国上市银行规模大且是实体企业的主要融资来源，其对系统性金融风险的贡献会呈现差异特征，显著不同于 Mayordomo 等（2014）基于银行控股公司样本的研究。因此，本书以我国上市银行为样本，着力从外汇类和利率类衍生品分别展开研究；并结合制度背景，充分考虑银行信息透明度、机构持股比例以及市场化进程等特征，该研究结论对我国金融监管具有较强针对性与借鉴意义。第二，从金融衍生工具名义金额信息含量拓展了研究的深度与维度，基于手工逐条检索的金融衍生工具名义金额信息含量丰富，本书分析深度与维度更为全面与广泛。不同于单纯将企业是否持有衍生品作为虚拟变量来考察，在考察维度与精确度方面具有明显优势，不仅可以分析其名义金额，而且可以分析其占总资产比例等，该方法包含更多信息含量。第三，解决了现有研究可能存在的内生性问题及伪回归问题。本书基于 Heckman 两阶段回归、二阶段最小二乘法及系统 GMM 方法予以实现。本书议题可能存在的互为因果等内生性问题及可能的伪回归问题，一方面是金融衍生工具影响了银行系统性风险；另一方面也有可能是银行为了防控系统性风险而选择持有金融衍生品；再者，鉴于面板数据时间序列窗口较长，部分变量的时间序列非平稳会导致伪回归问题。本书通过多种方法予以解决，得出稳健结论。

余文内容结构安排：第二部分为文献综述与假设发展，第三部分为研究设计，包含样本及数据来源、变量定义与模型构建，第四部分为实证结果与分析，第五部分为稳健性检验，主要采用 Heckman 两阶段回归、GMM 动态面板方法解决内生性问题，并采用增加控制变量以及变量替换等方式进行稳健性检验，最后在第六部分得出结论与启示。

5.2　制度背景、理论分析与假说发展

根据央行发布的《中国金融稳定报告（2018）》数据，截至 2017 年年末，银行业金融机构表外业务余额 302.11 万亿元，表外业务余额相当于表内总资产规模的 119.69%。其中，金融资产服务类 186.09 万亿元。报告指出，商业银行表外业务管理仍然较为薄弱，表内外风险可能出现交叉传染①。尤其是金融衍生工具类表外业务没有金融法规的严格限制，大多数不需要相应的资本准备金，也无规模的限制，只要交易双方达成一致即可形成业务协议。自由度大刺激了表外业务的扩张，但潜伏着巨大风险。而金融衍生工具类业务一般有很高的杠杆率，导致银行系统性风险加大，由此威胁到银行生存。为此，中国人民银行等四部委于 2018 年 4 月出台《关于规范金融机构资产管理业务的指导意见》（银发〔2018〕106 号），以规范金融机构资产管理业务，统一同类资产管理产品监管标准，有效防控金融风险，引导社会资金流向实体经济，更好地支持经济结构调整和转型升级。这些都充分说明系统性金融风险不仅关乎实体经济的资源配置，更会影响到人们生活福利改善（Zingales，2015）。后金融危机时代，全球在加强宏观审慎监管、维护金融稳定和防范金融体系系统性风险方面逐步得到共识，传统货币政策的“事后救助论”及对金融稳定目标的忽视，促使学界对货币政策与宏观审慎监管的关系进行深入研究（王晓和李佳，2013）。近年来，中国人民银行

① 资料来源：中国人民银行，中国金融稳定报告（2018），网址：http://www.pbc.gov.cn/。

多次运用定向降准、调整正向回购利率以及创新型工具对市场流动性进行调控，货币政策工具由偏重“数量型”向“价格型”和“数量型”并重的转变引起了业界关注①。经济新常态下，央行肩负着调整经济结构和防控系统性金融风险的双重责任，数量型和价格型工具的综合使用意味着央行需要在货币政策调控方式、经济增长和金融稳定之间进行权衡（朱波和卢露，2016）。

金融危机之后，系统性金融风险受到关注源于两个方面：一是银行使用衍生品进行理性对冲风险，二是银行使用衍生品进行对冲和交易。对个体银行而言，这可能有用或盈利，但就金融系统而言，个体银行的理性决策可能不是金融系统的最优决策。Acharya（2011）认为表外业务降低了银行的平均收益，同时增加了经营收入的波动性，因而增加了银行系统性风险。Nijskens 和 Wagner（2011）认为使用信用衍生品增加了银行风险，主要源于银行相关度的增加，因此会增加系统性风险。Bliss 和 Kaufman（2006）则认为衍生品市场是金融市场系统性风险的主要来源，但衍生工具的净结算、抵押或平仓是否会导致系统性风险降低尚不清楚。Koehler（2011）也认为金融衍生品的复杂设计大大增加了系统性危机的可能性。与此相反，Mayordomo 等（2014）认为银行衍生工具总持有量对银行系统性风险的贡献没有影响。而银行持有的某些特定类型的衍生品（如外汇和信用衍生品）则会增加银行对系统性风险的贡献，而持有的利率衍生品则会减少它。

众所周知，银行的风险敞口难以为公众判断。银行监管机构

① 数量型货币政策工具主要包括存款准备金率、公开市场操作、再贷款和再贴现等，侧重对货币供给量的直接调控。价格型货币政策工具指通过资产价格变化来影响微观经济主体行为和市场预期的间接调控工具，主要包括利率和汇率等。

试图通过公开披露要求来解决这个问题，这些要求规定了银行需要披露的有关其投资行为的信息量。透明银行资产负债表应该允许金融市场规范银行承担风险。在最近的金融危机期间，有关个别银行风险敞口的公开信息似乎特别稀缺。美国和欧洲的银行监管机构对银行压力测试结果的公布做出了回应。这些信息似乎对公众有价值（Jungherr，2018）。对于投资者而言，不透明性源于信息不确定性，这可能有三种方式。第一，公司对投资者的不完整披露会造成信息不对称。第二，当公司确实披露信息时，投资者可能会存在理解上的偏差，甚至相互矛盾。第三，即使银行有完整和可靠的信息披露，但由于业务固有的复杂性或管理者快速转换资产的能力，投资者对公司潜在盈利能力和风险的了解仍然不透彻。Easley 和 O'Hara（2004）、Easley 等（2002）表明，信息风险会影响资产收益和资本成本。

有关银行业文献研究表明，普遍认为资产构成是不透明度的重要决定因素。Morgan（2002）表明，银行比非银行相对更不透明。他研究了 1983 年至 1993 年期间银行和非银行发行的双重债务，发现银行债务比非银行债务更有可能被分摊。更重要的是，贷款和交易资产增加了新发行的银行债务被分拆的可能性，是银行不透明的重要来源（Jones et al.，2013）。银行贷款是大多数银行的主要不透明资产。贷款是银行和借款人之间私下协商的交易。因此，银行拥有投资者对贷款合同的特征和借款人的信誉没有的特权信息（Berlin & Loeys，1988；Campbel & Kracaw，1980）。解决借款人和贷方之间的信息不对称是金融中介存在的主要原因（Leland & Pyle，1977）。借款人和贷方之间更大的信息不对称性对银团贷款的结构产生了重大影响，迫使牵头安排人在集团中担任更大的职位。

交易资产是银行不透明的另一个重要来源。与贷款不同，交易资产主要集中在最大的银行。交易资产的不透明性有两个原因。首先，这些资产中的一些（例如，CMO 和 CDO）本质上是复杂的，使得它们难以估值。其次，交易资产通常是流动的并且快速上下移动，使得投资者很难监督（Morgan，2002）。即使定期报告披露了有关公司交易资产的所有信息，投资者也无法确定报告日期之间发生的交易活动。鉴于对岗位的有效监督很困难，管理者有机会偏离价值最大化战略（Myers & Rajan，1998）。“转变”交易资产的能力使管理者可以通过各种方式从外部投资者那里获取财富。这些可能包括彻底的盗窃、欺诈、自我交易、消费形式的津贴或过度补偿，将普通用途资产转换为没有经理的特定资产（Shleifer & Vishny，1989），以及风险转移（Jensen 和 Meckling，1976）。

就金融衍生工具的影响渠道而言，Koehler（2011）认为，一是实体传输渠道，通过实体传输渠道进行风险传染主要集中在市场参与者之间的相互风险关系上。它们通常由合同关系引起，其中包含违约风险。如果其中一个足够大的债务人违约，债权人需要分别对其应收账款进行减值，会遭受流动性风险，并最终可能违约。这个传输渠道对金融中介机构（尤其是银行）特别重要，因为他们是合约参与方，并且交易金额巨大。二是信息传输渠道，异质冲击可以通过市场参与者对新信息的反应传递。关于公司违约的坏消息可能会导致市场参与者得出有关其他合同参与者财务状况的结论，说明接收信息的质量至关重要。假设有两种类型信息：一方面是完美信息，反映了市场参与者财务状况的全面和真实的信息；另一方面是不完美信息，是否接收到真实信息以及有多少实质内容的信息，这是不能事先观察的。在后者的情况下，市场参与者将通过建立期望来弥补信息缺乏。此外，市场参与者可能会将直接受新信息影响的其他参与者的反应解释为其他合约参与者的财务状况的信号。Lagunoff 和 Schreft（2001）构建了一个博弈理论模型，其中，参与者与多元化投资组合中的其他参与者持有金融合约。每个参与者都知道自己的投资组合构成，但无法观察其他参与者的投资组合或市场投资组合。基本面非预期的变化都要求参与者调整其投资组合中各个头寸的权重，因此一些契约关系需要退出。这些金融合约的取消导致前契约参与者资金不足，并在模型中调整其投资组合。该调整过程持续到新的均衡形成。新均衡过程在很大程度上取决于参与者观察相互联系的能力。因此，可用信息的质量会对金融传染产生重大影响。Kodres 和 Pritsker（2002）则模拟包含若干资产的市场，参与者只能采取理性行动。从长远来看，资产市场价格由各国宏观经济状况决定。传染效应基本上发生在各国之间，其中参与者通过风险头寸（合同）相互联系。当一个参与者遭受了异质冲击，他将调整投资组合的头寸。如果其他国家的参与者只有关于其他参与者动机的不完全信息，他们会错误将交易活动解读为由于资产公允价值的变化导致对其投资组合进行调整。因此，传染效应往往随着信息质量的下降而增加。另一方面，即使没有直接的实体传输渠道，模型中异质冲击的影响也只可能通过信息传输渠道。Yuan（2005）在类似的模型中表明，类似的风险传染效应可能是市场参与者关于风险承担和借贷约束中的个体限制不完整信息的结果。她认为在异质冲击事件发生后，如果不知情的市场参与者无法观察，知情的参与者不能够在没有借贷约束的情况下对其信息进行定价，他们将要求更高的风险溢价，导致资产价格下跌。同样，即使资产的基本面保持不变并且市场参与者之间没有直接的实际传输渠道，异质冲击也会传递。

银行持有金融衍生工具的目的在于对冲风险并套期保值，根据金融衍生工具的结算与平仓等规则，一方面，金融衍生品允许将经济风险转移给最能够承受它们的市场参与者，从而降低系统性风险。另一方面，金融衍生工具是两个或多个交易主体之间的契约，其价值取决于标的资产价值波动（Allen，2012）。标的资产可以是任何类型的协议，诸如利率、货币、股票或商品等。银行作为场外衍生品市场的主要参与者，其拥有多重交易动机：套期保值、扮演做市场角色、以投机为目的的衍生品交易，改善银行盈利结构等，但与此伴随的则是流动性风险增加、风险敞口增加，银行过度风险承担，诱发系统性风险。此外，随着资管新规的出台，金融衍生工具类表外业务也逐步受到约束，央行加强了对影子银行的监管，且由于外部宏观环境的不确定性，金融衍生工具的使用会受到汇率、利率等外部因素的影响，会诱发系统性风险，因此，提出如下竞争性假说：

假说 1a：其他条件不变时，根据风险对冲与套期保值原理，金融衍生工具运用会实现风险对冲与转移，实现套期保值，因此会降低银行系统性风险。

假说 1b：其他条件不变时，基于实体传输渠道和信息传输渠道，金融衍生工具运用会增加流动性风险，诱发银行过度风险承担，因此会增加系统性金融风险。

5.3 样本、数据及模型设定

5.3.1 样本选择与数据来源

为考察金融危机和股市牛熊市特征的影响，本书选择 2007—2018 年沪深上市银行为研究样本，共 210 个样本观测值。计算 ΔCoVaR 数据来源于 Wind 数据库、CSMAR 数据库以及东方财富网，数据频率涉及年度、月度、周度及日度数据，最后得到 ΔCoVaR 是月度数据，并按年求平均数得到年度观测值。金融衍生工具数据通过查阅上市银行年报，并手工逐条检索获取。控制变量来源于 Wind 数据库，其他宏观数据来源于国家统计局和中国人民银行等。为了消除极端值的影响，本书对所有连续变量在 1% 和 99% 分位上进行了 Winsorize 处理。

5.3.2　变量定义与模型构建

1. 银行系统性风险（$\Delta CoVaR$）

虽然 Summer（2013）指出系统金融性风险尚无统一定义，但 De Bandt 和 Hartmann（2000）认为任何系统性金融风险的概念均应包括银行和金融部门以及支付和结算系统中的广泛事件。传染的影响是这一概念的核心，包括金融不稳定的综合冲击。而风险价值（Value at Risk，VaR）则能测度金融机构所承受的最大损失，但 VaR 方法忽略了金融机构间的相互联系和影响。但由于金融危机期间风险会迅速在金融机构之间扩散传染，系统性风险相应增加，VaR 无法捕捉金融机构之间的这种风险溢出相应。针对 VaR 的缺陷，Adrian 和 Brunnermeier（2016）在 VaR 基础上提出条件风险价值 CoVaR（Conditional Value at Risk），定义为当金融机构 i 损失处于VaR_q^i的水平时，金融机构 j 所处的 VaR 风险水平，即条件风险价值。这种方法能够较好地测度系统性金融风险的外部性与溢出效应。与评估单个机构风险的 VaR 方法不同，CoVaR 表示在一定的概率水平下，当某一金融机构的风险 VaR 值一定时，其他金融机构的最大可能损失（白雪梅和石大龙，2014）。

单个银行 i 陷入危机时，其损失为VaR_q^i，金融体系 s 的系统性风险价值（CoVaR）为：

$$Pr(X^s \leqslant CoVaR_q^{s|i} \mid X^i = VaR_q^i) = q \tag{5-1}$$

其中，X^s表示金融体系的收益率，X^i表示单个银行i的收益率。$CoVaR_q^{s|i}$衡量金融机构j基于金融机构i风险水平的条件在险值。通过$CoVaR$，可以测度单个机构破产对系统性风险的影响，由此可以表示单个银行i对金融体系的重要性。

本书使用 Adrian 和 Brunnermeier（2016）提出的$\Delta CoVaR$来度量我国单个银行和银行体系之间的系统性关联度。$\Delta CoVaR$能衡量当某个银行i陷入困境时银行体系的风险增加情况（陈国进等，2017）。根据 Adrian 和 Brunnermeier（2016）的定义，银行i在收益为$q\%$分位数水平时对银行体系的系统性风险溢出$\Delta CoVaR_q^{system|i}$为：

$$\Delta CoVaR_q^{system|i} = CoVaR_q^{system|X^i=VaR_q^i} - CoVaR_q^{system|X^i=VaR_{50}^i} \quad (5-2)$$

其中，$CoVaR_q^{system|X^i=VaR_q^i}$表示当银行$i$在收益为$q\%$分位数水平时，银行体系的系统性风险价值；$CoVaR_q^{system|X^i=VaR_{50}^i}$表示当银行$i$在收益为中位数水平时，银行体系的系统性风险价值。根据 CoVaR 方法的定义，当机构i的收益率为VaR_q^i（即$X^i = VaR_q^i$）时，金融系统的预期收益率$CoVaR_q^i$可以表示为：

$$CoVaR_q^i = CoVaR_q^{system|X^i=VaR_q^i} = VaR_q^{system|X^i=VaR_q^i} = \hat{\alpha}_q^i + \hat{\beta}_q^i VaR_q^i \quad (5-3)$$

结合式（5-2）和式（5-3）不难求出单个金融机构对系统性风险的贡献$\Delta CoVaR_q^i$：

$$\Delta CoVaR_q^i = CoVaR_q^i - CoVaR_q^{system|VaR_{50}^i} = \hat{\beta}_q^i (VaR_q^i - VaR_{50}^i) \quad (5-4)$$

前面阐释的$\Delta CoVaR$计算的单个金融机构对系统性风险的贡献是不随时间变化的，它只是一种整体描述。为考察不同金融机构系统性风险贡献的动态变化，Adrian 和 Brunnermeier（2016）采用一个包含状态变量$\boldsymbol{M}$的方程来计算单个金融机构系统性风险贡献的时间序列。

$$X_t^i = \alpha_q^i + \gamma_q^i \boldsymbol{M}_{t-1} + \varepsilon_{q,t}^i \tag{5-5}$$

$$X_t^{system} = \alpha_q^{system|i} + \gamma_q^{system|i} \boldsymbol{M}_{t-1} + \beta_q^{system|i} X_t^i + \varepsilon_{q,t}^{system|i} \tag{5-6}$$

其中，X_t^i 表示银行 i 在时期 t 的收益，定义为 $X_t^i = 100 \times \ln\left(\frac{P_t}{P_{t-1}}\right)$，$X_t^{system}$ 表示金融体系的收益，$X_t^{system} = \sum\left[\frac{MV_t^i}{\sum_j MV_t^j}\right] X_t^i$。

然后利用预测值得到：

$$VaR_{q,t}^i = \hat{\alpha}_q^i + \hat{\gamma}_q^i \boldsymbol{M}_{t-1} \tag{5-7}$$

$$CoVaR_{q,t}^i = \hat{\alpha}_q^{system|i} + \hat{\gamma}_q^{system|i} \boldsymbol{M}_{t-1} + \hat{\beta}_q^{system|i} VaR_{q,t}^i \tag{5-8}$$

其中，$\boldsymbol{M}_{t-1}$ 表示状态变量的滞后一期值。单个金融机构对系统性风险的贡献 $\Delta CoVaR_{q,t}^{system|i}$ 可以表示为：

$$\Delta CoVaR_{q,t}^{system|i} = CoVaR_{q,t}^i - CoVaR_{50,t}^i = \hat{\beta}^{system|i}(VaR_{q,t}^i - VaR_{50,t}^i) \tag{5-9}$$

从统计学角度看，VaR 是一个分位数，而 CoVaR 的本质是条件 VaR，因而 CoVaR 也是一个分位数。本书可以使用分位数回归的方法求解单个银行 VaR 和正常运营时的收益率以及单个银行在以上两种状态时给银行体系带来的系统性风险价值 CoVaR。构建单个银行的分位数回归模型：

$$X_t^i = \alpha^i + \beta^i \boldsymbol{M}_{t-1} + \varepsilon_t^i \tag{5-10}$$

其中，X_t^i 表示银行 i 在 t 时期的收益率。$\boldsymbol{M}_{t-1}$ 代表宏观状态变量在 $t-1$ 时期的值。滞后状态变量的加入可将时变特性引入分位数回归模型。选取上市银行作为研究样本，采用公式 $R = 100 \times (P_t/P_{t-1})$ 计算周收益率，其中 P_t 表示该上市银行股票周收盘价。金融系统的收益率采用 Wind 银行指数收益。参考 Adrian 和 Brunnermeier（2016），选择状态变量包括：违约风险、流动性风险、利率风险、利率期限结构、国房景气指数、股票市场收益率、权益市场波动率、居民消费价格指数等八个宏观状态变量。具体指标分别为：违约风险（M1），用10年期企债与10年期国债利率之差的变化表示，t期10年期企债与10年期国债利率之差 $-t-1$ 期10年期企债与10年期国债利率之差，该指标反映交易对手未能履行约定契约中的义务而造成经济损失的风险（陈国进等，2017）。流动性风险（M2），用6个月Shibor与6个月期国债利率的差，该指标反映有清偿能力的银行无法及时获得充足资金或无法以合理成本及时获得充足资金以应对资产增长或支付到期债务的风险（陈国进等，2017；郭卫东，2013）。利率风险（M3），用6个月期国债利率变化表示，t期6个月期国债利率 $-t-1$ 期6个月期国债利率，该指标反映市场利率变动的不确定性给银行造成损失的可能性（陈国进等，2017）。利率期限结构（M4），用10年期与6个月期国债收益率利差的变化表示，t期10年期和6个月期国债即期收益率之差 $-t-1$ 期10年期和6个月期国债即期收益率之差，该指标反映不同期限的资金供求关系，揭示市场利率的总体水平和变化方向（白雪梅和石大龙，2014；陈国进等，2017；李志辉和樊莉，2011）。国房景气指数（M5），反映金融机构主要资产房地产市场的价格波动（白雪梅和石大龙，2014）。股票市场收益率（M6），沪深300指数周收益率（白雪梅和石大龙，2014）。权益市场波动率（M7），综合市场日收益率的波动率，反映股市波动情况。居民消费价格指数（M8），国家统计局公布的居民价格消费指数（郭卫东，2013）。

由于现实中的金融数据往往不呈正态分布，而是呈“尖峰厚尾”分布，因此传统的线性回归方法在估计金融计量模型时失效。而且，传统的线性回归方法是基于均值进行估计，不能准确反映总体分布各个不同部分之间的关系。分位数回归的提出有效地弥补了传统线性回归的这一缺陷。分位数回归根据变量的不同分位数进行回归，可以得到全部分位数的回归模型。它将基于均值相关性的模型扩展至关注尾部相关性，适合本研究数据分布的尖峰厚尾特征，比最小二乘法更加有效（周天芸等，2012）。根据式（5－7）、式（5－8），分别做1%和50%的分位数回归，得到每个金融机构 i 处于1%分位数水平时的最大可能损失 VaR 及其所处正常运用状态时的收益率，将估计系数代入式（5－9）得到单个银行系统性风险溢出效应，然后按照年度取均值（Laeven et al.，2016）。

必须指出的是，由于最糟糕 q%分位数条件下银行的损失一般会大于最糟糕50%条件下的损失，因而 ΔCoVaR 一般为负数，数值越小，绝对值越大，资产价值损失越大，银行系统性风险贡献值越大（张雪兰等，2014；黄秀路和葛鹏飞，2018）。

2. 金融衍生工具

参考已有文献 Demsetz 和 Strahan（1997）、Mayordomo 等（2014）、Sinkey 和 Carter（2000），本书定义金融衍生工具持有比例（DerTot）为衍生品合约中合计衍生品名义金额与每个期末银行总资产的比率（Dewally & Shao，2013），并按照合约类型区分两类衍生品：利率类衍生品（DerInt）和外汇类衍生品（DerFx），首先，分析总体金融衍生品持有与银行系统性风险的影响。其次，分别分析两类衍生品对银行系统性风险的影响。尽管之前关于衍生品持有与银行系统性风险的文献稀少，也有研究表明，公司使用衍生品既不会降低也不会增加公司风险（Hentschel & Kothari，2001），我们不用害怕衍生品但要尊重它（Stulz，2004）。然而在个体银行层面，有研究表明衍生品在决定银行系统性风险方面可能会发生作用（Acharya，2011；Stulz，2010）。此外，衍生品提供的对冲也可能导致银行对标的资产承担更多风险。如果市场竞争不完全，这一事实可能会破坏银行业的稳定（Instefjord，2005）。

3. 控制变量

参考已有文献 Bliss 和 Kaufman （2006）、Brunnermeier 等（2012）、Mayordomo 等（2014）、Sinha 和 Sharma （2016），本书还控制了银行自身特质因素，银行规模（Size），等于银行总资产的自然对数；存款额占总资产比例（DR），等于存款总额占银行总资产的比例；不良贷款比率（NPLR），等于不良贷款占总贷款余额的比重；银行杠杆率（LVG），等于总资产减去权益账面价值加上权益市场价值，然后除以权益市场价值。

此外，系统性风险关键在于互联性与可替代性（Mayordomo et al.，2014），互联性衡量银行与其他机构建立联系的程度，使其压力可以很容易地传递给其他机构。可替代性可以定义为金融系统的其他机构或部门能够提供由失败机构提供的相同服务的程度。这两个概念不容易衡量，因此很少有证据可以量化它们对系统性风险的影响。正如 Acharya（2011）所指出的那样，系统性风险的维度包括：规模、杠杆、风险以及与其他金融部门和经济的相关性。由于可替代性和相互关联性难以衡量，为了控制这些维度，本书选择可能与这些维度相关的变量，与 Allen 等（2012）一致，第一个维度是通过平均每日银行股票收益率与相应日历期间沪深 300 指数收益率之间的相关性（Corr）来捕获的，第二个维度本书将与可替代性相关的变量包含在银行提供的服务中，并且本书还区分了涉及核心和非核心银行活动的变量。Brunnermeier 等（2012）发现非利息收入对系统性风险有显著贡献，本书考虑加入非利息收入与利息收入之比（NIIR）变量。由于银行和存款机构相对于总资产的贷款金额以及与总资产相关的贷款总额（不包括银行和存款机构的贷款）代表银行的核心或传统活动。为测度银行向非金融机构的传染效应，主要通过逾期贷款

（包含逾期贷款、逾期信用贷款、逾期保证贷款、逾期质押贷款、逾期抵押贷款等）之和除以总资产（OverDue）来分析，研究其是否对系统性风险产生不同影响（Mayordomo et al.，2014）。

根据研究问题及研究假设，本书构建模型如下：

$$SysRisk_{it} = \alpha_0 + \beta_1 Derivatives_{it} + \sum_{k=2}^{n} \beta_k Controls_{it} + u_i + \varepsilon_{it}$$

其中，被解释变量 *SysRisk* 分别采用 1% 分位数和 5% 分位数测度单个银行对系统性风险的溢出效应 ΔCoVaR1 和 ΔCoVaR5。主要解释变量——金融衍生工具（Derivatives）采用手工搜集的报表中披露的持有金融衍生工具名义金额占总资产的比例（DerTot）测度，并分别考察两类衍生品：外汇衍生品（DerFx）和利率衍生品（DerInt），并控制了规模（Size）、存款额占总资产比例（DR）、不良贷款率（NPLR）、银行杠杆率（LVG）、逾期贷款占总资产比例（OverDue）、银行收益与市场收益的关联度（Corr）、非利息收入与利息收入之比（NIIR）等变量。

在进行回归之前，需要判断模型是属于固定效应模型还是随机效应模型？通过 Hausman 检验发现，该模型拒绝随机效应模型的原假设，因此建立固定效应面板回归模型是合理的，本书所有回归系数标准误均采用公司层面聚类调整的标准误，分析软件采用 Stata 15.0。

5.4　实证结果分析

承袭前文分析思路，本书首先采用描述性统计分析阐释金融衍生工具运用与系统性风险的关系，其次为验证本书研究假说，根据本书构建的模型，实证检验了衍生工具运用与系统性金融风险的关系，并阐释了背后影响机理。

5.4.1 描述性统计分析

图 5 - 1 展示了金融衍生工具名义金额占贷款总额及总资产的比例，分别如图中 DerTot1 和 DerTot2 所示。可以发现，美国次贷危机后，银行持有金融衍生品比例呈急剧上升趋势，尤其表现在 2014 年、2015 年、2017 年及 2018 年。具体到金融衍生工具与银行系统性风险的关系来看，本书主要选择衍生品持有占比最大的外汇类衍生品和利率类衍生品，这两类衍生品持有比例与系统性风险 ΔCoVaR1 关系如图 5 - 2、图 5 - 3 所示。可以发现，随着两类衍生品持有比例的上升，银行系统性风险（ΔCoVaR1）值也随之上升，但银行系统性风险是下降的，金融衍生工具的运用似乎会抑制银行系统性风险。

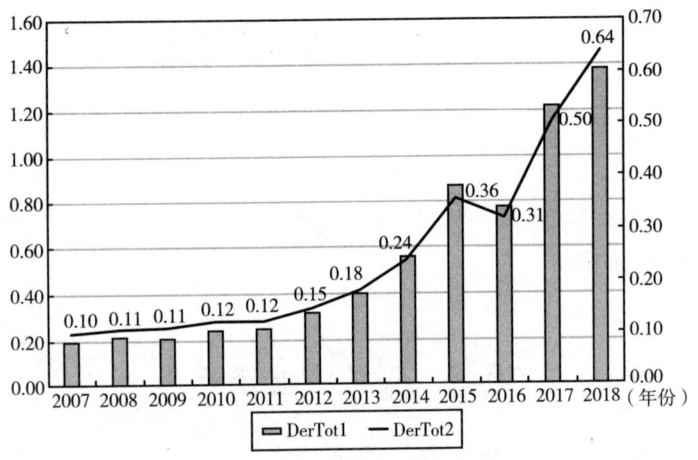

图 5 - 1　2007—2018 年衍生金融工具名义金额占比

资料来源：作者整理计算绘制。

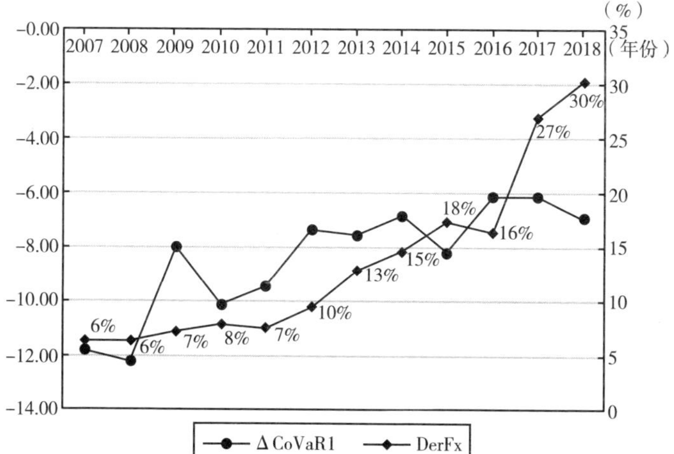

图 5-2　外汇类衍生品持有比例与系统性风险 ΔCoVaR1 关系图

资料来源：作者整理计算绘制。

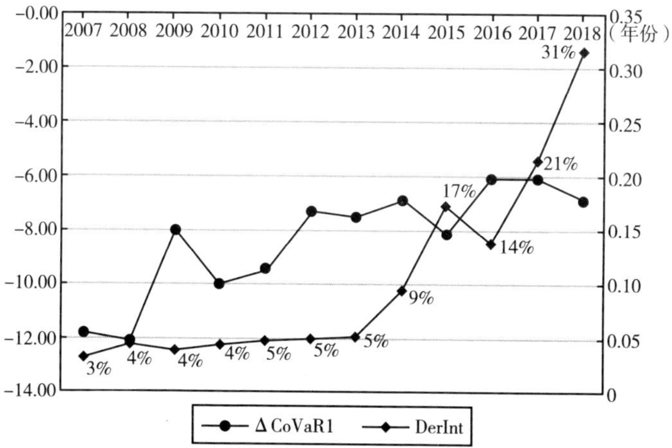

图 5-3　利率类衍生品持有比例与系统性风险 ΔCoVaR1 关系图

资料来源：作者整理计算绘制。

表 5－1 和表 5－2 分别列示了主要变量的描述性统计和相关系数表，ΔCoVaR1 的均值和中位数分别为－8.100 和－8.060，与已有文献一致，该指标测度的是单个银行对系统性风险的贡献，ΔCoVaR5 的均值和中位数分别为－4.440 和－4.460。从总体金融衍生工具平均持有比例来看，其名义金额占到总资产的 27.8%，而外汇类衍生品又占到 15%，这说明银行主要运用外汇类衍生品来对冲风险，而外汇类衍生品又极易受到宏观环境不确定性的影响，面临诸如利率、汇率、政策不确定性等风险敞口。表 5－2 的相关系数表说明，金融衍生工具持有比例与系统性风险显著正相关，金融衍生工具会抑制银行系统性风险。

表 5－1　　变量描述性统计分析

变量	N	均值	最小值	p25	中位数	p75	最大值	标准差
ΔCoVaR1	210	－8.100	－15.700	－9.850	－8.060	－6.700	0.059	2.910
ΔCoVaR5	210	－4.440	－9.040	－5.390	－4.460	－3.590	0.055	1.640
DerFx	210	0.150	0.000	0.037	0.092	0.209	1.900	0.206
DerInt	210	0.118	0.000	0.011	0.031	0.101	1.650	0.223
DerTot	210	0.278	0.000	0.054	0.145	0.331	3.340	0.419
Size	210	28.500	25.100	27.600	28.600	29.500	30.800	1.450
DR	210	0.678	0.481	0.605	0.690	0.748	0.843	0.094
NPLR	210	1.280	0.420	0.890	1.220	1.580	2.740	0.498
LVG	210	13.900	3.230	10.700	14.100	17.400	23.900	5.030
OverDue	210	0.018	0.009	0.014	0.019	0.022	0.027	0.005
Corr	210	0.614	0.131	0.557	0.654	0.741	0.842	0.177
NIIR	210	0.279	0.060	0.160	0.246	0.386	0.733	0.155

资料来源：作者整理计算。

表 5-2　　变量相关系数表

	ΔCoVaR1	ΔCoVaR5	DerFx	DerInt	DerTot	Size	CR	LR	LGrow	DR	NPLR	LVG
ΔCoVaR1		0.939***	0.083	0.060	0.105	-0.450***	-0.481***	-0.134*	0.222***	0.104	-0.179***	0.014
ΔCoVaR5	0.966***		0.137**	0.104	0.152**	-0.338***	-0.491***	-0.145**	0.304***	0.040	-0.287***	0.086
DerFx	0.067	0.098		0.796***	0.964***	0.437***	-0.379***	0.097	0.395***	0.157**	-0.010	0.632***
DerInt	0.141**	0.140**	0.774***		0.909***	0.301***	-0.465***	-0.034	0.259***	0.081	0.042	0.511***
DerTot	0.111	0.126*	0.938***	0.944***		0.382***	-0.455***	0.066	0.359***	0.165**	-0.014	0.617***
Size	-0.513***	-0.431***	0.158**	-0.008	0.079		0.163**	0.274***	0.307***	0.012	-0.112	0.645***
CR	-0.359***	-0.378***	-0.351***	-0.426***	-0.413***	0.110		-0.007	-0.504***	-0.210***	0.112	-0.332***
LR	-0.151**	-0.159**	-0.009	-0.071	-0.038	0.171**	0.045		0.041	0.598***	-0.247***	0.305***
LGrow	0.179***	0.243***	0.255***	0.172**	0.223***	0.365***	-0.500***	-0.066		-0.086	-0.037	0.420***
DR	0.112	0.060	0.145**	0.163**	0.167**	0.011	-0.256***	0.570***	-0.046		-0.237***	0.187***
NPLR	-0.374***	-0.444***	-0.082	-0.101	-0.100	0.049	0.185***	-0.210***	-0.024	-0.207***		-0.153**
LVG	-0.019	0.040	0.474***	0.404***	0.468***	0.544***	-0.405***	0.246***	0.454***	0.240***	-0.128*	

注：下三角是 Pearson 相关系数，上三角是 Spearman 秩相关系数，***$p<0.01$，**$p<0.05$，*$p<0.1$。

5.4.2 基本检验结果

首先，表5-3列示了金融衍生工具对银行系统性风险的影响。当采用ΔCoVaR5作为被解释变量时，分别采用混合最小二乘法、面板固定效应以及面板校正标准误（PCSE）的方法进行分析，其中，面板校正标准误方法考虑到了截面数据的一阶自相关，对可能存在的异方差能够进行较好的校正，均不再控制年度因素，后续分析类似。具体结果分别对应第（1）（2）（3）列。可以发现（2）（3）列中的金融衍生工具持有比例的系数均显著为负。而ΔCoVaR数值越小，系统性风险贡献值越大，故金融衍生工具持有比例越高，银行系统性风险贡献值越大。同理，当ΔCoVaR1作为被解释变量时，结果与此一致。第（5）（6）列的DerTot系数均显著为负，说明银行系统性风险贡献值越大。这均验证了假说H1b，即金融衍生工具显著增加了银行系统性风险。

表5-3　金融衍生工具对银行系统性风险影响结果

	ΔCoVaR5			ΔCoVaR1		
	(1)	(2)	(3)	(4)	(5)	(6)
DerTot	0.226 (1.42)	-0.377*** (-3.84)	-0.380*** (-5.82)	0.183 (1.12)	-0.403*** (-4.19)	-0.400*** (-6.00)
Size		0.887*** (7.43)	0.935*** (11.69)		0.884*** (8.80)	0.868*** (8.95)
DR		-1.484* (-1.96)	-0.931 (-1.55)		-0.722 (-0.77)	-0.769 (-1.15)
NPLR		-0.543*** (-3.37)	-0.532*** (-6.08)		-0.583*** (-3.95)	-0.588*** (-8.04)
LVG		-0.025*** (-2.86)	-0.023** (-2.53)		-0.034*** (-4.40)	-0.032*** (-4.15)

续表

	ΔCoVaR5			ΔCoVaR1		
	(1)	(2)	(3)	(4)	(5)	(6)
OverDue		-2.915 (-0.47)	-1.316 (-0.16)		12.506* (1.71)	13.012* (1.78)
Corr		-0.633*** (-4.31)	-0.742*** (-3.36)		-0.066 (-0.48)	-0.056 (-0.29)
NIIR		0.477 (1.11)	0.472 (1.62)		0.826 (1.63)	0.819*** (2.84)
Firm	No	Yes	Yes	No	Yes	Yes
_cons	0.021 (0.16)	-22.946*** (-6.17)	-23.532*** (-9.51)	0.017 (0.12)	-23.907*** (-7.26)	-22.371*** (-7.45)
N	210	210	210	210	210	210
adj. R^2	0.019	0.747	0.928	0.012	0.682	0.911
F/chi^2	2.016	91.863	2.8e+06	1.262	50.337	3.6e+04

注：括号内为采用公司层面聚类调整标准误后的 t 值，其中第（1）（4）列是混合 OLS，第（2）（5）列是面板固定效应回归，第（3）（6）两列采用面板校正标准误，Stata 命令为 xtpcse，这两列括号中为 z 值。$*p<0.10$，$**p<0.05$，$***p<0.01$。

其次，为检验分类衍生工具的影响，表 5-4 列出了外汇类衍生品与利率类衍生品的影响结果①。需要说明的是，文后报告的结果中被解释变量——银行系统性风险均采用 1% 分位数风险溢出效应 ΔCoVaR1，当然本书也做了 ΔCoVaR5 的结果，鉴于结果类似，限于篇幅未予以报告。与表 5-3 类似，表 5-4 也分别采用混合最小二乘法、面板固定效应以及面板校正标准误

① 基于两个原因：一是外汇类和利率类对冲的风险类型不同，分别对冲汇率及利率风险，这牵涉国际市场和国内市场利率的决定；二是在逐条检索年报中关于衍生金融工具信息披露过程中，银行大多数采用此种分类。同时，这两类衍生工具的名义金额占总资产比例也是最高的。这也是本书选择此种分类的依据之一。

(PCSE) 的方法进行分析，分别对应表中第 (1)—(3) 列以及第 (4)—(6) 列。由此可知，与整体金融衍生工具类似，不管是外汇类还是利率类金融衍生工具，第 (2)(3)(5)(6) 列中的 DerFx 和 DerInt 的系数均为负，且 (3)(5)(6) 列显著为负，这说明无论是外汇类还是利率类金融衍生工具，均能显著增加银行系统性风险。进一步验证假说 H1b。由此可知，银行经常采用的这两类金融衍生工具均会加剧银行系统性风险贡献值。

表 5-4　外汇类与利率类衍生品对系统性风险 (ΔCoVaR1) 的检验结果

	(1)	(2)	(3)	(4)	(5)	(6)
DerFx	0.078 (0.34)	-0.224 (-1.59)	-0.225*** (-3.48)			
DerInt				0.213* (2.03)	-0.357*** (-7.36)	-0.355*** (-7.70)
Size		0.712*** (5.11)	0.700*** (5.57)		0.935*** (10.85)	0.923*** (11.54)
DR		-1.495 (-1.48)	-1.541** (-2.25)		-0.401 (-0.53)	-0.436 (-0.75)
NPLR		-0.676*** (-4.56)	-0.679*** (-8.97)		-0.590*** (-4.23)	-0.594*** (-8.23)
LVG		-0.031*** (-3.42)	-0.029*** (-2.93)		-0.040*** (-6.24)	-0.038*** (-5.12)
OverDue		14.390* (1.84)	14.834* (1.71)		11.729* (1.73)	12.099* (1.67)
Corr		-0.068 (-0.42)	-0.059 (-0.27)		-0.005 (-0.04)	0.003 (0.01)
NIIR		0.626 (1.25)	0.625** (2.04)		0.756* (1.72)	0.751*** (3.26)

续表

	(1)	(2)	(3)	(4)	(5)	(6)
Firm	No	Yes	Yes	No	Yes	Yes
_cons	0.007 (0.05)	-18.372*** (-4.06)	-17.078*** (-4.58)	0.016 (0.11)	-25.484*** (-9.56)	-24.045*** (-9.59)
N	210	210	210	210	210	210
adj. R^2	0.002	0.653	0.902	0.023	0.702	0.916
F/chi^2	0.119	39.871	5.9e+04	4.114	87.958	1.4e+05

注：括号内为采用公司层面聚类调整标准误后的 t 值，其中第（1）（4）列是混合 OLS，第（2）（5）列是面板固定效应回归，第（3）（6）两列采用面板校正标准误，Stata 命令为 xtpcse，这两列括号中为 z 值。* $p<0.10$，** $p<0.05$，*** $p<0.01$。

同时，考虑到研究样本期间受到金融危机等较强外部冲击，以及我国经济增速放缓进入新常态，面临经济结构转型压力，并且资管新规的出台等外部冲击因素，本书进一步考虑外部环境作分析。本书样本期间不仅涵盖了美国次贷危机，而且还牵涉我国牛熊市的转换。因此本部分主要考虑美国次贷危机前后以及我国牛市、熊市期间的表现。

首先，就美国次贷危机的划分而言基本达成共识，将 2007—2008 年间作为危机期间或危机前，而 2009—2018 年划分为危机后。其次，就“牛市”与“熊市”的划分而言，本书研究目的并不在于精确区分“牛市”和“熊市”，而是利用“牛市”和“熊市”来刻画股票市场的整体上涨和下跌周期（肖峻，2013）。依据年度将样本区间划分为牛市与熊市，参考陆蓉和徐龙炳（2004）、何兴强和周开国（2006）、肖峻（2013）等的研究，以及金融投资界广泛采用的正负 20% 的划分方法，具体而言，若过去一年市场上涨幅度大于或等于 20% 时，则定义为“牛市”，若过去一年市场跌幅大于或等于 20% 时，定义为“熊市”。处于二者之间的则为“中间市”，分析结果表明只有2008年属熊市。

由于这种划分方法过于苛刻。因此采取粗略划分方法，将“牛市”区间之外的年份划分为“熊市”，即2007年、2009年、2014年涨幅均超20%，定义为牛市，其余年份为熊市①。表5－5、表5－6分别列示了危机前后、“牛市”与“熊市”期间的衍生工具与银行系统性风险的结果。

表5－5　金融危机前后衍生工具与银行系统性风险回归结果

	危机前（2007—2008年）			危机后（2009—2018年）		
	(1)	(2)	(3)	(4)	(5)	(6)
DerFx	0.328 (1.00)			0.031 (0.22)		
DerInt		0.345** (2.85)			-0.136** (-2.66)	
DerTot			0.534*** (5.50)			-0.059 (-1.06)
Size	-0.522*** (-3.96)	-0.492 (-1.71)	-0.528*** (-8.25)	-0.574*** (-10.55)	0.070 (0.50)	-0.554*** (-12.05)
DR	1.370 (0.77)	-1.509*** (-3.23)	1.548*** (5.77)	1.871** (2.09)	-0.691 (-1.13)	0.964* (1.76)
NPLR	0.035 (0.13)	-0.016 (-0.36)	0.038 (0.19)	0.001 (0.00)	-0.393*** (-3.36)	0.004 (0.03)
LVG	0.084* (1.93)	-0.019 (-1.59)	0.072*** (2.67)	0.045*** (3.80)	0.002 (0.22)	0.032*** (3.79)

① 对牛熊市的划分，我们还采用许年行等（2012）采用不同方法划分“牛市”和“熊市”阶段，并进行相应的检验：(1) 市场平均收益判定法；(2) 波峰波谷判定法。基于这两种方法的划分结果与本书对牛熊市的划分是一致的。

续表

	危机前（2007—2008年）			危机后（2009—2018年）		
	(1)	(2)	(3)	(4)	(5)	(6)
OverDue	286.771** (2.16)	−6.825 (−0.16)	234.424* (1.73)	54.383*** (8.24)	39.873*** (6.89)	50.981*** (5.53)
Corr	4.245* (1.94)	0.420 (0.68)	3.143 (0.94)	−0.785*** (−3.84)	−0.138 (−1.22)	−0.662*** (−4.19)
NIIR	−1.107 (−0.64)	−0.567*** (−3.98)	−0.478 (−0.45)	0.587 (1.28)	0.231 (0.79)	0.600** (2.12)
_cons	2.543 (0.50)	13.623 (1.55)	4.541 (1.13)	14.076*** (11.72)	−1.574 (−0.39)	14.283*** (15.50)
N	28	28	28	182	182	182
adj. R^2	0.765	0.934	0.767	0.771	0.380	0.705
F/ chi^2	7.714	55.950	46.976	57.359	94.553	74.639

注：括号内为采用公司层面聚类调整标准误后的t值，其中第（3）（6）两列采用面板校正标准误方法，Stata命令为xtpcse，这两列括号中为z值，其余列为固定效应回归结果。* $p<0.10$，** $p<0.05$，*** $p<0.01$。

表5－6　我国牛市、熊市期间衍生工具使用与银行系统性风险回归结果

	牛市			熊市		
	(1)	(2)	(3)	(4)	(5)	(6)
DerFx	−0.040 (−0.18)			−0.243* (−1.98)		
DerInt		−0.142 (−0.61)			−0.296*** (−5.25)	

续表

	牛市			熊市		
	(1)	(2)	(3)	(4)	(5)	(6)
DerTot			-0.127 (-0.47)			-0.343*** (-3.74)
Size	0.093 (0.31)	0.185 (0.54)	0.172 (0.47)	0.640*** (3.62)	0.807*** (6.51)	0.769*** (5.08)
DR	-0.074 (-0.04)	-0.012 (-0.01)	-0.011 (-0.01)	-2.543** (-2.80)	-1.433* (-1.84)	-1.785** (-2.09)
NPLR	-0.223 (-0.95)	-0.211 (-0.95)	-0.210 (-0.93)	-0.642*** (-4.57)	-0.608*** (-4.78)	-0.586*** (-4.23)
LVG	0.122** (2.63)	0.116** (2.48)	0.118** (2.53)	0.004 (0.33)	-0.005 (-0.55)	0.000 (0.02)
OverDue	-66.929*** (-4.78)	-65.724*** (-4.42)	-65.981*** (-4.41)	12.669* (1.80)	11.374* (1.83)	11.100 (1.64)
Corr	-0.662 (-1.07)	-0.538 (-0.84)	-0.597 (-0.95)	-0.299* (-1.94)	-0.216 (-1.62)	-0.272* (-1.89)
NIIR	1.435** (2.43)	1.265* (2.11)	1.318* (2.09)	0.144 (0.32)	0.355 (0.89)	0.375 (0.79)
_cons	-2.123 (-0.23)	-4.825 (-0.47)	-4.416 (-0.40)	-15.864*** (-2.93)	-21.339*** (-5.63)	-20.108*** (-4.33)
N	44	44	44	166	166	166
adj. R^2	0.941	0.942	0.942	0.695	0.738	0.719
F	108.633	182.336	159.230	43.755	78.353	49.681

注：括号内为采用公司层面聚类调整标准误后的 t 值。$*p<0.10$，$**p<0.05$，$***p<0.01$。

由表5-5可知，金融衍生工具与银行系统性风险在危机前后表现出截然相反的结果。危机前，银行持有的金融衍生工具比例越高，ΔCoVaR值越大，绝对值越小，银行系统性风险贡献值越小。因此，在金融危机前，金融衍生工具会降低系统性风险[①]。与此形成鲜明对比的是，危机后则加剧了系统性风险。这在利率类衍生工具中的效果表现尤为明显，整体衍生工具的结果亦是如此，但外汇类衍生工具并不明显。造成该现象的原因可能在于：金融衍生工具出现的原因就是对冲风险，实现套期保值。金融危机前，市场对金融衍生工具持有积极的态度，并没有怀疑银行持有金融衍生工具的目的及后果，因此能够降低银行系统性风险。但当金融危机发生后，市场比较理性去看待银行所持有金融衍生工具的目的，尽管金融衍生工具名义金额占总资产比例呈逐年增加趋势，但由于金融衍生工具交易的复杂性和不透明性，反而导致银行系统性风险增加。由此可见，金融衍生工具实际上发挥着“双刃剑”的作用，其中尤以利率类衍生工具的表现更为明显。这说明货币政策工具对银行系统性风险的影响较大，可运用利率类手段防范未来系统性金融风险。

就我国牛、熊市期间的表现而言，表5-6显示，衍生工具的使用对银行系统性风险的影响也呈非对称性。熊市期间，无论是总体衍生工具（DerTot），还是外汇类衍生品（DerFx）、利率类衍生（DerInt）的系数均在1%的水平上显著为负，衍生工具的使用显著加大了银行系统性风险，但牛市期间虽然系数为负，但并不显著。这说明，牛市期间，外部市场环境对银行的影响大于其自身采用金融衍生工具等手段的效果，或者说，银行自身采

① 从计量角度来看，样本略少。因此尝试将2007—2009年作为危机前的样本，可以发现危机前后与表5-6的符号是一致的。

取降低系统性风险的手段在牛市期间作用并不明显，但当处于熊市期间时，可能会导致外部政策手段失灵，而银行自身运用衍生工具则加剧了银行的系统性风险溢出效应。

5.4.3 作用机理分析

依据前文作用机理的理论分析，现有文献分别从这些维度来刻画系统性风险，如分析师预测偏差（Fosu et al.，2017）、银行非流动性（Blau et al.，2017）、股价同步性（Dewally & Shao，2013；Soedarmono & Tarazi，2013）、贷款损失准备（Jiang et al.，2015）、银行使用金融衍生品（Dewally & Shao，2013）等，本书认为由于银行表外业务的规模及质量大小并不能在财务报表中反映，导致监管当局、股东、债权人还有银行内外的工作人员难以了解表外业务经营的风险状况。因此，为刻画银行信息不透明，采用非正常的贷款减值准备作为银行信息不透明度的测度，借鉴Beatty和Liao（2014）、Jiang等（2015）已有研究，估计出非正常贷款损失准备，该值越高，则说明透明度越低。为此，根据该指标估计值的中位数划分为两组，大于该值中位数的属于低透明度组，否则为高透明度组。然后分组分别检验，结果如表5-7所示。

很显然，金融衍生工具与银行系统性风险在高、低透明度组并未呈现明显异质性，进一步基于似无相关模型的检验方法（suest）做了组间系数检验，也未有显著差异。因此，无论透明度高低，金融衍生工具均会加剧银行系统性金融风险，这主要体现在利率类衍生工具的运用上，外汇类衍生工具的运用效果并不明显。

再者，对于机构交易者而言，由于自身专业优势以及熟练的市场认知能力，有理由预测对于机构投资者而言，金融衍生工具的运用会降低系统性风险；且外部市场化进程发展阶段的不同也是重要原因，对于东部地区以及西部地区，从银行自身到市场参与者，可以说，投资者对金融衍生工具的认知是存在较大差异的，这也是不能忽略的重要因素。基于这两点思考，本书进一步按照机构投资者持股比例、市场化进程中位数分别划分为两组[①]：高、低机构持股比例组以及高、低市场化进程组，分组回归结果如表5－8和表5－9所示。

表5－7　　按透明度分组的金融衍生工具对系统性风险影响的结果

	高透明度			低透明度		
	(1)	(2)	(3)	(4)	(5)	(6)
DerFx	－0.010 (－0.06)			－0.261 (－1.37)		
DerInt		－0.331*** (－3.83)			－1.243*** (－4.50)	
DerTot			－0.290** (－2.55)			－1.599*** (－3.00)
Size	0.694*** (3.60)	0.972*** (6.93)	0.887*** (5.38)	0.675*** (3.79)	2.781*** (8.88)	2.755*** (6.85)
DR	－2.367** (－2.60)	－1.166 (－1.39)	－1.516 (－1.66)	－0.139 (－0.09)	2.755 (0.81)	2.461 (0.65)
NPLR	－0.785*** (－3.33)	－0.686*** (－3.69)	－0.682*** (－2.95)	－0.757*** (－5.24)	－1.882*** (－4.89)	－1.801*** (－4.36)

① 市场化进程主要采用樊纲和王小鲁（2016）披露的各省份市场化进程指标，但他们的数据仅到2015年。一方面，市场化进程变化相对较为缓慢；另一方面，依据以往文献的通常做法，对2016—2018年市场化进程指标通过移动平均获取。

续表

	高透明度			低透明度		
	(1)	(2)	(3)	(4)	(5)	(6)
LVG	-0.036** (-2.88)	-0.040*** (-2.94)	-0.034** (-2.36)	-0.033** (-2.71)	-0.144*** (-4.07)	-0.119*** (-3.69)
OverDue	-4.599 (-0.50)	1.725 (0.16)	-1.513 (-0.15)	27.939** (2.25)	65.790* (2.03)	71.188** (2.11)
Corr	0.380** (2.19)	0.144 (1.07)	0.222 (1.42)	-0.137 (-0.55)	0.158 (0.26)	-0.198 (-0.30)
NIIR	0.704 (1.44)	0.558 (1.11)	0.723 (1.31)	1.351** (2.31)	4.882*** (3.25)	5.188*** (2.96)
Firm	Yes	Yes	Yes	Yes	Yes	Yes
_cons	-16.795** (-2.84)	-25.414*** (-5.89)	-22.913*** (-4.47)	-18.699*** (-3.25)	-88.255*** (-9.02)	-87.786*** (-7.18)
N	85	85	85	125	125	125
adj. R^2	0.695	0.754	0.716	0.624	0.677	0.666
F	39.230	186.391	60.284	15.200	57.657	32.206

注：括号内为采用公司层面聚类调整标准误后的 t 值。* $p<0.10$，** $p<0.05$，*** $p<0.01$。

表 5-8　按照机构持股分组的金融衍生工具对系统性风险影响的结果

	高机构持股比例			低机构持股比例		
	(1)	(2)	(3)	(4)	(5)	(6)
DerFx	-0.426** (-2.41)			-0.350 (-1.01)		
DerInt		-1.019*** (-5.79)			-0.763** (-2.49)	

续表

	高机构持股比例			低机构持股比例		
	(1)	(2)	(3)	(4)	(5)	(6)
DerTot			-1.338*** (-3.66)			-0.600 (-1.49)
Size	0.486** (2.68)	2.068*** (3.79)	1.933*** (3.44)	3.214*** (9.19)	3.060*** (11.66)	3.174*** (10.69)
DR	-2.724** (-2.43)	-5.509* (-1.88)	-6.472* (-1.96)	2.806 (0.87)	3.069 (1.10)	3.126 (0.99)
NPLR	-0.651*** (-3.89)	-1.637*** (-3.21)	-1.639*** (-3.15)	-2.516*** (-8.22)	-2.459*** (-8.39)	-2.464*** (-8.13)
LVG	0.028* (1.87)	0.002 (0.07)	0.037 (1.19)	-0.140*** (-4.85)	-0.134*** (-4.61)	-0.134*** (-4.59)
OverDue	9.628 (0.90)	18.001 (0.56)	21.958 (0.66)	81.788*** (4.13)	73.003*** (3.78)	77.509*** (3.98)
Corr	-0.625** (-2.37)	-0.989 (-1.53)	-1.371** (-2.12)	0.220 (0.64)	0.212 (0.58)	0.181 (0.51)
NIIR	-0.450 (-0.64)	-0.322 (-0.17)	-0.620 (-0.29)	2.508** (2.84)	3.298*** (3.43)	3.091*** (3.22)
Firm	Yes	Yes	Yes	Yes	Yes	Yes
_cons	-10.486* (-1.95)	-58.065*** (-3.72)	-53.984*** (-3.26)	-100.716*** (-8.36)	-96.822*** (-10.52)	-100.054*** (-9.46)
N	81	81	81	129	129	129
adj. R^2	0.773	0.817	0.806	0.632	0.638	0.634
F	25.997	23.240	24.674	82.966	142.789	105.859

注：括号内为采用公司层面聚类调整标准误后的 t 值。$*p<0.10$，$**p<0.05$，$***p<0.01$。

表 5-9　　按照市场化进程分组的金融衍生工具对系统性风险影响的结果

	高市场化进程			低市场化进程		
	(1)	(2)	(3)	(4)	(5)	(6)
DerFx	-0.219* (-1.84)			-0.089 (-0.34)		
DerInt		-0.293*** (-4.08)			-0.467*** (-3.36)	
DerTot			-0.384*** (-3.20)			-0.360 (-1.46)
Size	0.851*** (4.79)	0.993*** (5.87)	0.986*** (5.95)	0.764** (2.66)	1.072*** (5.11)	0.940*** (3.81)
DR	-1.602* (-1.95)	-0.869 (-1.23)	-1.155 (-1.51)	-0.854 (-0.43)	1.060 (0.66)	0.309 (0.16)
NPLR	-0.441** (-2.14)	-0.420** (-2.72)	-0.363* (-2.12)	-0.673* (-1.96)	-0.556* (-1.89)	-0.591* (-1.84)
LVG	-0.033* (-1.95)	-0.041*** (-3.06)	-0.035** (-2.30)	0.041** (-2.65)	-0.040*** (-3.03)	-0.038** (-2.63)
OverDue	7.858 (0.63)	5.921 (0.66)	6.638 (0.66)	10.820 (0.66)	13.234 (0.88)	11.781 (0.72)
Corr	0.100 (0.65)	0.153 (1.13)	0.112 (0.77)	-0.264 (-0.99)	-0.128 (-0.59)	-0.257 (-1.08)
NIIR	-0.124 (-0.15)	0.164 (0.22)	0.133 (0.15)	0.714 (1.60)	0.747** (2.17)	0.913** (2.12)
Firm	Yes	Yes	Yes	Yes	Yes	Yes
_cons	-22.719*** (-4.14)	-27.310*** (-5.37)	-27.053*** (-5.39)	-19.552** (-2.09)	-29.864*** (-4.43)	-25.570*** (-3.16)
N	105	105	105	105	105	105
adj. R^2	0.443	0.505	0.486	0.605	0.647	0.621
F	40.095	25.801	24.887	25.530	38.455	26.672

注：括号内为采用公司层面聚类调整标准误后的 t 值。$*p<0.10$，$**p<0.05$，$***p<0.01$。

表 5 -8、表 5 -9 显示，在高机构持股比例组以及高市场化进程组，总体而言，金融衍生工具的运用显著增加了银行系统性风险，且利率类衍生工具在低机构持股比例和低市场化进程中也显著加剧了系统性风险。这说明在高机构持股比例及高市场化进程的背景下，金融衍生工具并不能降低系统性风险，反之，金融衍生工具加剧系统性风险的作用并不明显。进一步基于似无相关模型的检验方法（suest）做了组间系数检验，发现整体衍生金融工具及利率类衍生工具在机构持股比例高、低两组存在显著差异，而整体衍生金融工具及外汇类衍生工具在市场化进程高、低两组存在显著差异。总之，在机构持股比例、市场化进程不同时，金融衍生工具的作用存在显著差异。

5.5　内生性检验及稳健性分析

基于以上分析，本书可能还存在内生性问题：一是银行金融衍生工具的运用可能会存在自选择的问题；二是金融衍生工具运用效果可能存在滞后效应。具体检验与分析如下：

（1）工具变量回归。本书面临最大的内生性问题：一方面，银行运用金融衍生工具来套期保值、对冲风险，以期降低系统性风险；另一方面，也有可能银行为了降低系统性风险而运用衍生工具来实现。可能存在自选择问题，为解决该问题，运用 Heckman 两阶段回归的方法和两阶段最小二乘法予以解决，当被解释变量是 ΔCoVaR5 时，结果分别如表 5 - 10 第（1）（2）列。第一阶段回归中，将银行是否运用金融衍生工具作为被解释变量，以银行规模（Size）、存款额占总资产比例（DR）、不良贷款率（NPLR）、银行杠杆率（LVG）作为解释变量进行回归，第二阶段加入逆米尔斯比率进行回归。由表5－10第（1）（2）列结果可知，这两列结果说明金融衍生工具显著加剧了银行系统性风险。

（2）系统GMM方法。对于系统性风险更多的是传染与溢出效应，因此可能存在领先与滞后关系，因此进一步采用系统GMM的方法，使用总体衍生工具（DerTot）的滞后一期和滞后两期作为工具变量，并检验了工具变量的相关检验，即弱工具变量、过度识别等问题，均通过了检验。表5－10第（3）列的结果不变，可以看到，金融衍生工具（DerTot）的系数显著为负，意味着银行系统性风险的显著增加。

（3）伪回归问题。考虑到可能存在的伪回归问题，该问题产生原因在于变量可能并非平稳序列，通过ADF检验发现，仅有DerTot是一阶单整。因此采用滞后一期L. DerTot来解决该问题。结果如表5－10第（4）列所示，发现结果依然未变，金融衍生工具确实加剧了银行系统性风险。进一步，用ΔCoVaR1作为被解释变量，表5－10中第（6）—(8）列结果基本类似，金融衍生工具确实加剧了银行系统性金融风险。

表5－10　　　　内生性与稳健检验

	ΔCoVaR5				ΔCoVaR1			
	(1)	(2)	(3)	(4)	(5)	(6)	(7)	(8)
DerTot	-0.410*** (-3.76)	-0.561*** (-5.07)	-0.177* (-1.92)		-0.465*** (-4.44)	-0.512*** (-4.59)	-0.116 (-0.60)	
L. DerTot				-0.428*** (-3.31)				-0.391*** (-3.87)
L. ΔCoVaR5			0.043 (0.58)					
L2. ΔCoVaR5			0.607*** (13.71)					

续表

	ΔCoVaR5				ΔCoVaR1			
	(1)	(2)	(3)	(4)	(5)	(6)	(7)	(8)
L. ΔCoVaR1							-0.257 *** (-4.02)	
L2. ΔCoVaR1							-0.054 (-0.77)	
Size	0.984 *** (6.43)	1.066 *** (8.59)	-0.120 ** (-2.00)	0.950 *** (7.55)	1.063 *** (8.29)	0.947 *** (7.40)	-0.658 *** (-6.96)	0.841 *** (8.11)
DR	-1.741 ** (-2.17)	-1.441 (-1.63)	-2.031 * (-1.73)	-1.956 ** (-2.41)	-1.200 (-1.21)	-0.863 (-0.88)	-0.589 (-0.44)	-1.332 (-1.70)
NPLR	-0.393 * (-1.91)	-0.628 *** (-5.50)	-0.404 *** (-2.82)	-0.685 *** (-4.17)	-0.304 (-1.64)	-0.612 *** (-4.85)	-0.960 *** (-4.03)	-0.664 *** (-4.31)
LVG	-0.009 (-0.60)	-0.028 *** (-3.30)	-0.020 (-1.24)	-0.028 *** (-2.83)	-0.005 (-0.35)	-0.043 *** (-4.26)	0.088 *** (7.92)	-0.043 *** (-5.14)
OverDue	-3.798 (-0.69)	-5.355 (-0.84)	-24.83 *** (-3.36)	-5.351 (-0.81)	10.865 * (1.76)	15.289 ** (2.41)	92.543 *** (8.66)	15.293 * (2.05)
Corr	-0.595 *** (-4.43)	-0.466 *** (-3.30)	-1.308 *** (-6.36)	-0.474 *** (-3.74)	0.005 (0.04)	-0.047 (-0.33)	-0.862 *** (-5.02)	-0.054 (-0.52)
NIIR	0.334 (0.71)	0.832 ** (2.27)	0.282 (0.60)	0.394 (0.90)	0.561 (1.03)	0.918 ** (2.40)	1.089 (1.48)	0.518 (1.12)
Mills	0.330 (1.43)				0.613 *** (2.92)			
Firm	Yes	Yes	No	Yes	Yes	Yes	No	Yes
_cons	-26.31 *** (-5.46)	-26.92 *** (-6.87)	6.93 *** (3.65)	-24.39 *** (-6.23)	-30.16 *** (-7.53)	-24.44 *** (-6.02)	17.85 *** (6.27)	-22.15 *** (-6.81)
N	210	186	162	186	210	186	162	186
adj. R^2	0.740	0.871	0.893	0.710	0.684	0.858	0.882	0.589

注：第（1）（4）（5）（8）列括号内为采用公司层面聚类调整标准误后的 t 值，第（2）（3）（6）（7）列括号内为 z 值。$^*p<0.10$，$^{**}p<0.05$，$^{***}p<0.01$。

总之，金融衍生工具确实加剧了银行系统性风险，这说明与运用金融衍生工具的初衷相悖，金融衍生工具的运用不仅没有降低，反而加剧了单个银行对系统性风险的贡献，或对银行的风险溢出效应。尽管这些表外业务可能在改善银行收入结构以及增加银行竞争力方面发挥了显著作用，但从单个银行对系统性风险的贡献来看，金融衍生工具弊大于利。银行应该审慎运用，进一步从金融衍生工具运用视角防控系统性风险的发生。

5.6 本章小结

本书以上市银行为样本，以银行金融衍生工具作为出发点，尝试从这·微观视角剖析系统性风险成因及其作用机理，考虑到可能存在的内生性问题，采用 Hecakman 两阶段回归、两阶段最小二乘法、系统 GMM 方法等方法解决，最后得出研究结论。一是金融衍生工具运用显著增加了系统性风险，但在不同外部环境下，二者关系呈现异质性，或者说，衍生工具在不同外部环境下发挥了“双刃剑”作用。具体而言，金融危机前，金融衍生工具降低了系统性风险，但危机后则加剧了系统性风险；当股票市场处于“牛市”期间时，金融衍生工具对系统性风险的作用不明显，但当处于“熊市”期间时，这种加剧作用非常显著。这也说明，当市场处于牛市，投资者情绪异常高涨时，导致衍生工具的作用被忽略，而处于熊市期间时，投资者情绪悲观，衍生工具降低系统性风险的作用开始显现。二是外汇类衍生品和利率类衍生品也均发挥了“双刃剑”作用，但利率类衍生品的“双刃剑”作用更大，这也为金融衍生工具监管指明了方向。三是从作用机理来看，在高机构持股比例组、高市场化进程组，金融衍生工具都是加剧了银行系统性风险。这似乎与预期相反，猜想这可能由于这两个因素对银行系统性风险的影响不够直接，今后应该从与货币政策等紧密相关的视角作分析。

研究启示，本研究一方面是对系统性风险研究的拓展与丰富，对系统性风险的研究不能仅侧重于外部环境，还要分析银行自身特征因素，这是不能忽略的。另一方面，本研究对于今后系统性风险的防范提供有针对性的建议。对衍生工具表外业务的规范，尤其要注重其对系统性风险的影响，坚持“抓大放小”，尤其应该关注利率类衍生品的“双刃剑”作用。同时，十九大报告强调，要“健全金融监管体系，守住不发生系统性金融风险的底线”。金融是国家重要的核心竞争力，我国高度重视防控金融风险、保障金融安全。本研究也对今后加强系统性风险防控具有极强的借鉴意义。当然，未来应该不仅局限于上市银行的研究，因为我国上市银行规模比较大，今后应更多侧重于区域性银行及城商行，这也是银行系统性风险不可忽略的重要方面，未来存在很大的可探索空间。

第6章 系统性金融风险平滑性释放：货币政策视角

考虑到收入结构多元化的趋势正在全球银行业间蔓延，我国商业银行也不例外，逐步扩大除传统存贷款业务之外的非传统业务规模。这一趋势在扩展银行业利润增长点的同时，是否会对货币政策风险承担渠道产生影响呢？本章以 72 家商业银行为样本，从货币政策视角分析了系统性风险平滑性释放，主要围绕银行风险承担来研究。结果发现，我国的金融市场上存在货币政策的风险承担渠道，即宽松的货币政策会提高商业银行的风险承担水平，而紧缩的货币政策则会降低银行的风险承担水平。这些影响会受到收入结构的制约，表现在较高的银行非利息收入占比会削弱货币政策的风险承担渠道效应，这为银行系统性风险的平滑性释放提供了一个视角。

6.1 引　言

随着金融创新的不断发展，世界范围内的银行都在积极寻求新的业务模式和收入来源，这使得非利息收入占银行收入总额的比重不断提高，逐渐形成了多元化的收入结构，但却表现出截然不同的状态。在发达的资本主义国家，银行业金融自由化程度高，经营模式成熟，风险管理方法也较为先进，因此普遍混业经营，业务范围和收入结构呈现显著的多样化，非利息收入在营业收入中所占的比重较大。而我国的商业银行却长期受制于金融市场的分业经营和分业监管体制，普遍以经营传统银行业务为主，业务种类较少且收入结构单一，这导致净利息收入在营业收入中占比较大。但是，随着最近几年国内利率市场化与金融自由化改革的脚步逐渐加快以及非银行金融机构不断崛起，银行业竞争逐渐加剧，传统的净利息收入所带来的利润空间受到影响。基于此，我国商业银行纷纷采取经营转型战略并针对日益多样化的客户需求进行金融创新，力求创造新的利润增长点。这导致我国商业银行的收入结构日趋多元化，即非利息收入的规模和比重在不断增长。尽管收入结构的多元化能够帮助银行增加利润、增强竞争力并实现战略转型。但若银行业大量从事投行、交易等非传统业务，会使银行与其他金融机构的界限越来越模糊，并使银行的传统业务模式向赚取服务费、交易业务收入的影子银行模式转变，这可能导致银行系统性风险的增加。

次贷危机使人们意识到，长时间的宽松货币政策会使银行等金融机构过度注重收益而忽视风险，导致其风险承担逐渐增大，为金融危机爆发埋下了祸根。为此，学术界对次贷危机前美联储的货币政策进行研究，试图解释货币政策与银行风险承担之间的关系（Borio and Zhu，2012）。此后，越来越多的研究证明，货币政策的宽松程度攸关金融体系稳定，中央银行在运用货币政策调控经济运行时必须注意二者的相关性，并提出了“货币政策的风险承担渠道”这一概念，且对作用机制进行了深入挖掘。尽管已有相当数量的研究表明，外部的货币政策以及银行内部的收入结构均会影响商业银行的风险承担水平，但是，由于金融市场上各个因素之间的作用是极为复杂、相互交织的，银行收入结构能否通过改变货币政策的风险承担渠道进而影响商业银行风险承担水平呢？基于上述考虑，下面对此展开研究。

6.2 文献综述与假说发展

6.2.1 文献综述

宽松的货币政策降低了短期安全资产的收益率，这使得金融机构转而进行风险更高的投资以兑现长期收益的承诺，也即宽松的货币政策会增加银行的风险承担。但该理论在金融体系稳定时期被广泛忽视，原因在于各国政府较为看重宽松的货币政策对经济增长的促进作用（Rajan，2005；Svenssona and Woodford，2004）。Borio 和 Zhu（2012）首次提出了货币政策的“风险承担渠道”这一概念，并且从理论上分析了利率变动影响银行风险承担水平的四种途径，包括利率对估值和现金流的影响、利率对风险资产收益率的影响、宽松货币政策的隐性保险效应以及利率政策对银行间竞争的影响。在理论分析方面，有研究认为，我国的金融市场普遍存在货币政策风险承担渠道（陈龙腾和何建勇，2011；

张雪兰和何德旭，2012；牛晓健和裘翔，2013；徐明东和陈学彬，2012）。此外，还有对该渠道在我国金融体系下的特征、影响因素以及体制机制进行了拓展性研究。有研究发现，资本充足率在货币政策风险承担渠道中发挥重要作用，当资本充足率较高时，货币政策与银行风险承担呈负向关系，但伴随着资本充足率的降低，上述负向关系将逐渐减弱，甚至转为正向关系。同时，我国不仅存在银行风险承担渠道，还通过风险承担渠道间接影响效率，而且该渠道还具有连续性和顺周期性。一般情况下，货币政策利率的下降将缓解银行的风险承担行为，但当货币政策利率下降至低于某种基准利率时，其将刺激银行的风险承担行为（方意等，2012；张强等，2013；李菁和黄隽，2014；谭政勋和李丽芳，2016；熊劼，2017；王路加和郭亚妮，2017；王晋斌和李博，2017）。进一步，不同类型的货币政策工具对商业银行风险承担行为的影响存在非对称性，对于数量型货币工具，货币宽松对商业银行风险承担的增强作用弱于货币紧缩对商业银行风险承担的约束作用；对于价格型货币政策工具，货币宽松对商业银行风险承担的增强作用强于货币紧缩对商业银行风险承担的约束作用（冯文芳等，2018；庞晓波和钱锟，2018；代军勋和戴锋，2018；孙颋和赖溟溟，2018）。

非利息业务与传统利息业务的负相关或不相关关系，是商业银行收入结构多元化能够降低和分散风险的论断依据。Bernanke（1989）发现传统的银行业务与非银行业务所带来的现金流之间存在微弱的正相关关系，商业银行开发非银行金融服务能够在分散风险的情况下带来一定的非利息收益。当银行大量涉足那些通过提供金融服务而获取费用收入的非传统型业务，有助于提高收入来源的多元化程度并更多地介入金融市场进而起到降低风险的作用。同时，进一步考察了银行体系中非利息收入与净利息收入的关系，其研究结果进一步表明非利息收入与净利息收入呈现显著的负相关关系。尽管非利息收入的波动性比净利息收入大，但是欧洲银行业仍然通过增加非利息收入获得了风险分散化的收益，这与欧盟银行体系的实际运行结果一致，即非利息收入的增加有助于稳定银行业收益（Templeton and Severiens，1992）。近年来有研究发现，银行业务多元化所带来的风险分散收益是有限的，某些非银行业务反而会增加银行风险。例如，美国的次贷危机就表明非利息业务的过度繁荣也可能导致个别银行甚至整个银行体系面临崩溃。由于缺乏严格的监管体系，美国的银行持股公司在拓展非利息业务的过程中增加了银行的破产风险。银行进入证券和保险业务也增加了银行持股公司的系统性风险和利率风险。这些结论侧面证明了业务多元化的确和风险水平的增加存在联系。非利息业务相比那些传统的存贷款业务更具短期化和波动性，可持续性也更差，因此非利息业务的拓展可能增加银行风险（De Young et al.，2001；Stiorh，2004；Caprio et al.，2007）。

纵览现有文献发现，虽然国内外学者已对货币政策的风险承担渠道进行了广泛研究，但对该渠道发挥作用的影响因素的研究还比较少，且对于非利息收入如何影响商业银行的风险承担，学术界的看法分歧较大。以多元化业务的风险分散效应为根基，部分学者认为银行拓展非利息收入或者说增加业务结构的多元化水平有助于分散风险。但从非利息收入的不稳定性出发，部分学者却对此提出质疑，并认为非利息收入比重的提高会加剧银行收益的波动性，增加银行风险。在国内银行纷纷进行金融创新、寻求战略转型的背景下，非利息收入对金融体系内各类效应、渠道的影响愈加重要。因此，研究业务结构多元化能否对我国货币政策的商业银行风险承担渠道产生影响变得极具现实意义。

6.2.2 研究假说

就货币政策传导渠道而言，现有研究对该领域的全方位考察不仅能够帮助各国政府更好地理解货币政策是如何发挥作用的，而且能在如何更加科学地制定货币政策方面为各国中央银行提供理论支持。已有文献基本形成了目前占主流地位的四种理论：利率传导渠道理论、汇率传导渠道理论、信贷传导渠道理论以及资产价格传导渠道理论。利率传导一直以来都被认为是货币政策传导渠道中最主要也是最高效的一种渠道，该渠道有效性依赖于健康的债券市场。当中央银行改变了货币供应量，投资者就会改变他们对货币和债券的持有比率，导致债券价格变动，并影响社会产出水平。

根据货币政策银行风险承担渠道理论，不同类型的货币政策可通过以下四种机制发挥对商业银行风险承担水平的影响。一是估值、收入与现金流效应。主要观点：宽松或紧缩的货币政策使市场利率保持在较低或较高的水平，影响银行估值、收入与现金流量，最终改变银行的风险承担偏好与行为。以宽松的货币政策为例，一方面，市场利率下降使借款企业的资产和抵押物估值上升，商业银行将降低对借款企业违约概率的估计，并出现降低贷款标准、放松贷款监管以及增加高风险贷款的行为。另一方面，宽松的货币政策也会降低银行的融资成本，使银行在投资行为中表现得更加激进，从而增加了银行的风险承担水平。二是收益搜寻效应。该效应产生于银行负债的“粘性”特征与银行对目标收益率的追求二者之间的冲突。首先，银行负债合同大多为长期合同，例如，一些长期存款和长期理财产品等合约均具有收益保证条款，银行承诺的投资收益率短期内无法改变，即存在“粘性”，而货币政策的变动会影响资产组合的实际收益率，这将导致资产组合的实际收益率有时无法达到名义目标投资回报率。其次，商业银行的名义目标投资回报率无论在何种货币政策环境下都是一致的，这种实际收益率与目标收益率之间的矛盾将引导商业银行改变风险承担水平以实现预期目标。具体而言，货币政策紧缩时，利率水平较高，商业银行投资无风险资产获取的收益已经可以满足负债的利息支出，无须投资高风险项目；而货币政策宽松时，利率水平较低，单纯投资于无风险资产获取的收益已经无法覆盖利息支出，因此必须加大对高风险资产的投资，进而提高了风险承担水平。三是竞争效应。该理论认为货币政策的变动会改变银行之间的竞争状况，进而影响银行的风险承担水平。例如，在央行实施宽松的货币政策时，人们对货币的需求增加，银行之间的竞争变得激烈，银行为了获取竞争优势不得不主动降低存贷款利差，进而引起特许权价值降低以及边际利润减少。为了实现目标利润，银行不得不放松信贷标准以赢得竞争，并最终导致风险资产增加，风险承担水平提高。四是保险效应。该理论认为中央银行会对商业银行的投资行为提供“隐性保险”。例如在经济不景气时，央行总会采取一定措施挽救金融市场，对央行救市行为的预期使商业银行提高了对风险的忍耐程度，产生一定的“道德风险”，更加倾向于维持甚至提高风险承担水平。因此，货币政策对商业银行风险承担水平的影响结果都是一致的，只不过其中的传导过程有所差异，因此提出如下假设：

假设1：其他条件不变的情况下，与紧缩货币政策相比，宽松货币政策会提高银行的风险承担。

即使货币政策引起银行风险水平变动的结果是单一的，但由于该结果通过多种复杂的传导机制发挥作用，各种因素均有可能对该传导机制产生影响进而改变货币政策风险承担渠道的最终结果，也即货币政策和银行风险之间的关系受到诸多因素的干扰。

在金融业收入结构逐步多元化的时代背景下，本书选取了商业银行收入结构这一因素，考察非利息收入的比重能否影响货币政策风险承担渠道效应的发挥。

首先，考虑商业银行非利息收入对收益搜寻效应的影响。如果银行的非利息收入所占比重较大，说明银行的盈利水平对传统存贷业务收入的依赖程度较小，而对咨询、投资、保管、信托和租赁等非传统业务的依赖程度较大。银行的传统存贷款业务对货币政策的变动较为敏感，而非传统业务对货币政策的变动并不敏感。对于这类银行而言，即使宽松的货币环境导致无风险利率下降，传统的存贷业务收益率下降，非传统业务所带来的收益仍能使实际收益率维持在目标水平或使实际收益率偏离目标水平的幅度大大缩小。因此，相比那些主要依赖传统利息收入维持盈利水平的银行，收入结构更加多元化或者说非利息收入占比较大的银行在面对宽松的货币政策时所产生的“收益搜寻”效应较小，对高风险资产的需求越小，越不会轻易放松信贷标准并导致风险承担水平上升。其次，考虑商业银行的非利息收入对竞争效应的影响。竞争效应强调货币政策变动会导致银行之间为争夺客户而降低信贷标准，目标是在激烈的竞争中实现目标利润。那些收入结构较为多元化的银行本身对贷款业务收入的依赖性较小，即便宽松的货币政策使存贷利差缩小，传统的利息收入所带来的边际利润下降，这些银行依然能从各类非利息收入中获取收益。相比之下，那些主要依靠利息收入维持盈利的银行在面临宽松环境所带来的竞争时，更倾向于通过增加高风险贷款来维持目标利润率。

基于上述分析，虽然宽松货币政策会引导商业银行提高风险承担水平，但收入结构多元化能够通过改变这一渠道发挥作用的机制来削弱上述影响，避免商业银行在面临宽松环境时盲目投资风险资产进而引发危机。因此，提出如下假设：

假设2：在其他条件不变的情况下，银行收入结构对货币政策的风险承担渠道效应具有抑制作用。

6.3 研究设计

6.3.1 样本选择与数据来源

本书选取2007—2017年我国72家商业银行的相关年度数据作为样本进行研究。其中包括5家国有银行、11家股份制银行、48家城商行以及8家农商行。上述商业银行数据来自国泰安数据库、Wind金融数据库，同时还有部分银行数据来自手动搜集，文中所使用的货币政策及国民经济数据来自中国人民银行网站以及国家统计局网站。

6.3.2 变量设计

（1）被解释变量。被解释变量选取商业银行风险承担水平（Risk）。已有研究通常选取预期违约率（Altunbas et al.，2010）、拨备覆盖率（王晋斌、李博，2017）、贷款拨备率（孙英隽、苗鑫民，2015）、不良贷款率（徐明东、陈学彬，2012）、Z值以及风险加权资产比例作为风险承担水平的代理变量。在选取代理变量时，既要考虑研究内容，也要考虑数据的可获得性。预期违约率是银行估计的预期无法收回贷款的概率，由于我国并未建立相关数据库，该指标无法获取。Z值代表银行的破产风险，Z值越大，代表银行破产的可能性越大，一方面，Z值仅从破产角度衡量风险，对风险的测度不够全面；另一方面，由于我国长期存在政府的隐性担保，银行破产风险较小，因此Z值不是衡量风险承担的最佳指标。风险加权资产比例是指风险加权资产占总资产的比重，本书所选取的样本包括部分农村商业银行，该指标在搜集时面临较大困难和数据搜集的完整性。因此，上述三项指标均不太适合在本书中作为商业银行风险承担的代理变量。

拨备覆盖率（PVC）是指实际计提的贷款损失准备金余额与不良贷款余额的比率，拨备覆盖率的高低衡量了商业银行的贷款损失准备金计提是否充足。对于既定金额的不良贷款，商业银行承担的风险越高，计提的贷款损失准备金就越多。贷款拨备率（LPV）是指实际计提的贷款损失准备金余额与各项贷款余额的比率，相比于拨备覆盖率，该比率更强调从贷款总额的角度衡量损失准备的计提是否充分。考虑到以上两个比率的相似性，本书选择了贷款拨备率作为被解释变量之一。不良贷款率（NPL）是指不良贷款余额占各项贷款余额的比重，该指标越大，说明可能无法收回的贷款越多，商业银行的风险就越高，该比率能够恰当地衡量商业银行在贷款时的风险偏好，因此本书将其作为商业银行风险的另一项代理变量。

（2）解释变量。本部分选取的解释变量是货币政策（MP），我国货币政策分为数量型和价格型两大类，数量型货币政策主要包括法定存款准备金率和货币供应量，价格型货币政策主要包括同业拆借利率和一年期存贷款基准利率。对于数量型货币政策，法定存款准备金率是中国人民银行经常使用的一种货币政策工具，该指标越小，说明商业银行需要向央行缴存的准备金越少，货币政策就越宽松；为了避免数量级过大造成的估计偏误，通常使用广义货币增长率来反映货币供应量，该指标越大，说明现实和潜在的购买力增长越快、货币政策越宽松。对于价格型货币政策，由于我国于 2004 年 10 月和 2013 年 7 月分别放开了贷款利率的上限和下限，贷款利率已基本实现自由浮动，而存款利率的自由浮动则尚未放开，因此存款基准利率比贷款基准利率更加适合衡量货币政策。另一方面，考虑到我国正在进行的利率市场改革，在研究中加入市场化的货币政策指标（如银行间同业拆借利率）也极具现实意义。基于以上考虑，本书选取了法定存款准备金率（DRR）、广义货币增长率（M2）、上海银行间隔夜拆借利率年均值（Shibor）作为货币政策的代理变量。

本书所考察的银行收入结构多元化是指商业银行除利息净收入以外的其他收入占营业收入总额的比重较大，说明银行对传统存贷款业务的依赖性小，注重非传统业务的发展。这里所说的非传统业务主要是指中间业务、咨询业务和投资业务等。因此，本书定义了非利息收入占比（NII）这一指标作为调节变量，尝试研究多元化收入结构能否改变货币政策对商业银行风险承担水平的影响结果。

（3）控制变量。为了提高模型拟合度、增强模型估计准确性，同时也为了避免遗漏相关变量。本书参照现有文献的研究引入了银行特征和宏观环境两类控制变量。其中，银行特征控制变量包括资产规模（Size）、资本充足率（CAP）、成本收入比（CR）、资产收益率（ROA）和贷存比（LDR），宏观环境控制变量包括国民生产总值同比增速（GDP）、居民消费者价格指数同比增速（CPI）和房地产价格同比增速（REP）。

6.3.3 模型构建

由于惯性等原因，个体的当前行为会受到过去行为的影响，因此本书借鉴 DeYoung 等（2001）的研究，将被解释变量商业银行的风险承担水平的滞后项引入了模型，并由此构建了动态面板模型。如果运用最小二乘法估计（OLS）或固定效应估计（FE）对动态面板数据进行实证检验，估计结果会出现偏误。因此，本书采用 Altunbas 和 Gambacorta（1991）提出的“差分 GMM（Difference GMM）”方法，将滞后一期的被解释变量视为内生变量，将滞后两阶以上的被解释变量作为工具变量，并对差分后的方程进行 GMM 估计。由于使用差分 GMM 估计方法的前提是不存在过度识别问题以及扰动项不存在二阶自相关，因此本书使用了 Sargan 值进行过度识别检验，并检验了扰动项的二阶自相关情况，结果均表明无法拒绝原假设，即差分 GMM 模型设定合理。

基于上述考虑，本书首先构建了模型（6－1）以检验货币政策是否会影响商业银行的风险承担水平，即货币政策的风险承担渠道在中国的金融市场上是否存在（假设 1）。其中，商业银行风险承担使用贷款拨备率（LPV）和不良贷款率（NPL）代替，分别表示从主观计提的贷款损失准备比重和客观的风险承担结果两方面衡量商业银行风险。货币政策（MP）使用法定存款准备金率（DRR）、M2 增速（M2）、同业拆借利率（Shibor）代替，分别表示从数量和价格两方面衡量我国的货币政策环境。

$$Risk_{it} = \alpha_0 + \beta_1 Risk_{it-1} + \beta_2 MP_{it} + \sum \gamma_j Controls + \varepsilon_{it} \tag{6-1}$$

本书进一步将商业银行的非利息收入占比（NII）以及该变量与货币政策（MP）的交互项引入模型，以检验收入结构是否会对货币政策的风险承担渠道造成影响（假设 2），并构建了模型（6－2）。

$$Risk_{it} = \alpha_0 + \beta_1 Risk_{it-1} + \beta_2 MP_{it} + \beta_3 NII_{it} + \beta_4 MP_{it} \times NII_{it} + \sum \gamma_j Controls + \varepsilon_{it} \tag{6-2}$$

6.4 实证结果分析

6.4.1 描述性统计分析

变量的描述性统计分析如表6-1所示。此外，为了进一步考察我国2007—2017年间商业银行风险承担水平与货币政策以及收入结构的变动情况，本书绘制了图6-1、图6-2和图6-3进行趋势分析。

表6-1 变量描述性统计结果

变量符号	样本量	最小值	平均值	最大值	标准差
LPV	565	0.530	2.691	8.580	0.889
NPL	565	0.004	1.367	22.550	1.542
DRR	565	14.500	18.260	21.000	2.005
M2	565	8.200	15.280	28.500	4.695
Shibor	565	1.000	2.389	3.300	0.679
NII	565	0.004	0.111	0.483	0.085
Size	565	22.050	26.460	30.950	1.875
CR	565	-0.006	0.506	0.945	0.158
ROA	565	0.001	0.010	0.029	0.003
LDR	565	0.210	0.645	0.986	0.116
CAP	565	0.200	12.730	30.670	2.606
GDP	565	6.700	8.487	14.100	1.818
REP	565	1.700	8.190	23.200	5.774
CPI	565	-0.700	2.684	5.900	1.677

由表6-1可知，样本银行的贷款拨备率（LPV）平均值为2.691，最大值达到8.580，而不良贷款率（NPL）平均值为1.367，最大值达到22.550，这说明我国商业银行整体所承担的风险水平较大。非利息收入占比（NII）的最小值仅为0.004，而最大值达到0.483，平均值为0.111，这说明我国商业银行收入多元化水平差异较大，有的银行十分依赖传统存贷款业务，有的银行则大规模拓展非传统业务，而行业整体平均的收入多元化水平尚待提高。法定存款准备金率（DRR）平均值为18.260，最大值为21.000，最小值为14.500，标准差为2.005。数量型货币政策M2增速的平均值为15.280，最大值是28.500，最小值为8.200，标准差为4.695，波动幅度较大，说明M2增速不稳定，数量型宏观货币政策调整幅度过大，可能受实体经济下降的影响，中央银行利用宏观政策改善经济发展环境。

由图6-1中实线可以看出，我国银行业的不良贷款率（NPL）大体呈现U形趋势，于2012年达到U形底部，2012年以后则逐年攀升，不良贷款率评估了商业银行的贷款质量，其形成除了受到银行内部管理质量的影响，还受到宏观环境因素（主要是货币政策）的制约。在2007—2008年期间，银行业不良贷款率（NPL）有小幅度攀升，中央政府于2008年11月推出了一系列促进经济平稳较快增长的措施，如投资约4万亿元的经济刺激计划、央行收紧银根（提高法定存款准备金率）以及银行业加强内部管理等，以积极应对金融危机。截至2012年，银行业的不良贷款率（NPL）在逐年下降，这显示出中央的调控政策得到了效果。坚持以发展实体经济为导向，积极管控银行风险，防止大规模违约事件发生。央行在防范系统性金融风险的过程中起到了不可磨灭的作用，但2013年开始，银行业的不良贷款率（NPL）却逐年上升，显示出该阶段企业的贷款违约率提高，银行坏账逐步增加，进一步导致实体经济出现一定程度的收缩反应。图中虚线表明，银行业的贷款拨备率（LPV）从2007年起便一直呈现逐年攀升的趋势，这说明监管机构对银行业的监督力度是越来越大的，银行内部也倾向于实施稳健型的经营策略，通过充分计提贷款损失准备应对提高不良贷款违约风险。

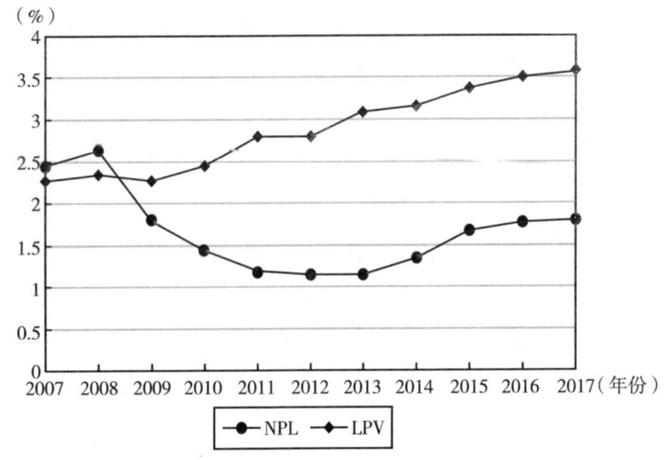

图6-1　商业银行风险承担水平趋势图

由图6-2可知，一方面，我国金融市场受国际金融危机全面爆发的影响，截至2009年年末，我国广义货币供应量（M2）的增速骤然上升，这一现象与我国政府实施的“4万亿元经济刺激计划”密切相关。其后的2009—2011年间，广义货币（M2）增速呈现下坡式的放缓，这表明数量型货币政策趋于紧缩。在此后的5年间，广义货币（M2）增速维持在12%—14%的区间内，变化幅度逐渐趋于平缓（稳中有降），同时说明了央行的宏观调控货币政策倾向于略偏宽松的稳健型。广义货币（M2）增速从 2009 年开始大致呈现 L 形变动趋势。

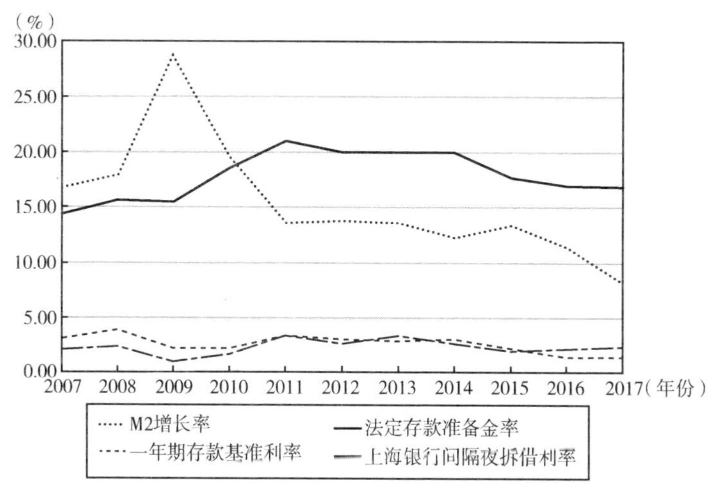

图 6-2　货币政策趋势图

在过去的很长一段时间，国内商业银行都是以传统的存贷业务为经营重心，营业利润来源单一，大部分来自利息净收入，商业银行收入结构单一，不利于商业银行抵御系统性金融风险，不利于我国商业银行走出去的长期战略，更不利于人民币国际化的长远目标。随着近年来的利率市场化改革的深入，银行业存贷款利差也逐步趋于市场化，这将进一步压缩依靠单一传统收入获取利润的商业银行，因此我国银行业开始逐步谋划多元化的经营结构。图 6-3 显示，2007—2017 年间，我国商业银行的收入总额、非利息收入总额及占比都在逐步攀升，银行业收入结构调整取得了长足进展。截至 2017 年年末，我国商业银行非利息收入占比平均达 10% 以上，而这一数据在 2007 年仅为 5.37%。可见，商业银行收入结构的多元化已经是大势所趋，以收入结构为重点的研究也将成为未来的方向。

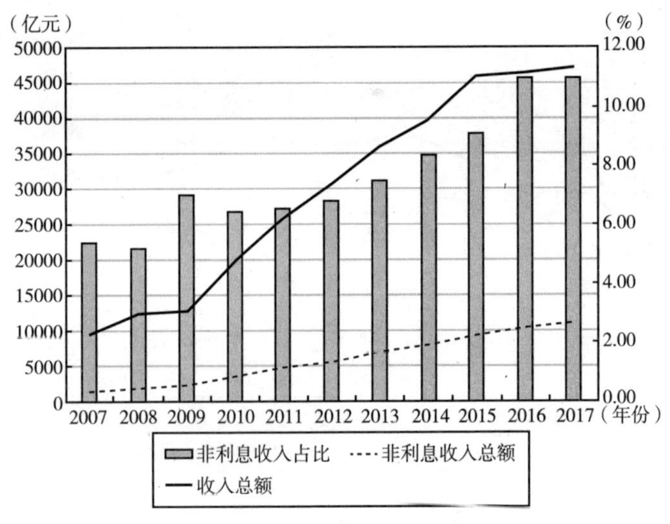

图 6-3 非利息收入占比趋势图

6.4.2 货币政策视角的分析

表 6-2 列示了以 LPV、NPL 作为被解释变量时，商业银行风险承担水平对货币政策的回归结果。可以发现，无论是以法定存款准备金率（DRR），还是上海银行间隔夜拆借利率（Shibor）作为货币政策的代理变量，其系数均在 1% 的水平上显著为负，这说明商业银行需要向中央银行缴存的准备金越少、存款基准利率越低、银行间拆借利率越低，银行的贷款拨备率就越高；而以广义货币供应量增长率（M2）作为货币政策的代理变量，其系数则在 5% 的水平上显著为负，这说明市场上的货币供应量越多，银行的贷款拨备率就越高。这均表明，宽松货币政策（较

低的法定存款准备金率、存款基准利率和同业拆借利率，以及较高的货币供应量增长率）的确会刺激商业银行降低信贷标准、增加风险资产投资，提高风险承担水平并计提更多贷款损失准备，也侧面证明了假设 1 所提出的货币政策影响银行风险承担的四种渠道效应的存在性，货币政策和商业银行的风险承担存在显著的负相关关系。贷款拨备率（LPV）代表商业银行在主观上对风险的感知和预防，而不良贷款率（NPL）则反映商业银行承担风险的客观结果。结果显示，无论从主观还是客观上衡量风险，宽松货币政策的确会提高商业银行的风险承担水平。

表 6－2　　货币政策与银行风险承担的回归结果

	LPV			NPL		
	(1)	(2)	(3)	(4)	(5)	(6)
L. RISK	0. 652*** (23. 38)	0. 652*** (23. 38)	0. 652*** (23. 38)	0. 549*** (200. 63)	0. 549*** (200. 63)	0. 549*** (200. 63)
DRR	－0. 041*** (－3. 24)			－0. 056*** (－5. 58)		
M2		0. 024** (2. 06)			0. 026** (2. 29)	
Shibor			－0. 168*** (－2. 63)			－0. 137*** (－3. 23)
Size	0. 533*** (4. 46)	0. 533*** (4. 46)	0. 533*** (4. 46)	0. 720*** (8. 21)	0. 720*** (8. 21)	0. 720*** (8. 21)
CR	0. 518*** (3. 78)	0. 518*** (3. 78)	0. 518*** (3. 78)	1. 859*** (12. 21)	1. 859*** (12. 21)	1. 859*** (12. 21)
ROA	－2. 873 (－0. 23)	－2. 873 (－0. 23)	－2. 873 (－0. 23)	－35. 360*** (－4. 14)	－35. 360*** (－4. 14)	－35. 360*** (－4. 14)

续表

	LPV			NPL		
	(1)	(2)	(3)	(4)	(5)	(6)
LDR	-0.397** (-2.09)	-0.397** (-2.09)	-0.397** (-2.09)	-0.081 (-0.39)	-0.081 (-0.39)	-0.081 (-0.39)
CAP	0.014** (2.25)	0.014** (2.25)	0.014** (2.25)	-0.050*** (-8.71)	-0.050*** (-8.71)	-0.050*** (-8.71)
GDP	0.102 (1.39)	-0.045 (-1.26)	0.121** (2.06)	0.068 (1.10)	-0.088*** (-2.88)	0.212*** (4.06)
REP	-0.011** (-2.26)	0.004 (0.82)	-0.017*** (-3.61)	-0.007** (-1.97)	0.012*** (3.20)	-0.025*** (-7.16)
CPI	0.013 (0.81)	0.117*** (2.87)	0.024** (2.25)	0.008 (0.45)	0.132*** (4.53)	-0.041*** (-4.35)
_CONS	-13.410*** (-3.82)	-13.660*** (-4.12)	-13.910*** (-3.99)	-18.160*** (-6.79)	-18.690*** (-7.50)	-19.820*** (-7.35)
N	390	390	390	390	390	390
AR (2)	0.130	0.130	0.130	0.290	0.290	0.290
Sargan	0.227	0.227	0.227	0.145	0.145	0.145

注：(1) 表内数字为估计系数，对应的括号内的数字为 Z 值，***、**、* 分别表示在 1%、5%、10% 的水平上显著；(2) AR(2) 代表干扰项二阶序列相关情况检验的 P 值；(3) Sargan 代表工具变量过度识别检验的 P 值。

就控制变量而言，资产规模、成本收入比的系数在 1% 的水平上显著为正，说明商业银行的规模越大、经营效率越高，风险承担能力就越高，所计提的贷款损失准备金比重就越大。当以上海银行间隔夜拆借利率和一年期存款基准利率为解释变量时，国民生产总值增速的系数分别在 5% 和 10% 的水平上显著为正，一定程度上说明经济的繁荣导致商业银行提高了自身对风险的容忍程度，增加了对风险资产的投资，并计提了较多的贷款损失准备；当以法定存款准备金率和上海银行间隔夜拆借利率为解释变量时，房地产价格增速的系数分别在 5% 和 1% 的水平上显著为负，侧面说明房地产行业作为国家的支柱产业，其“政策兜底”效应明显，商业银行认为房地产行业的贷款违约风险相对其他行业较低，会放松对贷款损失准备的计提；居民消费者价格指数增速的系数在以广义货币供应量增长率和上海银行间隔夜拆借利率为解释变量时显著为正，显著性水平分别为 1% 和 5%，表明该变量与商业银行风险承担水平之间存在正相关关系。

6.4.3　收入结构视角的分析

为了验证银行的收入结构能否对货币政策的风险承担渠道产生影响，也即假设 2，表 6 - 3 列示了回归结果。当以法定存款准备金率（DRR）和上海银行间隔夜拆借利率（Shibor）作为货币政策（MP）的代理变量时，本书重点关注的交互项 NII × MP 的系数均为正值，显著性水平分别为 5%、1% 和 1%；而以广义货币增长率（M2）作为货币政策（MP）的代理变量时，交互项的系数则在 1% 的水平上显著为负，这说明非利息收入占比削弱了货币政策的风险承担渠道。较为宽松的货币环境会导致无风险收益率下降，传统的存贷款业务利润减少，银行间为了争夺客户的竞争也变得更加剧烈，而非利息收入占比较小的银行主要依赖传统利息收入维持盈利，其在面临上述情况时更倾向于增加风险投资；相比之下，非利息收入占比较大或者说收入结构更加多元化的银行在面对宽松的货币政策时所产生的收益搜寻效应与竞争效应较小，对高风险资产的需求程度较小，不太容易放松信贷标准并导致风险承担水平的上升。该回归结果证明了假设 2。

表 6-3　货币政策、银行收入结构与风险承担的回归结果

	LPV			NPL		
	(1)	(2)	(3)	(4)	(5)	(6)
L. RISK	0.632*** (24.65)	0.646*** (21.77)	0.641*** (22.93)	0.547*** (164.49)	0.548*** (169.94)	0.551*** (157.54)
DRR	-0.057*** (-4.13)			-0.074*** (-6.58)		
M2		0.070*** (4.18)			0.098*** (6.49)	
Shibor			-0.276*** (-4.43)			-0.367*** (-4.80)
NII	-0.668 (-0.68)	3.200*** (5.87)	0.200 (0.39)	-1.674 (-1.43)	5.643*** (11.68)	-0.189 (-0.37)
NII × MP	0.123** (2.21)	-0.142*** (-4.14)	0.578*** (3.63)	0.234*** (3.47)	-0.282*** (-7.15)	1.091*** (6.76)
Size	0.576*** (5.59)	0.624*** (5.32)	0.565*** (5.15)	0.709*** (8.48)	0.806*** (8.00)	0.708*** (8.01)
CR	0.534*** (3.95)	0.568*** (4.80)	0.546*** (3.91)	1.789*** (9.79)	1.671*** (8.50)	1.778*** (10.50)
ROA	-0.719 (-0.06)	-7.724 (-0.71)	-1.552 (-0.13)	-34.050*** (-3.77)	-34.700*** (-3.63)	-31.550*** (-3.28)
LDR	-0.139 (-0.60)	-0.190 (-0.91)	-0.0813 (-0.35)	0.163 (0.72)	0.080 (0.36)	0.199 (0.86)
CAP	0.009 (1.43)	0.011* (1.72)	0.011 (1.60)	-0.052*** (-9.40)	-0.059*** (-9.86)	-0.053*** (-10.47)
GDP	0.222*** (3.52)	-0.034 (-0.99)	0.183*** (2.90)	0.249*** (3.53)	-0.026 (-0.70)	0.202*** (2.73)

续表

	LPV			NPL		
	(1)	(2)	(3)	(4)	(5)	(6)
REP	-0.018*** (-3.54)	-0.014** (-2.57)	-0.019*** (-3.46)	-0.019*** (-4.10)	-0.026*** (-3.93)	-0.020*** (-3.90)
CPI	-0.016 (-0.95)	0.106*** (2.80)	0.024 (1.21)	-0.044** (-2.35)	0.060 (1.40)	0.006 (0.22)
_CONS	-15.390*** (-5.23)	-16.930*** (-5.22)	-15.340*** (-4.88)	-19.150*** (-7.39)	-22.360*** (-7.74)	-19.340*** (-6.92)
N	390	390	390	390	390	390
AR (2)	0.118	0.113	0.108	0.289	0.284	0.288
Sargan	0.326	0.282	0.334	0.161	0.203	0.165

注：(1) 表内数字为估计系数，对应的括号内的数字为Z值，***、**、*分别表示在1%、5%、10%的水平上显著；(2) AR(2) 代表干扰项二阶序列相关情况检验的P值；(3) Sargan代表工具变量过度识别检验的P值。

6.5 本章小结

本书以2007—2017年我国72家商业银行的相关数据为样本，运用规范研究和实证研究相结合的研究方法，首先对货币政策及商业银行收入结构对商业银行风险承担水平的影响相关的文献进行了系统梳理，接着在文献综述的基础之上，结合相关理论提出了研究假设，最后运用差分GMM的实证方法检验了货币政策的风险承担渠道的存在性，以及银行收入结构对货币政策风险承担渠道效应发挥的影响，并得出了以下结论：

首先，“货币政策的风险承担渠道”在中国的金融体系内同样存在，即宽松的货币政策（较低的法定存款准备金率、银行间同业拆借利率或者高速增加的货币供应量）会产生“估值、收入与现金流效应”“收益搜寻效应”“竞争效应”以及“保险效应”，引导商业银行为了追求高收益不惜降低贷款标准，扩大对风险资产的投资，最终导致不良贷款率的提高并计提更多的贷款损失准备金。这提醒政府部门在制定货币政策以提振经济时，必须重视货币政策与银行风险之间的关系，时刻注意防止风险的过度积累。

其次，货币政策对商业银行风险承担水平的影响受到银行收入结构的制约。同样面对宽松的货币政策，在其他条件不变的情况下，收入结构更加多元化、非利息收入所占比重更大的银行对高风险资产的需求越低；而收入结构单一，主要依靠传统利息净收入维持盈利的银行则会大大增加对高风险资产的需求，并最终引发风险承担水平的上升。该结论不仅证明了收入结构多元化的一大优点——削弱货币政策的风险承担渠道，在一定程度上有助于在宽松的货币环境下将银行风险维持在一个合理的水平。而且该结论提醒我们货币政策作用于市场主体的过程受多种因素影响，其机制是极为复杂的，今后的研究应以此为出发点，探寻可能增强或削弱货币政策渠道效应的各种内外部因素，为货币政策的制定与实施以及银行业改革提供参考。

第7章 系统性金融风险释放的理论思考

在防范和化解系统性金融风险方面，本章尝试从正式制度和非正式制度视角，研究其对系统性金融风险的影响机理。经过理论推导可以得出，其一，宏观审慎是一个动态发展的框架，其主要目标是维护金融稳定和防范系统性金融风险，逐渐成为金融监管研究的思路和强有力的工具，宏观审慎体现为每个金融机构都应保持自身的健康性，并通过监管来督促微观主体的健康性。其二，社会规范能降低银行系统性金融风险，当银行竞争加剧及银行面临的风险承受能力过高时，社会规范的作用被弱化。这些结论表明，社会规范作为一种非正式制度安排，能够降低银行系统性金融风险，但其作用发挥是情境依赖的。本书一方面较为深入与全面地评价了宏观审慎政策，提供了证据支持，这为今后宏观审慎政策的广发开展与实施提供了强有力的数据支撑与理论依据。另一方面从社会规范视角拓展与丰富了系统性金融风险成因的研究范畴，该研究对银行系统性金融风险的微观监管提供了新思路。

7.1 引 言

7.1.1 研究背景及意义

从港股南方能源闪崩暴跌90%，15分钟蒸发60亿元，到央行公布的由于存在严重信用风险导致包商银行被接管等，这些事件更加凸显防范和化解系统性金融风险的重要性。在全球金融危机之前，各国主要从微观审慎的角度考虑金融稳定性。监管目标是降低个别机构失败的风险，而忽略了它们对整个金融体系或整体经济的影响。雷曼兄弟破产表明金融稳定具有不可忽视的宏观审慎或系统性维度，本书需要从宏观审慎角度考虑金融稳定性。尤其是后金融危机时代，宏观审慎工具更是被各国广泛采用，我国也不例外。尤其在我国经历了股市震荡闪崩、民营企业债券违约、政府债务危机等事件后，系统性金融风险不仅关乎金融稳定，而且更关乎金融如何更好服务于实体经济。我国央行运用多种工具与手段来加强对系统性金融风险的监管，宏观审慎政策工具更是备受青睐。在如何化解和缓释系统性金融风险方面对宏观审慎工具的探讨与研究极具理论与现实意义。

然而，采用宏观审慎工具也带来许多挑战。第一个挑战是评估宏观审慎政策的有效性，特别是在实施多种工具时，如何综合评价其实施效果及其对现实的指导意义。目前，证据不一，大多数研究都侧重于分析宏观审慎工具对银行贷款、银行风险（作为中间目标）的影响，而不是研究其对系统性金融风险（最终目标）

的影响，如 Klingelhöfer 和 Sun（2019）、Altunbas 等（2018）、Sarlin（2016）、潘敏和张依茹（2012）、宋科等（2019）等。第二个挑战是大多数宏观审慎政策旨在遏制系统性风险，这种风险本质上是内生的。已有研究在分析宏观审慎政策影响银行风险方面，大多数分析采用了压力测试、预期违约概率（EDF）或 Z 分数等，但这些指标本身要取决于银行自身的财务指标，如 EDF 指标的计算要求银行在股票市场上发行股票，而 Z 分数则是依赖于资产负债表变量的指标。

此外，社会规范作为日常例行互动的必要基础（Zucker，1986），其对金融活动的影响已日益凸显（陈颐，2017），并成为新近研究热点（Zingales，2015）。我们知道，社会信任是社会秩序的前提，儒家文化所推崇的“民无信不立”在经济活动中已展现出无限的生命力。从经济学视角来看，社会规范不仅可以促进合作，使得经济交换更有效率（Young & Wilkinson，1989），而且可以降低组织内或组织间交换时产生的风险及成本，如监控成本、缔约成本、交易成本等（Becerra & Gupta，1999；Bradach & Eccles，1989；Das & Teng，1998），以提高微观经济组织的运作效率。从消极意义上来讲，没有信任也就没有社会；从积极意义上讲，有了信任，就会增强社会成员的向心力，降低社会运行成本，提高其运行效率（翟学伟、薛天山，2014）。党的十九大报告也指出要推进诚信建设，因此，研究社会规范对金融活动的影响不仅具有较强的理论意义，而且在当下的中国具有极强的现实意义。

7.1.2　系统性风险平滑性释放思路

金融监管目标可划分为一般目标和具体目标两个层次，金融监管一般目标定义为稳定、效率和公平三方面，金融监管具体目标根据国情和监管需求确定。具体目标层次是一般目标层次的具体化，具体目标层次达到程度越高，一般目标层次的达到程度也越理想（李成等，2013）。而宏观审慎政策框架形成于国际金融危机深化以后。Crockett（2002）、（Borio，2011）划分了宏观审慎和微观审慎的界限，二者的作用对象分别是“系统性风险”和“个体风险”，宏观审慎是一个动态发展的框架，其主要目标是维护金融稳定和防范系统性金融风险，逐渐成为金融监管研究的思路和强有力的工具，宏观审慎体现为每个金融机构都应保持自身的健康性，并通过监管来督促微观主体的健康性（周小川，2011）。

宏观审慎政策旨在减缓由金融顺周期行为和风险传染对宏观经济和金融稳定造成的冲击，有助于防范系统性风险。国际金融危机之后，宏观审慎政策受到广泛关注。2010 年 11 月的 G20 集团领导人峰会上，各成员国对宏观审慎的定义达成共识，即“宏观审慎政策”主要是指利用审慎性工具防范系统性金融风险，从而避免实体经济遭受冲击的政策[①]。2016 年 8 月 31 日，IMF、FSB 和 BIS 联合发布了《有效宏观审慎政策要素：国际经验与教训》的报告，对宏观审慎政策进行了定义：宏观审慎政策利用审慎工具来防范系统性风险，从而降低金融危机发生的频率及其影响程度。

中国特色的社会主义制度背景，加之经济总量跃居世界第二，使得我国宏观审慎政策的探索与创新在国际上走在了前列，为全球提供了有价值的经验。中国较早开始了宏观审慎政策方面的实践，窗口指导以及房地产信贷政策，都带有宏观审慎政策的

① 张晓慧．宏观审慎政策在中国的探索，http：//dangjian. people. com. cn/n1/2017/0703/c412885 -29378557. html.

雏形，而数量和价格相结合的货币政策框架，也更容易让各方面理解和接受宏观审慎理念。2008 年金融危机爆发后，人民银行在宏观审慎政策框架建设方面持续探索。从 2009 年研究强化宏观审慎管理的政策措施，并于 2011 年正式引入差别准备金动态调整机制。2016 年将差别准备金动态调整机制升级为宏观审慎评估体系（MPA），从资本和杠杆、资产负债、流动性、定价行为、资产质量、跨境融资风险、信贷政策执行情况等七大方面对金融机构的行为进行多维度的引导。

7.2　正式制度视角的思考

根据一个被广泛接受的定义，“宏观审慎政策旨在识别和减轻系统稳定性的风险，从而降低金融服务中断的经济成本，这些金融服务是金融市场运作的基础”（FSB/IMF/BIS，2009）。然而，为宏观审慎政策与系统性风险之间的关系提供框架并不简单。对宏观审慎政策的需求来自系统性风险的两个维度：时间和横截面维度。

时间维度代表了限制金融繁荣的必要性（Borio，2014）。这种金融繁荣可能源于代理商的供需双方以及金融中介行为。例如，被称为“金融加速器”的放大机制主要与需求方有关（Claessens 等，2013）。但其他机制与供应方有关，如 Adrian 和 Shin（2010，2014）的模型，如果银行以某个杠杆比率为目标，那么提高银行资产价值的初步正面冲击（如贷款和证券）可能会导致债务进一步增加。银行对杠杆率以及资产和/或负债构成的决策可能通过资产负债表不匹配使其更容易受到未来负面冲击的影响。系统性风险的第二个特征是其横截面维度，主要与金融机构的相互关联性有关。这一方面成为全球金融危机后政策讨论的焦点，因为一些机构的具体冲击因金融市场和国家的扩散而大大放大。例如，新巴塞尔协议Ⅲ监管框架主要针对具有特定资本附加费的具有系统重要性的金融机构（SIFI），旨在减少因相互关联而产生的负外部性（Altunbas et al. ，2018）。

因此，积极使用宏观审慎政策可以减轻银行的冒险行为。基于2013年IMF宏观审慎政策实施情况调查问卷和全球53个国家的主要银行数据，邵梦竹（2019）发现各国对宏观审慎政策的实施程度越大，降低银行风险承担的效果越好。此外，刘澜飚和戴金甫（2019）、郑兰祥和王敏（2019）发现央行通过逆周期调节，宏观审慎政策工具能够有效地促进商业银行贷款的增长，一定程度上降低了系统性风险的发生概率。并且有研究发现宏观审慎评估会降低商业银行的风险承担，因而宏观审慎政策能够显著抑制金融风险（李义举和冯乾，2018；姜志晖，2018）。宋科等（2019）发现宏观审慎政策增强会在一定程度上抑制银行风险承担，同时经济周期会对宏观审慎政策的有效性产生非对称性影响，即相比在经济上行时期，在经济下行时期的宏观审慎政策对银行风险承担的抑制作用更强且更为显著。

除了宏观审慎工具对银行风险的直接影响外，货币政策也对风险承担和金融稳定产生影响（Borio and Zhu，2012；Adrian and Shin，2014；Gambacorta，2009）。长期低利率可能会以两种不同的方式影响风险承担。首先是通过寻找产量（Rajan，,2005）。低利率可能会增加资产管理者因合同、行为或制度原因承担更多风险的动机。低利率可以鼓励银行承担更多风险的第二种方式是通过它们对估值、收入和现金流量的影响。政策利率的下降提高了资产和抵押品价值，从而可以改变银行对利率的估计违约、违约损失和波动率。例如，通过提高资产价格，低利率往往会降低波动性，从而降低风险认知。

原则上，宏观审慎工具可用于缓和货币政策决策带来的风险激励。例如，Igan 和 Kang（2011）认为，通过对债务收入比率实施保守限制，可以抑制收紧货币政策对违约的影响。另一方面，在宽松的货币政策推高资产价格的情况下，宏观审慎措施可以减少脆弱性。此外，更高的资本要求（包括反周期）或更严格的杠杆率和流动性比率可能有助于抑制银行风险的增加，以应对预期宽松的货币政策（Farhi and Tirole，2012）。

宏观审慎监管工具专门服务于防范系统性风险的目标，我国是全球使用宏观审慎监管工具种类较多的国家。其中，存款准备金率是我国最重要的宏观审慎工具之一，政策呈现由渐趋严格到稳健发展的态势。例如，基于资本的工具，如资本保护缓冲，将允许机构在经济繁荣时期积累资本，然后可用于吸收压力期的损失。同样，反周期资本缓冲可以积极地用于“实现更广泛的宏观审慎目标，即保护银行业免受信贷过度增长的影响。”（Basel Committee on Banking Supervision，2010）。因此，集中使用基于资本的要求可以通过在经济好转期间需要更高的缓冲来降低银行风险。在经济好转期间使用其他宏观审慎工具可以进一步减轻银行风险。例如，增加流动性要求和实施严格的货币工具可以最大限度地降低因重新定价和流动性缺口以及汇率波动而产生的银行风险。因此，预计宏观审慎工具的单一或多次使用能够对系统性金融风险产生影响。

7.3　非正式制度视角的思考

在金融活动中，防止发生系统性金融风险是金融工作永恒的主题。系统性金融风险涉及资本市场、货币市场、外汇市场以及地方政府债务等多维度（De Bandt & Hartmann, 2002；童中文等，2018），而银行系统性金融风险首当其冲。以 2013 年的“余额宝”诞生和规模增速狂飙为契机，互联网金融实现爆发式增长不仅冲击了银行收入结构，而且波及银行系统性金融风险。就国际金融环境而言，全球在加强宏观审慎监管、维护金融稳定和防范金融体系系统性风险方面逐步得到共识，传统货币政策的“事后救助论”及对金融稳定目标的忽视促使学界对货币政策与宏观审慎监管的关系进行深入研究（王晓、李佳，2013）。2013 年以来中国人民银行多次运用定向降准、调整正向回购利率以及创新型工具对市场流动性进行调控，货币政策工具由偏重“数量型”向“价格型”和“数量型”并重的转变引起了业界关注[①]。在我国财税改革和利率市场化尚未完成的背景下，央行肩负着调整经济结构和防控系统性风险的双重责任，数量型和价格型工具的综合使用意味着央行需要在货币政策调控方式、经济增长和金融稳定之间进行权衡（周天芸等，2012；朱波、卢露，2016）。此外，近段时间频现的股市“闪崩”以及金融机构理财产品刚性兑付的监管，使得银行系统性金融风险尤为严重（Altunbas et al., 2011）。党的十九大报告指出，要“健全金融监管体系，守住不发生系统性金融风险的底线”。只有守住不发生系统性金融风险底线，才能更好地服务实体经济。

毋庸置疑，系统性金融风险已成为监管重点和学界研究热点，基于众多学者对系统性金融风险的梳理与分析（Bisias et

① 数量型货币政策工具主要包括存款准备金率、公开市场操作、再贷款和再贴现等，侧重对货币供给量的直接调控。价格型货币政策工具指通过资产价格变化来影响微观经济主体行为和市场预期的间接调控工具，主要包括利率和汇率等。

al., 2012; Giesecke & Kim, 2011; Silva et al., 2017; Silva et al., 2017)，我们不难发现，系统性金融风险成因无外乎宏观和微观层面因素（Baselga - Pascual et al., 2015）。宏观层面的研究主要聚焦于宏观审慎视角的监管以及宏观政策的冲击与影响（Adrian & Liang, 2014; Agénor & Pereira Da Silva, 2014; Calmès & Théoret, 2014; Rubio & Carrasco - Gallego, 2014; Tomuleasa, 2015）；而微观层面的研究则主要聚焦于银行特质因素，包括银行规模、资本充足率与流动性（Eichberger et al., 2005; Laeven et al., 2016）、银行所有权及金融分部（Drakos & Kouretas, 2015）、银行业务模式（Altunbas, Manganelli & Marques - Ibanez, 2011）、资产共同性与债务期限结构的交互影响（Allen et al., 2012）、金融网络（Huang et al., 2016）、银行整合（Yin - Pheng Lim et al., 2015）等；此外，行业集中度（Allen & Gale, 2000）、公司治理（Iqbal et al., 2015）、公司商业信用的网络关系（Ma et al., 2018）、风险文化（Fahlenbrach et al., 2012）等因素也不能忽略。由此可知，这些研究关注点都属于显性的、正式制度建设层面的，而往往忽略了一些非正式制度层面的因素，尤其是在正式制度尚不健全的社会环境下，经济行为在很大程度上由隐性的非正式制度决定（North, 1990）。非正式制度——尤其是社会规范在经济活动中扮演着重要角色（Beugelsdijk et al., 2004; Zak & Knack, 2001; 陈颐, 2017; 张维迎、柯荣住, 2002）。社会规范作为最无形、最深层的社会嵌入和非正式制度形式（Williamson, 2000），其如何作用于微观企业行为以及公司治理等方面是当前学术界研究的热点问题。现有文献发现，社会规范水平越高的地区，公司避税程度越小（曹越等, 2018）、财务风险越低（林钟高、陈曦, 2016）、企业违规比例越低（马德芳、邱保印, 2016）、未来股价崩盘风险越小（刘宝华等, 2016）、银行破产风险越低（李俊青等，2017）。这些研究充分说明，社会规范毫无疑问会显著影响企业行为，在社会生活中处处发挥着重要作用。Stiglitz（2008）指出“目前的金融危机源于信心的灾难性崩溃①”。信任和信心对于有效的经济运作至关重要，不仅表现在代理人之间的特定交换方面，而且表现在支持更广泛的社会经济系统的普遍信任基础方面。正是信任降低了组织内或组织间交换产生的风险和成本，使得经济交换更有效率（Becerra & Gupta，1999；Bradach & Eccles，1989；Das & Teng，1998；Tonkiss，2009；Young & Wilkinson，1989）。

显而易见，系统性金融风险的防范离不开信任机制的建立与完善。随着金融市场变得越来越复杂，其内部的交换通过电子通信进行交易，信任问题变得更加尖锐。基于社会规范理论，非制度层面的因素不仅会对组织行为产生影响，而且也会影响银行系统性金融风险，但现有研究鲜有涉及。本部分尝试从社会规范视角，检视其对银行系统性金融风险的影响，并探究其影响机理。在分析银行系统性金融风险影响因素方面，现有研究面临的主要问题是潜在的内生性问题，例如可能存在的遗漏变量问题，管理能力（Cebenoyan & Strahan，2004）、公司治理结构（Laeven & Levine，2009）或者风险文化（Fahlenbrach，Prilmeier & Stulz，2012）等，这可能会影响本书研究结果。本书获取的面板数据能够校正内生性问题及不可观测的银行特质因素。实证结果表明：社会规范水平越高的地区，银行系统性金融风险越低。信任就像社会关系中的胶合剂，是社会秩序的基础，确实可以降低组织内或组织间交换时产生的风险及成本。因为系统性风险是与人的决策紧密相连，而依托“关系”“身份”“血缘”建立起熟人

① https：//www.theguardian.com/commentisfree/2008/sep/16/economics.wallstreet.

间的信任及以契约关系建构的陌生人交往间的信任，使得信任由自在变成了自为的资源，从而降低系统性金融风险。

7.4　本章小结

本章从正式和非正式制度视角，研究了其对银行系统性金融风险的影响，研究发现，宏观审慎政策确实能够显著降低系统性金融风险，同时宏观审慎政策效果的发挥是情境依赖的，且社会规范能降低银行系统性金融风险，并与银行透明度存在互补效应，当银行竞争加剧及银行面临的风险承受能力过高时，社会规范降低银行系统性风险的作用被弱化。

研究启示，因为宏观审慎是一个动态发展的框架，其主要目标是维护金融稳定和防范系统性金融风险，逐渐成为金融监管研究的思路和强有力的工具，宏观审慎体现为每个金融机构都应保持自身的健康性，并通过监管来督促微观主体的健康性。本书研究结果一方面较为深入与全面评价了宏观审慎政策，提供了证据支持，这为今后宏观审慎政策的广发开展与实施提供了强有力的数据支撑与理论依据。另一方面在运用宏观审慎政策工具时，要充分考虑外部环境，尤其是银行竞争程度及银行信息透明度等维度。从而更加有助于金融监管目标的实现。而且从社会规范视角拓展与丰富了系统性金融风险成因的研究范畴，该研究对银行系统性金融风险的微观监管提供了新思路。

第8章 研究结论及启示

依据宏观审慎政策和管理视角对系统性金融风险的动态监管分析，尝试从误定价纠正和价格发现机制研究宏观审慎视角的动态监管对系统性金融风险的传导与反馈效应。试图探究我国宏观货币政策的信号传递效应和实施效果，着重于分析其对宏观系统性金融风险的抑制作用与效果。

8.1 研究结论

金融稳，经济稳。金融是国家重要的核心竞争力，金融安全是国家安全的重要组成部分。防范化解金融风险特别是防止发生系统性金融风险，是金融工作的根本性任务。尤其是在中国经济由高速增长向高质量发展转变过程中，如何防范和平滑性释放系统性金融风险对经济高质量发展至关重要。对我国系统性金融风险成因的梳理、归纳与总结，以及有针对性地提出平滑性释放风险的策略及机制都极具理论价值和现实意义。

本书首先简要回顾了我国金融结构体系的发展演变过程，以及新时代对金融监管发展的要求。并梳理了系统性金融风险的重要文献与最新进展，尝试构建系统性金融风险成因理论框架，从系统性风险承担、信息传染机制以及放大机制等三方面阐释，并着重从宏观审慎视角的动态监管方面归纳与述评。其次，本书主要做了如下工作：第一，对系统性金融风险的理论分析，从系统性风险的起源、触发及影响做了分析，并对银行系统性金融风险做了时间序列和横截面维度的对比分析。第二，采用资产误定价的多个测度方法，围绕其对系统性风险的影响做了经验分析。资产价格与价值的长期偏离形成错误定价，均衡价格无法形成，难免诱发系统性金融风险。第三，从金融衍生工具视角探索银行系统性风险成因。随着金融创新的日益增多，尤其金融衍生品交易的日益复杂性，降低银行信息透明度，累积的负面消息的增加会诱发系统性风险。从巴林银行倒闭到中航油、中国国航、中石化衍生品交易巨亏，这不得不使我们重新思考衍生金融工具运用与系统性风险的关系。且近年来金融衍生工具运用规模和比例呈急剧上升趋势，其初衷无非是对冲风险，更好契合金融服务实体经济功能，但由于其交易规则的复杂性和不透明性，其实施效果亟待检验。本书从金融衍生工具视角，探索了分类金融衍生工具对银行系统性风险的影响及作用机理。第四，从货币政策视角分析了系统性风险平滑性释放，主要围绕银行风险承担来研究。考虑到收入结构多元化的趋势正在全球银行业间蔓延，我国商业银行也不例外，逐步扩大了除传统存贷款业务之外的非传统业务规模。那么这一趋势在扩展银行业利润增长点的同时，对货币政策风险承担渠道有何影响？本部分以我国商业银行为样本，从货币政策视角分析了系统性金融风险平滑性释放。第五，在分析系统性金融风险动因后，分别从正式制度与非正式制度视角剖析系统性金融风险的释放机制。一方面从宏观审慎视角探究系统性风险的释放机制。在防范和化解系统性金融风险方面，除微观审慎视角外，宏观审慎工具也尤为重要。另一方面从非正式制度视角深化探索系统性风险的释放机制。社会信任是社会秩序的前提，近期逾百家 P2P 平台爆雷凸显了社会信任危机，由此引发对社会信任与系统性金融风险关系的思考。本书较为系统地探索了社会信任对银行系统性金融风险的影响及其作用机理。

在经过上述分析后，本书有如下研究发现：其一，资产误定价会加剧系统性金融风险。进一步，将资产误定价区分为高估与低估时，与高估时关系不明显。相反，低估时，资产误定价会显著加剧系统性金融风险。进一步分析发现，流动性发挥了中介作用，当被低估时，股票流动性降低，错误定价程度更高，进而引致系统性金融风险。这一方面丰富了资产误定价经济后果的理论文献，另一方面对如何防范和化解系统性金融风险具有极强指导意义。其二，从银行持有金融衍生工具来看，金融衍生工具增加了银行系统性风险，且外汇类和利率类金融衍生工具也均增加了银行系统性风险。因此，金融衍生工具运用总体效果并不理想。并且，金融衍生工具运用是存在情境依赖的，其作用发挥呈现异质性。在后金融危机时代以及股市处于熊市时均加剧了银行系统性风险，在危机前则降低了银行系统性风险，但当处于牛市时则不显著。此外，尤其在市场化进程高、机构持股比例高时，金融衍生工具加剧银行系统性风险的作用更为明显。本书从一个新的视角检验了银行系统性风险的影响因素，为探究其成因提供了新解释，也对未来系统性风险防控提供了新思路。其三，从系统性金融风险的释放机制来看，从理论上来看，宏观审慎工具和社会规范都可以降低系统性金融风险。这些结论表明社会规范作为一种非正式制度安排，能够降低银行系统性金融风险，但其作用发挥是情境依赖的。本书从社会信任视角拓展与丰富了系统性金融风险成因的研究范畴，该研究为银行系统性金融风险的微观监管提供了新思路。

综上，本书的研究一方面系统性探索系统性金融风险的内在原因，主要是资产误定价视角，及由此衍生出的金融衍生工具视角的分析；另一方面最重要的则是从正式和非正式制度视角探索了系统性金融风险的释放机制。对防范和化解系统性金融风险在极具理论价值的同时又极具实践意义。

8.2　政策建议

本书一方面是对系统性风险研究的拓展与丰富，对系统性风险的研究不能仅侧重于外部环境，还要分析银行自身特征因素，这是不能忽略的。另一方面，本研究对于今后系统性风险的防范提供有针对性的建议。该研究不仅拓展了系统性风险的研究视角，而且丰富了资产误定价对系统性风险影响的作用路径及机理。这对防范和化解系统性风险尤为具有现实指导意义。对监管部门而言，对高估形成泡沫的防范固然重要，但更重要的是对市场及投资者不易识别的低估也要加大关注与重视，这才是导致系统性风险的重要诱因。

首先，对衍生工具表外业务的规范，尤其要注重其对系统性风险的影响，坚持“抓大放小”，尤其应该关注利率类衍生品的“双刃剑”作用。同时，十九大报告强调，要“健全金融监管体系，守住不发生系统性金融风险的底线”。金融是国家重要的核心竞争力，我国高度重视防控金融风险、保障金融安全。本研究也对今后加强系统性金融风险防控具有极强的借鉴意义。当然，未来应该不仅局限于上市银行的研究，因为我国上市银行规模比较大，今后应更多侧重于区域性银行及城商行，这也可能是银行系统性金融风险不可忽略的重要方面，未来存在很大的可探索空间。

其次，因为宏观审慎是一个动态发展的框架，其主要目标是维护金融稳定和防范系统性金融风险，逐渐成为金融监管研究的思路和强有力的工具，宏观审慎体现为每个金融机构都应保持自身的健康性，并通过监管来督促微观主体的健康性。本研究结果一方面较为深入与全面评价了宏观审慎政策，提供了证据支持，这为今后宏观审慎政策的广发开展与实施提供了强有力的数据支撑与理论依据。另一方面，在运用宏观审慎政策工具时，要充分考虑外部环境，尤其是银行竞争程度及银行信息透明度等维度，从而更加有助于金融监管目标的实现。

最后，结合本书研究结果，对银行系统性金融风险的监管有如下启示：

第一，在正式制度执行缺乏有效性时，要注重银行文化的塑造，尤其是银行所在地区的社会信任规范的重塑，这会提升投资者信心，缓解银行内外部信息不对称，有助于外部投资者更加理解与信任银行的信贷活动，降低银行系统性金融风险。

第二，社会规范作用的发挥还依存于银行自身业务的透明度、银行的风险偏好以及银行竞争模式等，为此，对银行系统性风险的监管要加强银行自身复杂业务的透明度，引导银行的风险偏好，这要结合银行竞争来分析。固然，资本是逐利的，但逐利的过程中要注意风险承担能力以及金融系统的竞争环境，政府应引导良性竞争环境，创造良好的外部环境，引导金融更好服务实体经济。

第三，提高货币政策制定过程的审慎性。伴随着金融自由化程度的日益提高，货币政策所带来的除了提振经济以外的负面影响必须引起高度重视。因此，央行在制定货币政策时，应该考虑可能引起的银行风险的变化以及是否会增加金融危机爆发的概率，并采取相应措施防范货币政策实施过程中可能带来的风险。此外，该研究结论还表明，在我国，单纯依靠货币政策去调控经济的方法已经不再适用，央行一方面需要降低外界对货币政策调控的预期，进而降低风险对货币政策变化的敏感程度；另一方面还要考虑采用多种不同类型的调控工具去配合货币政策的实施，形成多样化的宏观调控体系。具体而言，有如下三方面措施：一是构筑多样化的宏观调控体系，综合运用丰富的货币政策工具。货币政策和财政政策各有其特长，在不同领域内其实施效果是不同的。二是降低对货币政策的依赖，加快结构性改革的步伐。三是加强央行与市场之间的沟通，提高货币政策的透明性。如果央行在实施货币政策时，缺少对市场状况、经济形势以及政策用意的解读，市场主体很容易对货币政策变化进行肤浅解读并采取相应行动，最终影响货币政策的执行效果，甚至带来不利影响。

第四，鼓励银行业向多元化的收入结构转变。尽管宽松的货币政策会提高商业银行的风险承担水平，但若商业银行具备多元化的收入结构，或者说较多地依靠非利息收入获取收益，这一风险提升效应将大大减弱。这一结论提醒我们，收入结构多元化已经不仅仅是商业银行自身为了维持竞争优势所做出的选择，而是整个金融行业为了在宽松环境下规避风险的必由之路。采取措施如下：央行不仅应鼓励银行的资产多元化、负债多元化以及利润来源多元化，避免银行风险过于集中。而且通过向客户提供覆盖整个生命周期的全方位服务，在激烈的市场竞争中拔得头筹。此外，有区别地看待多元化经营，加强对非利息业务的警惕和监管。在鼓励银行多元化经营的同时，聚焦于银行自身多元化带来的风险，银保监会应加强监管，确保银行信贷资金尽量用来支持实体经济的发展，还要根据业务的风险程度及时提足拨备，夯实资本，抵御可能出现的风险。

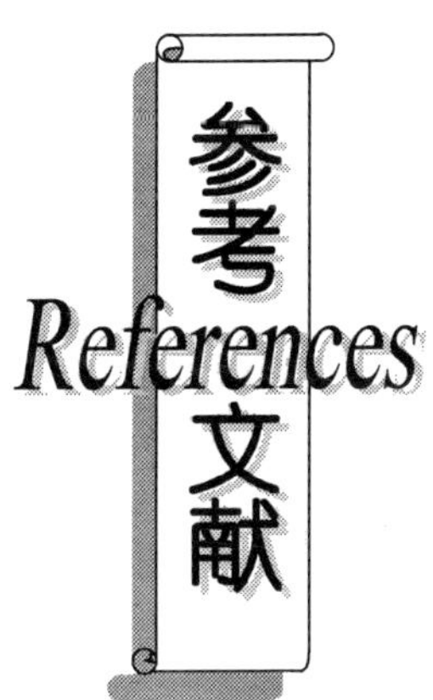

[1] Abdymomunov A. Regime – switching measure of systemic financial stress [J]. Annals of Finance, 2013, 9 (3): 455 –470.

[2] Acemoglu D., A. Ozdaglar A. Tahbaz – Salehi. Systemic Risk and Stability in Financial Networks [J]. The American Economic Review, 2015, 105 (2): 564 –608.

[3] Acharya V. A. Bisin. Counterparty risk externality: Centralized versus over – the – counter markets [J]. Journal of Economic Theory, 2014, 149: 153 –182.

[4] Acharya V. H. Naqvi. The seeds of a crisis: A theory of bank liquidity and risk taking over the business cycle [J]. Journal of Financial Economics, 2012, 106 (2): 349 –366.

[5] Acharya V. V. A theory of systemic risk and design of prudential bank regulation [J]. Journal of Financial Stability, 2009, 5 (3): 224 –255.

[6] Acharya V. V. A. V. Thakor. The dark side of liquidity creation: Leverage and systemic risk [J]. Journal of Financial Intermediation, 2016, 28: 4 - 21.

[7] Acharya V. V. M. Richardson. Causes of The Financial Crisis [J]. Critical Review, 2009, 21 (2 - 3): 195 - 210.

[8] Acharya V. V. O. Merrouche. Precautionary Hoarding of Liquidity and Interbank Markets: Evidence from the Subprime Crisis [J]. Review of Finance, 2013, 17 (1): 107 - 160.

[9] Acharya V. V. T. Yorulmazer. Cash - in - the - Market Pricing and Optimal Resolution of Bank Failures [J]. The Review of Financial Studies, 2008, 21 (6): 2705 - 2742.

[10] Acharya V. V. T. Yorulmazer. Information Contagion and Bank Herding [J]. Journal of Money, Credit and Banking, 2008, 40 (1): 215 - 231.

[11] Acharya V. V., D. Gale T. Yorulmazer. Rollover Risk and Market Freezes [J]. The Journal of Finance, 2011, 66 (4): 1177 - 1209.

[12] Acharya V. V., L. H. Pedersen, T. Philippon M. Richardson. Measuring Systemic Risk [J]. The Review of Financial Studies, 2017, 30 (1): 2 - 47.

[13] Acharya V., R. Engle M. Richardson. Capital Shortfall: A New Approach to Ranking and Regulating Systemic Risks [J]. American Economic Review, 2012, 102 (3): 59 - 64.

[14] Adachi - Sato M. C. Vithessonthi. Bank systemic risk and corporate investment: Evidence from the US [J]. International Review of Financial Analysis, 2017, 50: 151 - 163.

[15] Adrian T. H. S. Shin. Liquidity and leverage [J]. Jour-

nal of Financial Intermediation, 2010, 19 (3): 418 -437.

[16] Adrian T. H. S. Shin. Procyclical Leverage and Value - at - Risk [J]. The Review of Financial Studies, 2014, 27 (2): 373 -403.

[17] Adrian T. H. S. Shin. The shadow banking system: implications for financial regulation [J]. Financial Stability Review, 2009, 19: 1 -10.

[18] Adrian T. M. K. Brunnermeier. CoVaR [J]. American Economic Review, 2016, 106 (7): 1705 -1741.

[19] Adrian T. N. Liang. Monetary Policy, Financial Conditions, and Financial Stability [R] //Federal Reserve Bank of New York Staff Reports, 2014, no. 690.

[20] Afonso G. H. S. Shin. Precautionary Demand and Liquidity in Payment Systems [J]. Journal of Money, Credit and Banking, 2011, 43 (s2): 589 -619.

[21] Afonso G. , A. Kovner A. Schoar. Stressed, Not Frozen: The Federal Funds Market in the Financial Crisis [J]. The Journal of Finance, 2011, 66 (4): 1109 -1139.

[22] Agénor P. L. A. Pereira Da Silva. Macroprudential regulation and the monetary transmission mechanism [J]. Journal of Financial Stability, 2014, 13: 44 -63.

[23] Aghion P. , P. Bolton M. Dewatripont. Contagious bank failures in a free banking system [J]. European Economic Review, 2000, 44 (4): 713 -718.

[24] Agur I. M. Demertzis. Will macroprudential policy counteract monetary policy's effects on financial stability? [J]. The North American Journal of Economics and Finance, 2019, 48: 65 -75.

[25] Ahnert T. C. Georg. Information contagion and systemic risk [J]. Journal of Financial Stability, 2018, 35: 159 - 171.

[26] Akerlof G. A. A Theory of Social Custom, of Which Unemployment May be One Consequence [J]. The Quarterly Journal of Economics, 1980, 94 (4): 749 - 775.

[27] Allen F. A. Babus. Networks in finance [C]. //P. Kleindorfer and J. Wind (eds.), Network - Based Strategies and Competencies, Wharton School Publishing, 2009: 367 - 382.

[28] Allen F. D. Gale. Bubbles and Crises [J]. The Economic Journal, 2001, 110 (460): 236 - 255.

[29] Allen F. D. Gale. Financial Contagion [J]. Journal of Political Economy, 2000, 108 (1): 1 - 33.

[30] Allen F. D. Gale. Financial Fragility, Liquidity, and Asset Prices [J]. Journal of the European Economic Association, 2004, 2 (6): 1015 - 1048.

[31] Allen F. D. Gale. Financial Intermediaries and Markets [J]. Econometrica, 2004, 72 (4): 1023 - 1061.

[32] Allen F. D. Gale. Limited Market Participation and Volatility of Asset Prices [J]. The American Economic Review, 1994, 84 (4): 933 - 955.

[33] Allen F. E. Carletti. Systemic risk from real estate and macro - prudential regulation [J]. International Journal of Banking, Accounting and Finance, 2013, 5 (1 - 2): 28 - 48.

[34] Allen F., A. Babus E. Carletti. Asset commonality, debt maturity and systemic risk [J]. Journal of Financial Economics, 2012, 104 (3): 519 - 534.

[35] Allen F., E. Carletti D. Gale. Interbank market liquidity

and central bank intervention [J]. Journal of Monetary Economics, 2009, 56 (5): 639 -652.

[36] Allen F., J. Qian M. Qian. Law, finance, and economic growth in China [J]. Journal of Financial Economics, 2005, 77 (1): 57 -116.

[37] Allen J. L. Derivatives clearinghouses and systemic risk: a bankruptcy and Dodd - frank analysis [J]. Stanford Law Review, 2012, 64 (1079 -1108).

[38] Allen L., T. G. Bali Y. Tang. Does Systemic Risk in the Financial Sector Predict Future Economic Downturns? [J]. The Review of Financial Studies, 2012, 25 (10): 3000 -3036.

[39] Altunbas Y., M. Binici L. Gambacorta. Macroprudential policy and bank risk [J]. Journal of International Money and Finance, 2018, 81: 203 -220.

[40] Altunbas Y., S. Manganelli D. Marques - Ibanez. Bank risk during the financial crisis: Do business model matter? [J]. European Central Bank Working Paper Series No. 1394, 2011.

[41] Anand K., P. Gai, S. Kapadia, S. Brennan M. Willison. A network model of financial system resilience [J]. Journal of Economic Behavior & Organization, 2013, 85: 219 -235.

[42] Anginer D., A. Demirguc - Kunt M. Zhu. How does competition affect bank systemic risk? [J]. Journal of Financial Intermediation, 2014, 23 (1): 1 -26.

[43] Arinaminpathy N., S. Kapadia R. M. May. Size and complexity in model financial systems [J]. Proceedings of the National Academy of Sciences, 2012, 109 (45): 18338.

[44] Babus A. T. Hu. Endogenous intermediation in over - the -

counter markets [J]. Journal of Financial Economics, 2017, 125 (1): 200 -215.

[45] Babus A. The formation of financial networks [J]. The RAND Journal of Economics, 2016, 47 (2): 239 -272.

[46] Banulescu G. E. Dumitrescu. Which are the SIFIs? A Component Expected Shortfall approach to systemic risk [J]. Journal of Banking & Finance, 2015, 50: 575 -588.

[47] Basel Committee On Banking Supervision. Basel III: A global regulatory framework for more resilient banks and banking systems [J]. 2010: 1 -77.

[48] Baselga - Pascual L., A. Trujillo - Ponce C. Cardone - Riportella. Factors influencing bank risk in Europe: Evidence from the financial crisis [J]. The North American Journal of Economics and Finance, 2015, 34: 138 -166.

[49] Battaglia F. A. Gallo. Securitization and systemic risk: An empirical investigation on Italian banks over the financial crisis [J]. International Review of Financial Analysis, 2013, 30: 274 -286.

[50] Battiston S., D. D. Gatti, M. Gallegati, B. Greenwald J. E. Stiglitz. Default cascades: When does risk diversification increase stability? [J]. Journal of Financial Stability, 2012, 8 (3): 138 -149.

[51] Becerra M. A. K. Gupta. Trust within the organization: integrating the trust literature with agency theory and transaction costs economics [J]. Public Administration Quarterly, 1999, 23 (2): 177 -204.

[52] Beck T., O. De Jonghe G. Schepens. Bank competition and stability: Cross - country heterogeneity [J]. Journal of Financial

Intermediation, 2013, 22 (2): 218 -244.

[53] Benoit S. , J. Colliard, C. Hurlin C. Pérignon. Where the Risks Lie: A Survey on Systemic Risk [J]. Review of Finance, 2017, 21 (1): 109 -152.

[54] Berger A. N. , L. F. Klapper R. Turk - Ariss. Bank Competition and Financial Stability [J]. Journal of Financial Services Research, 2009, 35 (2): 99 -118.

[55] Berlin M. J. Loeys. Bond Covenants and Delegated Monitoring [J]. The Journal of Finance, 1988, 43 (2): 397 -412.

[56] Bernanke B. M. Gertler. Agency Costs, Net Worth, and Business Fluctuations [J]. The American Economic Review, 1989, 79 (1): 14 -31.

[57] Bernanke B. S. Nonmonetary Effects of the Financial Crisis in the Propagation of the Great Depression [J]. The American Economic Review, 1983, 73 (3): 257 -276.

[58] Bernanke B. , M. Gertler S. Gilchrist. The Financial Accelerator and the Flight to Quality [J]. The Review of Economics and Statistics, 1996, 78 (1): 1 -15.

[59] Bernardo A. E. I. Welch. Liquidity and Financial Market Runs [J]. The Quarterly Journal of Economics, 2004, 119 (1): 135 -158.

[60] Beugelsdijk S. , H. L. F. de Groot A. B. T. M. van Schaik. Trust and economic growth: a robustness analysis [J]. Oxford Economic Papers, 2004, 56 (1): 118 -134.

[61] Bharath S. T. T. Shumway. Forecasting Default with the Merton Distance to Default Model [J]. The Review of Financial Studies, 2008, 21 (3): 1339 -1369.

[62] Bhattacharya S. D. Gale. Preference shocks, liquidity, and central bank policy [M]. Singleton K. J. & Barnett W. A., Cambridge, Cambridge University Press, 1987: 69-88.

[63] Bhattacharya S., D. P. Tsomocos, C. Goodhart A. Vardoulakis. Minsky's Financial Instability Hypothesis and the Leverage Cycle [J]. LSE Financial Markets Group Paper Series, Special Paper 202, 2011.

[64] Biais B., F. Heider M. Hoerova. Risk-Sharing or Risk-Taking? Counterparty Risk, Incentives, and Margins [J]. The Journal of Finance, 2016, 71 (4): 1669-1698.

[65] Biggart N. W. R. P. Castanias. Collateralized Social Relations: The Social in Economic Calculation [J]. American Journal of Economics and Sociology, 2003, 60 (2): 471-500.

[66] Billio M., M. Getmansky, A. W. Lo L. Pelizzon. Econometric measures of connectedness and systemic risk in the finance and insurance sectors [J]. Journal of Financial Economics, 2012, 104 (3): 535-559.

[67] BIS. Macroprudential instruments and frameworks: a stocktaking of issues and experiences [J]. CGFS Papers No 38, 2010: 17-19.

[68] Bisias D., M. Flood, A. W. Lo S. Valavanis. A Survey of Systemic Risk Analytics [J]. Annual Review of Financial Economics, 2012, 4 (1): 255-296.

[69] Black F. Noise [J]. The Journal of Finance, 1986, 41 (3): 528-543.

[70] Blau B. M., T. J. Brough T. G. Griffith. Bank opacity and the efficiency of stock prices [J]. Journal of Banking & Fi-

nance, 2017, 76: 32 -47.

[71] Blei S. B. Ergashev. Asset commonality and systemic risk among large banks in the United State [J]. Office of the Comptroller of the Currency, Economics Working Paper 2014 -3, 2014.

[72] Bliss R. R. G. G. Kaufman. Derivatives and systemic risk: Netting, collateral, and closeout [J]. Journal of Financial Stability, 2006, 2 (1): 55 -70.

[73] Boissay F., F. Collard F. Smets. Booms and Banking Crises [J]. Journal of Political Economy, 2016, 124 (2): 489 -538.

[74] Bordo M. D. O. Jeanne. Monetary Policy and Asset Prices: Does 'Benign Neglect' Make Sense? [J]. International Finance, 2002, 5 (2): 139 -164.

[75] Borio C. E. V. Monetary Policy and Financial Stability: What Role in Prevention and Recovery? [J]. BIS Working Paper No. 440, 2014: 1 -25.

[76] Borio C. H. Zhu. Capital regulation, risk - taking and monetary policy: A missing link in the transmission mechanism? [J]. Journal of Financial Stability, 2012, 8 (4): 236 -251.

[77] Borio C. Implementing a Macroprudential Framework: Blending Boldness and Realism [J]. Capitalism and Society, 2011, 6 (1): 1 -25.

[78] Borio C. P. Lowe. Asset prices, financial and monetary stability: exploring the nexus [J]. BIS Working Papers No. 114, 2002.

[79] Borio C. Towards a Macroprudential Framework for Financial Supervision and Regulation? [J]. CESifo Economic Studies, 2003, 49 (2): 181 -215.

[80] Borio, Claudio, and Philip Lowe. Asset prices, financial

and monetary stability: exploring the nexus [M]. 2002.

[81] Boss M., H. Elsinger, M. Summer S. Thurner. Network topology of the interbank market [J]. Quantitative Finance, 2004, 4 (6): 677-684.

[82] Boyd J. H. G. De Nicoló. The Theory of Bank Risk Taking and Competition Revisited [J]. The Journal of Finance, 2005, 60 (3): 1329-1343.

[83] Bradach J. L. R. G. Eccles. Price, Authority, and Trust: From Ideal Types to Plural Forms [J]. Annual Review of Sociology, 1989, 15 (1): 97-118.

[84] Brennan M. J. A. W. Wang. The Mispricing Return Premium [J]. The Review of Financial Studies, 2010, 23 (9): 3437-3468.

[85] Brownlees C. R. F. Engle. SRISK: A Conditional Capital Shortfall Measure of Systemic Risk [J]. The Review of Financial Studies, 2016, 30 (1): 48-79.

[86] Brunnermeier M. K. I. Schnabel. Bubbles and Central Banks: Historical Perspectives [M]. Cambridge, UK, Cambridge University Press, 2016.

[87] Brunnermeier M. K. L. H. Pedersen. Market Liquidity and Funding Liquidity [J]. The Review of Financial Studies, 2009, 22 (6): 2201-2238.

[88] Brunnermeier M. K. M. Oehmke. Bubbles, Financial Crises, and Systemic Risk [C] //Amsterdam, in: M. Harris, G. M. Constantinides, and R. M. Stulz (eds.), Handbook of the Economics of Finance, Elsevier BV., 2013: 1221-1288.

[89] Brunnermeier M. K. M. Oehmke. Bubbles, Financial

Crises, and Systemic Risk [C] //Constantinides G. M. , Harris M. and Stulz R. M. , Handbook of the Economics of Finance. North Holland, Amsterdam and London, 2013: 1221 - 1228.

[90] Brunnermeier M. K. M. Oehmke. Chapter 18 - Bubbles, Financial Crises, and Systemic Risk [C] // Constantinides G. M. , Harris M. and Stulz R. M. , Handbook of the Economics of Finance. Elsevier, 2013: 1221 - 1288.

[91] Brunnermeier M. K. M. Oehmke. The Maturity Rat Race [J]. The Journal of Finance, 2013, 68 (2): 483 - 521.

[92] Brunnermeier M. K. Y. Sannikov. A Macroeconomic Model with a Financial Sector [J]. American Economic Review, 2014, 104 (2): 379 - 421.

[93] Brunnermeier M. K. , G. N. Dong D. Palia. Banks' Non - Interest Income and Systemic Risk [J]. AFA 2012 Chicago Meetings Paper, 2012: 1786738.

[94] Brunnermeier M. K. , S. Rother I. Schnabel. Asset Price Bubbles and Systemic Risk [J]. CEPR Discussion Papers, 2017.

[95] Brunnermeier M. K. , T. M. Eisenbach Y. Sannikov. Macroeconomics with Financial Frictions: A Survey [C] // Acemoglu D. , Dekel E. and Arellano M. , Cambridge, Cambridge University Press, 2013: 3 - 94.

[96] Brunnermeier, Markus K. , and Isabel Schnabel. Bubbles and Central Banks: Historical Perspectives [M]. Cambridge University Press, Cambridge, UK, 2016.

[97] Brunnermeier, Markus K. , Simon C. Rother, and Isabel Schnabel. Asset Price Bubbles and Systemic Risk, 2019.

[98] Bryant J. A model of reserves, bank runs, and deposit in-

surance [J]. Journal of Banking & Finance, 1980, 4 (4): 335 - 344.

[99] Buch C. M. , T. Krause L. Tonzer. Drivers of systemic risk: Do national and European perspectives differ? [J]. Journal of International Money and Finance, 2019, 91: 160 - 176.

[100] Caccioli F. , M. Marsili P. Vivo. Eroding market stability by proliferation of financial instruments [J]. The European Physical Journal B, 2009, 71 (4): 467.

[101] Cai J. , F. Eidam, A. Saunders S. Steffen. Syndication, interconnectedness, and systemic risk [J]. Journal of Financial Stability, 2018, 34: 105 - 120.

[102] Calmès C. R. Théoret. Bank systemic risk and macroeconomic shocks: Canadian and U. S. evidence [J]. Journal of Banking & Finance, 2014, 40: 388 - 402.

[103] Calomiris C. W. C. M. Kahn. The Role of Demandable Debt in Structuring Optimal Banking Arrangements [J]. The American Economic Review, 1991, 81 (3): 497 - 513.

[104] Campbel T. S. W. A. Kracaw. Information Production, Market Signalling, and the Theory of Financial Intermediation [J]. The Journal of Finance, 1980, 35 (4): 863 - 882.

[105] Carbo - Valverde S. , H. Degryse F. Rodríguez - Fernάndez. The impact of securitization on credit rationing: Empirical evidence [J]. Journal of Financial Stability, 2015, 20: 36 - 50.

[106] Carhart M. M. On Persistence in Mutual Fund Performance [J]. The Journal of Finance, 1997, 52 (1): 57 - 82.

[107] Carletti E. P. Hartmann. Competition and financial stability: what's special about banking [J]. European Central Bank

Working Paper Series No. 146, 2002.

[108] Cebenoyan A. S. P. E. Strahan. Risk management, capital structure and lending at banks [J]. Journal of Banking & Finance, 2004, 28 (1): 19 -43.

[109] Cerutti E., S. Claessens L. Laeven. The use and effectiveness of macroprudential policies: New evidence [J]. Journal of Financial Stability, 2017, 28: 203 -224.

[110] Cespa G. T. Foucault. Illiquidity Contagion and Liquidity Crashes [J]. The Review of Financial Studies, 2014, 27 (6): 1615 -1660.

[111] Chan K. A. Hameed. Stock price synchronicity and analyst coverage in emerging markets [J]. Journal of Financial Economics, 2006, 80 (1): 115 -147.

[112] Chen Y. Banking Panics: The Role of the First - Come, First - Served Rule and Information Externalities [J]. Journal of Political Economy, 1999, 107 (5): 946 -968.

[113] Cifuentes R., G. Ferrucci H. S. Shin. Liquidity Risk and Contagion [J]. Journal of the European Economic Association, 2005, 3 (2 -3): 556 -566.

[114] Coval J. E. Stafford. Asset fire sales (and purchases) in equity markets [J]. Journal of Financial Economics, 2007, 86 (2): 479 -512.

[115] Crockett A. D. Why is financial stability a goal of public policy? [J]. Economic Review, 1997 (4): 5 -22.

[116] Cubillas E. F. González. Financial liberalization and bank risk - taking: International evidence [J]. Journal of Financial Stability, 2014, 11: 32 -48.

[117] Daníelsson J., H. S. Shin J. Zigrand. The impact of risk regulation on price dynamics [J]. Journal of Banking & Finance, 2004, 28 (5): 1069 - 1087.

[118] Das T. K. B. Teng. Between Trust and Control: Developing Confidence in Partner Cooperation in Alliances [J]. The Academy of Management Review, 1998, 23 (3): 491 - 512.

[119] Dasgupta A. Financial Contagion through Capital Connections: A Model of the Origin and Spread of Bank Panics [J]. Journal of the European Economic Association, 2004, 2 (6): 1049 - 1084.

[120] De Bandt O. P. Hartmann. Systemic risk: a survey [C] // C. A. E. Goodhart and G. Illing (eds.). Financial Crisis, Contagion and the Lender of Last Resort: A Book of Readings. Oxford, UK, Oxford University Press, 2002: 249 - 298.

[121] De Bandt O., J. Héam, C. Labonne S. Tavolaro. Measuring Systemic Risk in a Post - Crisis World [J]. Débats économiques et financiers 6, Banque de France, 2013: 1 - 38.

[122] De Bandt O., P. Hartmann J. L. Peydró. Systemic Risk in Banking: An Update [C] // A. N. Berger, P. Molyneux, and J. O. S. Wilson (eds.). The Oxford Handbook of Banking. Oxford, UK, Oxford University Press, 2012: 633 - 672.

[123] De Mendonça H. F. C. O. De Moraes. Central bank disclosure as a macroprudential tool for financial stability [J]. Economic Systems, 2018, 42 (4): 625 - 636.

[124] De Nicolò G. L. Juvenal. Financial integration, globalization, and real activity [J]. Journal of Financial Stability, 2014, 10: 65 - 75.

[125] De Nicolò G. M. Lucchetta. Systemic risks and the mac-

roeconomy [C] //Joseph G. Haubrich and Andrew W. Lo, (eds.). Quantifying Systemic Risk. University of Chicago Press, 2013: 113 - 148.

[126] Demsetz R. S., M. R. Saidenberg P. E. Strahan. Banks with Something to Lose: The Disciplinary Role of Franchise Value [J]. Federal Reserve Bank of New York Economic Policy Review, 1996, 2 (2): 1 - 14.

[127] Dewally B. Y. Shao. Financial derivatives, opacity, and crash risk: Evidence from large US banks [J]. Journal of Financial Stability, 2013, 9 (4): 565 - 577.

[128] Diamond D. W. P. H. Dybvig. Bank Runs, Deposit Insurance, and Liquidity [J]. Journal of Political Economy, 1983, 91 (3): 401 - 419.

[129] Diamond D. W. R. G. Rajan. Liquidity Shortages and Banking Crises [J]. The Journal of Finance, 2005, 60 (2): 615 - 647.

[130] Dimsdale N. H. The Financial Crisis of 2007 - 9 and the British Experience [J]. Oxonomics, 2009, 4 (1): 1 - 9.

[131] Drakos A. A. G. P. Kouretas. Bank ownership, financial segments and the measurement of systemic risk: An application of CoVaR [J]. International Review of Economics & Finance, 2015, 40: 127 - 140.

[132] Drehmann M. N. Tarashev. Systemic importance: some simple indicators [J]. BIS Quarterly Review, 2011 (3): 24 - 37.

[133] Duffie D. H. Zhu. Does a Central Clearing Counterparty Reduce Counterparty Risk? [J]. The Review of Asset Pricing Studies, 2011, 1 (1): 74 - 95.

[134] Duffie D. The Failure Mechanics of Dealer Banks [J]. Journal of Economic Perspectives, 2010, 24 (1): 51 -72.

[135] Easley D. M. O'Hara. Information and the Cost of Capital [J]. The Journal of Finance, 2004, 59 (4): 1553 -1583.

[136] Easley D., S. Hvidkjaer M. O'Hara. Is Information Risk a Determinant of Asset Returns? [J]. The Journal of Finance, 2002, 57 (5): 2185 -2221.

[137] ECB. Analytical Models and Tools for The Identification and Assessment of Systemic Risks [J]. 2010 (6): 138 -146.

[138] ECB. Financial stability Review [J]. European Central Bank Report, 2010.

[139] Eichberger J. X., Rgen M. Summer. Bank Capital, Liquidity, and Systemic Risk [J]. Journal of the European Economic Association, 2005, 3 (2/3): 547 -555.

[140] Eisenberg L. T. H. Noe. Systemic Risk in Financial Systems [J]. Management Science, 2001, 47 (2): 236 -249.

[141] Elsinger H., A. Lehar M. Summer. Risk Assessment for Banking Systems. [J]. Management Science, 2006, 52 (9): 1301 -1314.

[142] Elster J. Social Norms and Economic Theory [J]. The Journal of Economic Perspectives, 1989, 3 (4): 99 -117.

[143] Engle R., E. Jondeau M. Rockinger. Systemic Risk in Europe [J]. Review of Finance, 2014, 19 (1): 145 -190.

[144] Fahlenbrach R., R. Prilmeier R. M. Stulz. This Time Is the Same: Using Bank Performance in 1998 to Explain Bank Performance during the Recent Financial Crisis [J]. The Journal of Finance, 2012, 67 (6): 2139 -2185.

[145] Fama E. F. K. R. French. A five – factor asset pricing model [J]. Journal of Financial Economics, 2015, 116 (1): 1 –22.

[146] Fama E. F. K. R. French. The Cross – Section of Expected Stock Returns [J]. The Journal of Finnce, 1992, 47 (2): 427 –465.

[147] Fang L., B. Sun, H. Li H. Yu. Systemic risk network of Chinese financial institutions [J]. Emerging Markets Review, 2018.

[148] Fang L., B. Xiao, H. Yu Q. You. A stable systemic risk ranking in China's banking sector: Based on principal component analysis [J]. Physica A: Statistical Mechanics and its Applications, 2018, 492: 1997 –2009.

[149] Farhi E. J. Tirole. Collective Moral Hazard, Maturity Mismatch, and Systemic Bailouts [J]. American Economic Review, 2012, 102 (1): 60 –93.

[150] Flannery M. J. Financial Crises, Payment System Problems, and Discount Window Lending [J]. Journal of Money, Credit and Banking, 1996, 28 (4): 804 –824.

[151] Flannery M. J., S. H. Kwan M. Nimalendran. The 2007 –2009 financial crisis and bank opaqueness [J]. Journal of Financial Intermediation, 2013, 22 (1): 55 –84.

[152] Fosu S., C. G. Ntim, W. Coffie V. Murinde. Bank opacity and risk – taking: Evidence from analysts' forecasts [J]. Journal of Financial Stability, 2017, 33: 81 –95.

[153] Freixas X. B. Parigi. Contagion and Efficiency in Gross and Net Interbank Payment Systems [J]. Journal of Financial Intermediation, 1998, 7 (1): 3 –31.

[154] Freixas X. , B. M. Parigi J. Rochet. Systemic Risk, Interbank Relations, and Liquidity Provision by the Central Bank [J]. Journal of Money, Credit and Banking, 2000, 32 (3): 611 -638.

[155] Freixas X. , L. Laeven J. Peydró. Systemic Risk, Crises, and Macroprudential Regulation [M]. Boston, MA, MIT Press, 2015.

[156] Fry - McKibbin R. , V. L. Martin C. Tang. Financial contagion and asset pricing [J]. Journal of Banking & Finance, 2014, 47: 296 -308.

[157] Fu X. M. , Y. R. Lin P. Molyneux. Bank competition and financial stability in Asia Pacific [J]. Journal of Banking & Finance, 2014, 38: 64 -77.

[158] Galí J. L. Gambetti. The Effects of Monetary Policy on Stock Market Bubbles: Some Evidence [J]. American Economic Journal: Macroeconomics, 2015, 7 (1): 233 -257.

[159] Gambacorta L. Monetary policy and the risk - taking channel [J]. BIS Quarterly Review, 2009 (12): 43 -53.

[160] Gertler M. S. Gilchrist. What Happened: Financial Factors in the Great Recession [J]. Journal of Economic Perspectives, 2018, 32 (3): 3 -30.

[161] Ghosh A. How does banking sector globalization affect banking crisis? [J]. Journal of Financial Stability, 2016, 25: 70 - 82.

[162] Giesecke K. B. Kim. Systemic Risk: What Defaults Are Telling Us [J]. Management Science, 2011, 57 (8): 1387 - 1405.

[163] Giglio S. , B. Kelly S. Pruitt. Systemic risk and the

macroeconomy: An empirical evaluation [J]. Journal of Financial Economics, 2016, 119 (3): 457 -471.

[164] Girardi G. A. Tolga Ergün. Systemic risk measurement: Multivariate GARCH estimation of CoVaR [J]. Journal of Banking & Finance, 2013, 37 (8): 3169 -3180.

[165] Glasserman P. H. P. Young. Contagion in Financial Networks [J]. Journal of Economic Literature, 2016, 54 (3): 779 -831.

[166] Glasserman P. H. P. Young. How likely is contagion in financial networks? [J]. Journal of Banking & Finance, 2015, 50: 383 -399.

[167] Gofman M. Efficiency and stability of a financial architecture with too - interconnected - to - fail institutions [J]. Journal of Financial Economics, 2017, 124 (1): 113 -146.

[168] Goldstein I. A. Pauzner. Demand - Deposit Contracts and the Probability of Bank Runs [J]. The Journal of Finance, 2005, 60 (3): 1293 -1327.

[169] Gorton G. A. Metrick. Regulating the Shadow Banking System [J]. Brookings Papers on Economic Activity, 2010, 41 (2): 261 -312.

[170] Gorton G. G. Ordoñez. Collateral Crises [J]. American Economic Review, 2014, 104 (2): 343 -378.

[171] Gouriéroux C. , J. C. Héam A. Monfort. Bilateral exposures and systemic solvency risk [J]. Canadian Journal of Economics/Revue canadienne d'économique, 2015, 45 (4): 1273 -1309.

[172] Gromb D. D. Vayanos. Equilibrium and welfare in markets with financially constrained arbitrageurs [J]. Journal of Finan-

cial Economics, 2002, 66 (2): 361 - 407.

[173] Grullon G., S. Michenaud J. P. Weston. The Real Effects of Short - Selling Constraints [J]. The Review of Financial Studies, 2015, 28 (6): 1737 - 1767.

[174] Hanson S. G., A. K. Kashyap J. C. Stein. A Macroprudential Approach to Financial Regulation [J]. Journal of Economic Perspectives, 2011, 25 (1): 3 - 28.

[175] He Q., J. Liu, J. Gan Z. Qian. Systemic financial risk and macroeconomic activity in China [J]. Journal of Economics and Business, 2018.

[176] He Z. A. Krishnamurthy. A Macroeconomic Framework for Quantifying Systemic Risk [J]. NBER Working Paper No. 19885, 2017.

[177] He Z. W. Xiong. Dynamic Debt Runs [J]. The Review of Financial Studies, 2012, 25 (6): 1799 - 1843.

[178] Heider F., M. Hoerova C. Holthausen. Liquidity hoarding and interbank market rates: The role of counterparty risk [J]. Journal of Financial Economics, 2015, 118 (2): 336 - 354.

[179] Hellwig M. F. Systemic Risk in the Financial Sector: An Analysis of the Subprime - Mortgage Financial Crisis [J]. De Economist, 2009, 157 (2): 129 - 207.

[180] Holmstrom B. J. Tirole. Financial Intermediation, Loanable Funds, and the Real Sector [J]. The Quarterly Journal of Economics, 1997, 112 (3): 663 - 691.

[181] Holthausen C. T. Rønde. Regulating Access to International Large - Value Payment Systems [J]. The Review of Financial Studies, 2002, 15 (5): 1561 - 1586.

[182] Homm U. J. Breitung. Testing for Speculative Bubbles in Stock Markets: A Comparison of Alternative Methods [J]. Journal of Financial Econometrics, 2012, 10 (1): 198-231.

[183] Huang W., X. Zhuang, S. Yao S. Uryasev. A financial network perspective of financial institutions' systemic risk contributions [J]. Physica A: Statistical Mechanics and its Applications, 2016, 456: 183-196.

[184] Hué S., Y. Lucotte S. Tokpavi. Measuring network systemic risk contributions: A leave-one-out approach [J]. Journal of Economic Dynamics and Control, 2019, 100: 86-114.

[185] Igan D. H. Kang. Do Loan-to-Value and Debt-to-Income Limits Work: Evidence from Korea [J]. IMF Working Paper, WP/11/297, 2011: 1-35.

[186] IMF. Responding to the Financial Crisis and Measuring Systemic Risks [J]. International Monetary Fund Global financial stability report., 2009.

[187] Iqbal J., S. Strobl S. Vähämaa. Corporate governance and the systemic risk of financial institutions [J]. Journal of Economics and Business, 2015, 82: 42-61.

[188] Iyer R. J. Peydró. Interbank Contagion at Work: Evidence from a Natural Experiment [J]. The Review of Financial Studies, 2011, 24 (4): 1337-1377.

[189] Jiang Y., C. Li, J. Zhang X. Zhou. Financial Stability and Sustainability under the Coordination of Monetary Policy and Macroprudential Policy: New Evidence from China [J]. Sustainability, 2019 (11): 1-21.

[190] Jones J. S., W. Y. Lee T. J. Yeager. Valuation and

systemic risk consequences of bank opacity [J]. Journal of Banking & Finance, 2013, 37 (3): 693 - 706.

[191] Jordà Ò., M. Schularick A. M. Taylor. Leveraged bubbles [J]. Journal of Monetary Economics, 2015, 76: S1 - S20.

[192] Jordà Ò., M. Schularick A. M. Taylor. When Credit Bites Back [J]. Journal of Money, Credit and Banking, 2013, 45 (s2): 3 - 28.

[193] Jungherr J. Bank Opacity and Financial Crises [J]. Working Paper, 2018.

[194] Kaufman G. G. Too big to fail in banking: What does it mean? [J]. Journal of Financial Stability, 2014, 13: 214 - 223.

[195] Keeley M. C. Deposit Insurance, Risk, and Market Power in Banking [J]. The American Economic Review, 1990, 80 (5): 1183 - 1200.

[196] Khil J. B. Lee. A Time - Series Model of Stock Returns with a Positive Short - Term Correlation and a Negative Long - Term Correlation [J]. Review of Quantitative Finance and Accounting, 2002, 18 (4): 381 - 404.

[197] Kim D., I. Lee H. Na. Financial distress, short sale constraints, and mispricing [J]. Pacific - Basin Finance Journal, 2019, 53: 94 - 111.

[198] Kindleberger C. P. Manias, Panics and Crashes: A History of Financial Crises [M]. John Wiley & Sons, 2001.

[199] Kiyotaki N. J. Moore. Credit Cycles [J]. Journal of Political Economy, 1997, 105 (2): 211 - 248.

[200] Klingelhöfer J. R. Sun. Macroprudential policy, central banks and financial stability: Evidence from China [J]. Journal of

International Money and Finance, 2019, 93: 19 - 41.

[201] Kodres L. E. M. Pritsker. A Rational Expectations Model of Financial Contagion [J]. The Journal of Finance, 2002, 57 (2): 769 - 799.

[202] Koeppl T., C. Monnet T. Temzelides. Optimal clearing arrangements for financial trades [J]. Journal of Financial Economics, 2012, 103 (1): 189 - 203.

[203] Koetter M. T. Poghosyan. Real estate prices and bank stability [J]. Journal of Banking & Finance, 2010, 34 (6): 1129 - 1138.

[204] Kreis Y. D. P. J. Leisen. Systemic risk in a structural model of bank default linkages [J]. Journal of Financial Stability, 2018, 39: 221 - 236.

[205] Kritzman M. Y. Li. Skulls, Financial Turbulence, and Risk Management [J]. Financial Analysts Journal, 2010, 66 (5): 30 - 41.

[206] Laeven L. R. Levine. Bank governance, regulation and risk taking [J]. Journal of Financial Economics, 2009, 93 (2): 259 - 275.

[207] Laeven L., L. Ratnovski H. Tong. Bank size, capital, and systemic risk: Some international evidence [J]. Journal of Banking & Finance, 2016, 69: S25 - S34.

[208] Lagunoff R. S. Schreft. A Model of Financial Fragility [J]. Journal of Economic Theory, 2001, 99 (1 - 2): 220 - 264.

[209] Lehar A. Measuring systemic risk: A risk management approach [J]. Journal of Banking & Finance, 2005, 29 (10): 2577 - 2603.

[210] Leitner Y. Financial Networks: Contagion, Commitment, and Private Sector Bailouts [J]. The Journal of Finance, 2005, 60 (6): 2925 -2953.

[211] Leland H. E. D. H. Pyle. Informational Asymmetries, Financial Structure, and Financial Intermediation [J]. The Journal of Finance, 1977, 32 (2): 371 -387.

[212] Levitt S. D. Using Electoral Cycles in Police Hiring to Estimate the Effect of Police on Crime [J]. The American Economic Review, 1997, 87 (3): 270 -290.

[213] Li S. , Q. Pan J. He. Impact of systemic risk in the real estate sector on banking return [J]. SpringerPlus, 2016, 5: 61.

[214] Lim C. , F. Columba, A. Costa, P. Kongsamut, A. Otani, M. Saiyid, T. Wezel X. Wu. Macroprudential Policy: What Instruments and How to Use them? Lessons From Country Experiences [J]. IMF Working Paper No. WP/11/238, 2011.

[215] Lintner J. The Valuation of Risk Assets and the Selection of Risky Investments in Stock Portfolios and Capital Budgets [J]. The Review of Economics and Statistics, 1965, 47 (1): 13 -37.

[216] Liu J. , R. F. Stambaugh Y. Yuan. Size and Value in China [J]. Journal of Financial Economics, 2019.

[217] Loutskina E. P. E. Strahan. Securitization and the Declining Impact of Bank Finance on Loan Supply: Evidence from Mortgage Originations [J]. The Journal of Finance, 2009, 64 (2): 861 -889.

[218] Ma Q. , J. He S. Li. Endogenous network of firms and systemic risk [J]. Physica A: Statistical Mechanics and its Applications, 2018, 492: 2273 -2280.

[219] Marcus A. J. Deregulation and bank financial policy [J]. Journal of Banking & Finance, 1984, 8 (4): 557 -565.

[220] Martin A., D. Skeie E. V. Thadden. Repo Runs [J]. The Review of Financial Studies, 2014, 27 (4): 957 -989.

[221] Mayordomo S., M. Rodriguez - Moreno J. I. Peña. Derivatives holdings and systemic risk in the U. S. banking sector [J]. Journal of Banking & Finance, 2014, 45: 84 -104.

[222] Minsky H. P. The Financial Instability Hypothesis [J]. The Levy Economics Institute Working Paper No. 74, 1992.

[223] Minsky, Hyman P. The Financial - Instability Hypothesis: Capitalist Processes and the Behavior of the Economy [M]. Cambridge University Press, Cambridge, 1982.

[224] Morck R., B. Yeung W. Yu. The Information Content of Stock Markets: Why Do Emerging Markets Have Comoving Stock Price Movements? [J]. Journal of Financial and Economics, 2000, 58 (1 -2): 215 -238.

[225] Morgan D. P. Rating Banks: Risk and Uncertainty in an Opaque Industry [J]. The American Economic Review, 2002, 92 (4): 874 -888.

[226] Myers S. C. R. G. Rajan. The Paradox of Liquidity [J]. The Quarterly Journal of Economics, 1998, 113 (3): 733 -771.

[227] North D. C. Institutions, Institutional Change and Economic Performance [M]. Cambridge University Press, 1990: 164.

[228] Ohlson J. A. Earnings, Book Values, and Dividends in Equity Valuation [J]. Contemporary Accounting Research, 1995, 11 (2): 661 -687.

[229] Oosterloo S., J. De Haan R. Jong – A – Pin. Financial stability reviews: A first empirical analysis [J]. Journal of Financial Stability, 2007, 2 (4): 337 – 355.

[230] Papanikolaou N. I. C. C. P. Wolff. The role of on – and off – balance – sheet leverage of banks in the late 2000s crisis [J]. Journal of Financial Stability, 2014, 14: 3 – 22.

[231] Patro D. K., M. Qi X. Sun. A simple indicator of systemic risk [J]. Journal of Financial Stability, 2013, 9 (1): 105 – 116.

[232] Peng M. W. J. Q. Zhou. How Network Strategies and Institutional Transitions Evolve in Asia [J]. Asia Pacific Journal of Management, 2005, 22 (4): 321 – 336.

[233] Petersen M. A., J. Mukuddem – Petersen, B. De Waal, M. C. Senosi S. Thomas. Profit and Risk under Subprime Mortgage Securitization [J]. Discrete Dynamics in Nature and Society, 2011 (1): 1 – 64.

[234] Phillips P. C. B. S. Shi. Financial Bubble Implosion and Reverse Regression [J]. Econometric Theory, 2018, 34 (4): 705 – 753.

[235] Phillips P. C. B., S. Shi J. Yu. Testing for Multiple Bubbles: Historical Episodes of Exuberance and Collapse In The S&P 500 [J]. International Economic Review, 2015, 56 (4): 1043 – 1078.

[236] Phillips P. C. B., S. Shi J. Yu. Testing For Multiple Bubbles: Limit Theory of Real – Time Detectors [J]. International Economic Review, 2015, 56 (4): 1079 – 1134.

[237] Qin X. C. Zhou. Financial structure and determinants of

systemic risk contribution [J]. Pacific - Basin Finance Journal, 2018 (In press).

[238] Rhodes Kropf M., D. T. Robinson S. Viswanathan. Valuation waves and merger activity: The empirical evidence [J]. Journal of Financial Economics, 2005, 77 (3): 561 - 603.

[239] Rochet J. J. Tirole. Controlling Risk in Payment Systems [J]. Journal of Money, Credit and Banking, 1996, 28 (4): 832 - 862.

[240] Rubio M. J. A. Carrasco - Gallego. Macroprudential and monetary policies: Implications for financial stability and welfare [J]. Journal of Banking & Finance, 2014, 49: 326 - 336.

[241] Sarlin P. Macroprudential oversight, risk communication and visualization [J]. Journal of Financial Stability, 2016, 27: 160 - 179.

[242] Schaeck K., M. Cihak S. Wolfe. Are Competitive Banking Systems More Stable? [J]. Journal of Money, Credit and Banking, 2009, 41 (4): 711 - 734.

[243] Schularick M. A. M. Taylor. Credit Booms Gone Bust: Monetary Policy, Leverage Cycles, and Financial Crises, 1870 - 2008 [J]. American Economic Review, 2012, 102 (2): 1029 - 1061.

[244] Sharpe W. F. Capital Asset Prices: A Theory of Market Equilibrium under Conditions of Risk [J]. The Journal of Finance, 1964, 19 (3): 425 - 442.

[245] Shin H. S. Risk and liquidity in a system context [J]. Journal of Financial Intermediation, 2008, 17 (3): 315 - 329.

[246] Shleifer A. R. Vishny. Fire Sales in Finance and Macroeconomics [J]. Journal of Economic Perspectives, 2011, 25 (1):

29 - 48.

[247] Shleifer A. R. W. Vishny. Liquidation Values and Debt Capacity: A Market Equilibrium Approach [J]. The Journal of Finance, 1992, 47 (4): 1343 - 1366.

[248] Shleifer A. R. W. Vishny. Management entrenchment: The case of manager - specific investments [J]. Journal of Financial Economics, 1989, 25 (1): 123 - 139.

[249] Shleifer A. R. W. Vishny. The Limits of Arbitrage [J]. The Journal of Finance, 1997, 52 (1): 35 - 55.

[250] Silva T. C., M. A. Da Silva B. M. Tabak. Systemic risk in financial systems: A feedback approach [J]. Journal of Economic Behavior & Organization, 2017, 144: 97 - 120.

[251] Silva W., H. Kimura V. A. Sobreiro. An analysis of the literature on systemic financial risk: A survey [J]. Journal of Financial Stability, 2017, 28: 91 - 114.

[252] Smaga P. The Concept of Systemic Risk [J]. Systemic Risk Centre Special Paper No. 5, The London School of Economics and Political Science, 2014, SRC Special Paper No 5, 1 - 26.

[253] Soedarmono W. A. Tarazi. Bank opacity, intermediation cost and globalization: Evidence from a sample of publicly traded banks in Asia [J]. Journal of Asian Economics, 2013, 29: 91 - 100.

[254] Stiglitz J. E. A. Weiss. Credit Rationing in Markets with Imperfect Information [J]. The American Economic Review, 1981, 71 (3): 393 - 410.

[255] Su E. K. W. Wong. Measuring bank downside systemic risk in Taiwan [J]. The Quarterly Review of Economics and Finance, 2018, 70: 172 - 193.

[256] Summer M. Banking Regulation and Systemic Risk [J]. Open Economies Review, 2003, 14 (1): 43 -70.

[257] Tomuleasa I. Macroprudential Policy and Systemic Risk: An Overview [J]. Procedia Economics and Finance, 2015, 20: 645 -653.

[258] Tonkiss F. Trust, confidence and economic crisis [J]. Intereconomics, 2009, 44 (4): 196 -202.

[259] Upper C. A. Worms. Estimating bilateral exposures in the German interbank market: Is there a danger of contagion? [J]. European Economic Review, 2004, 48 (4): 827 -849.

[260] Upper C. Simulation methods to assess the danger of contagion in interbank markets [J]. Journal of Financial Stability, 2011, 7 (3): 111 -125.

[261] Vallascas F. K. Keasey. Bank resilience to systemic shocks and the stability of banking systems: Small is beautiful [J]. Journal of International Money and Finance, 2012, 31 (6): 1745 -1776.

[262] Verma R., W. Ahmad, G. S. Uddin S. Bekiros. Analysing the systemic risk of Indian banks [J]. Economics Letters, 2019, 176: 103 -108.

[263] Wang G., Z. Jiang, M. Lin, C. Xie H. E. Stanley. Interconnectedness and systemic risk of China's financial institutions [J]. Emerging Markets Review, 2018, 35: 1 -18.

[264] Williamson O. E. The New Institutional Economics: Taking Stock, Looking Ahead [J]. Journal of Economic Literature, 2000, 38 (3): 595 -613.

[265] Yin -Pheng Lim P., R. W. L. Khong T. Hui -Boon.

Bank integration and systemic risk: panacea or pandemic? [J]. Journal of Developing Areas, 2015, 49 (4): 301 - 312.

[266] Young L. C. I. F. Wilkinson. The Role of Trust and Co - operation in Marketing Channels: A Preliminary Study [J]. European Journal of Marketing, 1989, 23 (2): 109 - 122.

[267] Zak P. J. S. Knack. Trust and Growth [J]. The Economic Journal, 2001, 111 (470): 295 - 321.

[268] Zawadowski A. Entangled Financial Systems [J]. The Review of Financial Studies, 2013, 26 (5): 1291 - 1323.

[269] Zhao S., X. Chen J. Zhang. The systemic risk of China's stock market during the crashes in 2008 and 2015 [J]. Physica A: Statistical Mechanics and its Applications, 2019, 520: 161 - 177.

[270] Zingales L. Presidential Address: Does Finance Benefit Society? [J]. The Journal of Finance, 2015, 70 (4): 1327 - 1363.

[271] Zucker L. G. Production of Trust: Institutional Sources of Economic Structure, 1840 - 1920 [J]. Research in Organizational Behavior, 1986, 8: 53 - 111.

[272] 白雪梅，石大龙．中国金融体系的系统性风险度量 [J]. 国际金融研究，2014 (6): 75 - 85.

[273] 曹春方，周大伟，吴澄澄．信任环境、公司治理与民营上市公司投资 - 现金流敏感性 [J]. 世界经济，2015 (05): 125 - 147.

[274] 曹越，卜超楠，鲁昱．社会信任与公司避税 [J]. 证券市场导报，2018 (4): 22 - 34.

[275] 陈国进，钟灵，张宇．我国银行体系的系统性关联度分析：基于不对称 CoVaR [J]. 系统工程理论与实践，2017

(01): 61-79.

[276] 陈彦斌，刘哲希，陈伟泽．经济增速放缓下的资产泡沫研究——基于含有高债务特征的动态一般均衡模型 [J]. 经济研究，2018，53 (10): 16-32.

[277] 陈颐．儒家文化、社会信任与普惠金融 [J]. 财贸经济，2017，38 (04): 5-20.

[278] 方芳，林海涛．系统性金融风险再认识：演化、测量与检验 [J]. 经济理论与经济管理，2017 (11): 45-57.

[279] 甘茂智，黄柏翔，周书仪．宏观审慎评估体系下股市系统性风险防范研究 [J]. 当代经济研究，2018 (09): 80-89.

[280] 郭卫东．中国上市银行的系统性风险价值及溢出——基于 CoVaR 方法的实证分析 [J]. 北京工商大学学报（社会科学版），2013 (04): 89-95.

[281] 韩心灵，韩保江．论当前系统性金融风险的生成逻辑 [J]. 上海经济研究，2017 (05): 19-27.

[282] 何青，钱宗鑫，刘伟．中国系统性金融风险的度量——基于实体经济的视角 [J]. 金融研究，2018，53-70 (4).

[283] 胡滨．系统性金融风险来源及防范 [J]. 改革，2017 (08): 41-44.

[284] 胡宗义，黄岩渠，喻采平．网络相关性、结构与系统性金融风险的关系研究 [J]. 中国软科学，2018 (01): 33-43.

[285] 黄益平．防控中国系统性金融风险 [J]. 国际经济评论，2017 (05): 80-96.

[286] 江红莉，刘丽娟，程思婧．系统性金融风险成因、测度及传导机制——基于文献综述视角 [J]. 金融理论与实践，2018 (11): 49-55.

[287] 姜志暤．宏观审慎评估体系降低了系统性风险吗

[J]. 湖北社会科学, 2018 (10): 64 - 71.

[288] 蒋海, 张锦意. 商业银行尾部风险网络关联性与系统性风险——基于中国上市银行的实证检验 [J]. 财贸经济, 2018, 39 (08): 50 - 65.

[289] 雷光勇, 邱保印, 姜彭. 社会信任、法律执行与股权制衡效果 [J]. 证券市场导报, 2015 (01): 19 - 31.

[290] 李成, 李玉良, 王婷. 宏观审慎监管视角的金融监管目标实现程度的实证分析 [J]. 国际金融研究, 2013 (01): 38 - 51.

[291] 李春涛, 胡宏兵, 谭亮. 中国上市银行透明度研究——分析师盈利预测和市场同步性的证据 [J]. 金融研究, 2013 (06): 118 - 132.

[292] 李丛文, 闫世军. 我国影子银行对商业银行的风险溢出效应——基于 GRCH - 时变 Coupla - CoVaR 模型的分析 [J]. 国际金融研究, 2015 (10): 64 - 76.

[293] 李俊青, 李双建, 赵旭霞. 社会信任、收益率波动与银行风险 [J]. 财贸经济, 2017 (11): 55 - 69.

[294] 李科, 徐龙炳, 朱伟骅. 卖空限制与股票错误定价——融资融券制度的证据 [J]. 经济研究, 2014 (10): 165 - 178.

[295] 李培功, 沈艺峰. 社会规范、资本市场与环境治理: 基于机构投资者视角的经验证据 [J]. 世界经济, 2011 (06): 126 - 146.

[296] 李义举, 冯乾. 宏观审慎政策框架能否有效抑制金融风险? ——基于宏观审慎评估的视角 [J]. 金融论坛, 2018, 23 (09): 9 - 20.

[297] 李政, 鲁晏辰, 刘淇. 尾部风险网络、系统性风险贡

献与我国金融业监管［J］．经济学动态，2019（07）：65－79.

［298］李志辉，樊莉．中国商业银行系统性风险溢价实证研究［J］．当代经济科学，2011（06）：13－20.

［299］林钟高，陈曦．社会信任、内部控制重大缺陷及其修复与财务风险［J］．当代财经，2016（06）：118－129.

［300］凌江怀，刘燕媚．基于KMV模型的中国商业银行信用风险实证分析——以10家上市商业银行为例［J］．华南师范大学学报（社会科学版），2013（05）：142－148.

［301］刘宝华，罗宏，周微，杨行．社会信任与股价崩盘风险［J］．财贸经济，2016（09）：53－66.

［302］刘凤委，李琳，薛云奎．信任、交易成本与商业信用模式［J］．经济研究，2009（08）：60－72.

［303］刘澜飚，戴金甫．中国宏观审慎政策工具有效性与银行风险［J］．南开学报（哲学社会科学版），2019（02）：158－167.

［304］刘莉亚，梁琪．系统性风险的防范与化解［J］．经济学动态，2019（06）：83－91.

［305］刘晓星，石广平．杠杆对资产价格泡沫的非对称效应研究［J］．金融研究，2018（03）：53－70.

［306］马德芳，邱保印．社会信任、企业违规与市场反应［J］．中南财经政法大学学报，2016（06）：77－84.

［307］米歇尔·渥克．灰犀牛：如何应对大概率危机［M］．北京：中信出版社，2017.

［308］潘敏，张依茹．宏观经济波动下银行风险承担水平研究——基于股权结构异质性的视角［J］．财贸经济，2012（10）：57－65.

［309］邵梦竹．宏观审慎政策对银行风险承担的影响——基

于跨国实证的视角 [J]. 金融监管研究, 2019 (05): 30-46.

[310] 沈庆劼, 叶蜀君, 吴超. 我国 P2P 借贷平台监管套利的路径、危害及治理措施 [J]. 河北经贸大学学报, 2017 (01): 85-90.

[311] 沈悦, 逯仙茹. 系统性金融风险: 来源、最新研究进展及方向 [J]. 金融发展研究, 2013 (08): 35-39.

[312] 施丽芳, 廖飞, 丁德明. 制度对创业家行动的影响机理——基于不确定管理的视角 [J]. 中国工业经济, 2014 (12): 118-129.

[313] 史永东, 杜两省. 资产定价泡沫对经济的影响 [J]. 经济研究, 2001 (10): 52-59.

[314] 宋科, 李振, 赵宣凯. 宏观审慎政策、经济周期与银行风险承担 [J]. 经济理论与经济管理, 2019 (01): 43-58.

[315] 唐文进, 苏帆. 极端金融事件对系统性风险的影响分析——以中国银行部门为例 [J]. 经济研究, 2017 (04): 17-33.

[316] 陶玲, 朱迎. 系统性金融风险的监测和度量——基于中国金融体系的研究 [J]. 金融研究, 2016 (06): 18-36.

[317] 童中文, 解晓洋, 邓熳利. 中国银行业系统性风险的"社会性消化"机制研究 [J]. 经济研究, 2018, 53 (02): 124-139.

[318] 王桂虎. 宏观杠杆率引致系统性金融风险的传导机制研究——基于 40 个国家及地区的经验研究 [J]. 郑州大学学报 (哲学社会科学版), 2018, 51 (06): 53-58.

[319] 王国刚. 防控系统性金融风险: 新内涵、新机制和新对策 [J]. 金融评论, 2017, 9 (03): 1-20.

[320] 王晓, 李佳. 金融稳定目标下货币政策与宏观审慎监管之间的关系: 一个文献综述 [J]. 国际金融研究, 2013 (04):

22－29.

［321］王永钦，刘思远，杜巨澜．信任品市场的竞争效应与传染效应：理论和基于中国食品行业的事件研究［J］．经济研究，2014（02）：141－154.

［322］夏越．金融杠杆如何影响系统性金融风险——U型关系与空间溢出［J］．财经科学，2019（01）：1－15.

［323］肖作平，张樱．终极控制股东，社会资本与银行贷款契约——来自中国上市公司的经验证据［J］．证券市场导报，2016（04）：35－48.

［324］辛宇，李新春，徐莉萍．地区宗教传统与民营企业创始资金来源［J］．经济研究，2016（04）：161－173.

［325］许涤龙，陈双莲．基于金融压力指数的系统性金融风险测度研究［J］．经济学动态，2015（04）：69－78.

［326］杨子晖，李东承．我国银行系统性金融风险研究——基于"去一法"的应用分析［J］．经济研究，2018，53（08）：36－51.

［327］杨子晖，周颖刚．全球系统性金融风险溢出与外部冲击［J］．中国社会科学，2018（12）：69－90.

［328］尹振涛．系统性金融风险的来源与防范［N］．中国经济时报，2018－5－24（005）.

［329］游家兴，吴静．沉默的螺旋：媒体情绪与资产误定价［J］．经济研究，2012，47（07）：141－152.

［330］翟学伟，薛天山．社会信任：理论及其应用［M］．中国人民大学出版社，2014.

［331］张亮，周志波．完善中国宏观审慎金融监管框架研究——基于德英日三国的比较分析［J］．宏观经济研究，2018（02）：30－43.

[332] 张泉泉. 系统性金融风险的诱因和防范：金融与财政联动视角 [J]. 改革，2014 (10)：74-83.

[333] 张维迎，柯荣住. 信任及其解释：来自中国的跨省调查分析 [J]. 经济研究，2002 (10)：59-70.

[334] 张晓朴. 系统性金融风险研究：演进、成因与监管 [J]. 国际金融研究，2010 (07)：58-67.

[335] 章曦. 中国系统性金融风险测度、识别和预测 [J]. 中央财经大学学报，2016 (02)：45-52.

[336] 郑兰祥，王敏. 我国宏观审慎监管有效性及其 GMM 方法检验 [J]. 南京审计大学学报，2019，16 (01)：81-91.

[337] 郑馨，周先波，张麟. 社会规范与创业——基于 62 个国家创业数据的分析 [J]. 经济研究，2017 (11)：59-73.

[338] 周天芸，周开国，黄亮. 机构集聚、风险传染与香港银行的系统性风险 [J]. 国际金融研究，2012 (04)：77-87.

[339] 周小川. 金融政策对金融危机的响应——宏观审慎政策框架的形成背景、内在逻辑和主要内容 [J]. 金融研究，2011 (01)：1-14.

[340] 朱波，卢露. 不同货币政策工具对系统性金融风险的影响研究 [J]. 数量经济技术经济研究，2016 (01)：58-74.